Vor dem Rechner ist alles anders.
So könnte, reichlich unbekümmert,
der Refrain einer Traderhymne lauten.
Wenn die Charts leuchten,
hört die rationale Welt auf zu existieren,
und es beginnt die dunkle Herrschaft der Geister
und der unheimlichen Emotionen,
die man – doch so gern – aus der sicheren
Abgeschlossenheit seines Büros verbannen würde.
»Fenster und Gardinen zu!«, empfiehlt man sich.
Die Angst vor einem emotionalen Desaster
hat längst nichts mehr mit Aberglauben zu tun.
Interessant ist, dass sich emotionale Muster und Tradingfehler
offensichtlich seit Anbeginn des Börsenhandels zäh
gehalten haben – der Evolutionslehre zum Trotz,
und in Gesprächen mit anderen Menschen
ärgern sich viele Trader dann am meisten,
wenn ihnen Vorträge darüber gehalten werden,
wie sie sich verhalten sollen.
Die meisten von ihnen wissen nämlich recht gut,
wie sie sich verhalten sollten.
Das Problem ist die Umsetzung, nicht etwa die Unwissenheit.

Michael Voigt, 2009

Campello
VERLAG

Campello Verlagshaus GmbH
Steinweg 17-19
98527 Suhl

TEL: 0049 3681 4544690
FAX: 0049 3681 727899

www.der-haendler.com

Das FSC-zertifizierte Papier Munken Lynx
aus dem Campello Verlag liefert Schneidersöhne.

2. Auflage 2013
Deutsche Erstausgabe August 2009

Umschlagillustration: D. Lieske
Umschlaggestaltung: B. Günther

Druck und Bindung: Druckerei Beckmann, GGP Media GmbH

Printed in Germany

ISBN 978-3-941577-02-2

Börsenhandel ohne Hobby, welches parallel die Zeit »totschlägt«, ist kaum durchführbar.
Aus diesem Grund gibt es für mich während des Handelns keinen besseren Zeitvertreib als das Schreiben. Mithin kann ich jedem Händler nur raten, das Thema »Hobby« als Renditesteigerung des eigenen Handelskontos zu betrachten.

VORWORT

Die Veranlagung zur Aggression ist scheinbar allen Menschen eigen: Man muss sich nicht im Krieg oder im Kampf befinden, um diese auszuüben. Wenn ihm etwas gegen den Strich geht, zeigt bereits ein zweijähriges Kind, dass es kratzen und beißen kann.

Vor einigen Jahren wurde der Fußballer Vinny Jones vom englischen Fußballverband mit der Begründung, er habe den Fußball in Verruf gebracht, zu einer saftigen Geldstrafe verurteilt. Jones hatte ein Video produziert, in dem die übelsten und schmutzigsten Tricks präsentiert wurden, derer sich Fußballer bedienen, wenn der Schiedsrichter gerade mal nicht hinschaut. England war teils schockiert und teils brüskiert, dass jemand derartig katalogisiert hatte, was jedermann Wochenende für Wochenende in der Sportschau sehen konnte. Möglicherweise war es das Maß an Zynismus, das die Fans dabei erschreckte. Dass Fußballer keine Engel sind, ist hinreichend bekannt, doch Lektionen in der Kunst, seinem Gegenspieler wirksam die Stollen in die Wade zu rammen, schienen nun doch zu abgefeimt.

Doch erst das Traden bringt die übelsten Seiten des Menschen wirklich zutage: Sitzt ein Trader erst mal vor dem Chart, verwandelt sich so mancher in den Römer Maximus, bereit, mit Sicheln an den Streitwagenrädern, jeden noch so starken Gegner mit allen Mitteln zu besiegen; und im Laufe so eines Börsentages steigern sich die jungen Charthelden landesweit in einen – meist männlichen – Gewaltausbruch hinein. Hier machen sich Aggressionen auf ganz subtile Weise bemerkbar, denn bei diesem Kräftemessen ist kein Körperkontakt vonnöten. Hier liefern sich Trader – häufig ohne jede Rücksicht auf die eigene Gesundheit und den Kontostand – ihren ganz persönlichen Schlagabtausch mit sich selbst: Während in Tradinglehrbüchern und Seminaren notorische Spaßverderber endlos auf Prinzipien herumreiten und damit jegliche sinnvolle Arbeit – gemeint ist: das permanente Betrachten des aktuellen Kurses – zum Erliegen bringen wollen, durchpeitscht der Trader jede Zeiteinheit in der Bestrebung, seinen Gegner namens Chart erbarmungslos niederzuwalzen, und erkennt jeden Tag aufs Neue, dass mit der eigenen Aggression – aktiver wie passiver – häufig schwieriger fertig zu werden ist als mit der Ohrfeige eines guten Freundes.

Wird die eigene Ehre vom Chartverlauf angefochten (was für ein herrlich pompöses Bild!), sieht sich mancher Trader dazu gezwungen, das Gleichgewicht wieder herzustellen, mithin seine verlorene Ehre zurückzuerlangen – das heißt, sich zu rächen –, so, als müsste er eine Schlägertruppe gegen den Chart losschicken, um sich etwas wiederzuholen, was ihm ein anderer geraubt hat. Ein Tradinganfänger kann »das Gesicht verlieren«, doch wenn das passiert ist, muss er es unbedingt wiederhaben – das heißt, er muss die Maske der Würde, die ihm zeitweilig vom Schlag eines Minustrades schief im Gesicht zu hängen scheint, wieder zurechtrücken.

Gleichwohl bleiben solche Rachefeldzüge zumeist erfolglos. Klar. Man bringt sich in eine noch misslichere Lage, weiß, man sollte besser abhauen, kann aber nicht. Darum landen Leute hinter Gittern oder unter der Brücke und Trades werden mit großem Minus erst vom Broker ausgestoppt. Tatsächlich entstammt der Ausdruck »das Gesicht verlieren« dem chinesischen Brauch, sein Gesicht mit einem Fächer zu bedecken, wenn man erniedrigt oder beschämt wurde. Gehört daher zu jeder Kontoeröffnung nun besser auch ein Fächer?

Fakt ist eines: »Diese Sache mit dem Ego ...« lässt die Grundidee von der *Beständigkeit* als ausgesprochen unnatürlich erscheinen. »Die andere Wange auch noch hinhalten« bedeutet, »das Gesicht erneut zu verlieren«, und zwar im großen Stil und mit voller Absicht. Bedeutet »Fehltrades zu lieben« nicht, dass diese immer obenauf sind? Und wenn das so ist, dann ist man selbst doch zwangsläufig unterlegen? »Diese ganze Geschichte über die Sanft- und Demütigen war doch schon auf dem Schulhof eine peinliche Sache! Und jetzt dasselbe noch mal im Trading? *»Och nee, bloß nicht ...!«*

Aufgrund dieser – nennen wir es mal Schulhoflehre – benötigen viele Trader scheinbar eine *erwachsenere* Konzeption von Tradingansichten. Eine Vorstellung von etwas, das groß genug ist, um zu dieser »Frage der Ehre« eine wahrhaft guruhafte, wahrhaft allumfassende Antwort zu liefern: Der empfundenen Größe und Herrlichkeit des Börsenhandels muss ein kniffliges, ein heroisches, ein geheimes Regelwerk zugrunde liegen – ein Regelwerk, das auch von einem Tradingneuling verstanden werden wird, sofern dieser es nur finden kann! Und dieses imaginierte »geheime Regelwerk« wird nun als Zeichen für die Größe und Herrlichkeit des zu suchenden Tradings erachtet ...

Kurzum: So mancher angehende Händler verkennt noch viel zu sehr, dass er mit seinem vertrauten Bild vom Trading, von dessen Aufbau und Wirkungsweise, als *quasi göttlich voreingestellter* Parameter und einem »Papi aller Regelwerke« gründlich aufräumen muss. Gott mag derjenige sein, gegen dessen Willen »keine Taube tot zur Erde« fällt. Dieser fürsorgliche, persönlich engagierte Gott hat möglicherweise ebenso auch »alle Sternlein« gemacht und

»befiehlt« den Regenwolken auf der ganzen weiten Welt, wohin sie ziehen sollen. Doch ist dieser Gott nicht der Schöpfer des Börsenhandels und der oftmals falschen Ansichten in Bezug auf selbigen. Sicherlich mag dieser vertraute »liebe Gott« groß, fürsorglich und komplex genug sein, um die riesige undurchsichtige Ordnung aller Chartverläufe zu beaufsichtigen, aber: Der Marktverlauf wird nun mal durch die Marktteilnehmer bestimmt. Einzig und allein durch deren Orderlage und Reaktion auf ihre Positionen: long, short und natürlich – wie leider viel zu oft vergessen – flat.

Noch eine weitere Anmerkung für den Fortgeschrittenen: Wir sind alle dieser Moralapostel überdrüssig, die uns mit Binsenweisheiten bombardieren, wie beispielsweise: täglich Zahnseide zu benutzen, regelmäßig Äpfel zu essen oder doch endlich das Rauchen sein zu lassen und dafür mehr Sport zu treiben.

Wie im normalen Alltag so auch im Börsenhandel helfen keine Ego-Predigten mit erhobenem Zeigefinger, sondern wir müssen simple Tricks anwenden, um unsere Ziele zu erreichen.

Bevor aber selbst diese gelingen können, müssen wir die Tatsache akzeptieren lernen, dass wir vor dem Chart – auf den Punkt gebracht – grundlegend nur eines sind: wie Tiere. Uns selbst und damit all unseren Begehrlichkeiten, Eitelkeiten, Selbsttäuschungen und Aggressionen hilflos ausgeliefert …

Und somit fangen wir wieder an, das Trading zu erforschen, die seltsame Hartnäckigkeit der Unvernunft zu verstehen, mit der es den Globus der Börsen umspannt. Wir wollen ihm erneut auf die Schliche kommen!

Danksagung:

Mein größter Dank gilt den vielen Lesern, die mich nach dem Großen Buch der Markttechnik in Mails ermuntert haben, weiterzumachen. Natürlich danke ich auch meinem Beruf als solchem, dass ich auch bei diesem Band jederzeit während der Arbeit auf Tauchstation gehen und schreiben konnte.

Mein Dank gebührt gleichermaßen den Menschen, die das Manuskript lasen, mir gewissenhaft bei der Korrektur von Fehlern halfen und durch nützliche Bemerkungen zur Ausgestaltung des Buches beitrugen: allen voran Holger, der in seiner Rolle als kritischer Leser einen unschätzbaren Beitrag leistete, ebenso wie Erdal. Ein herzliches Dankeschön natürlich an Angela Braun und die vielen Ausflüge nach La Réunion sowie an Ilona Posselt und Grit, welche trotz unzähliger Korrekturen immer schön tapfer blieben.

Was bisher geschah …

Das große Buch der Markttechnik

Alles war eigentlich so, wie es sich Philip erträumt hatte: Er wusste, was eine Aktie war, am Terminmarkt *long* und *short* gehen konnte er auch, und mit technischer Analyse kannte er sich ebenfalls schon ein bisschen aus. Alles war eigentlich perfekt! Doch als Philip sein Praktikum in einem Handelsbüro begann, merkte er, dass da irgendetwas nicht stimmen konnte! Denn: Immer, wenn er in den Markt ging, machte der genau das Gegenteil von dem, was er sich vorstellte.

Doch mit den Jahren seiner Ausbildung änderte sich alles: mehr Fachwissen, mehr Logiken, weniger mentale Verfangenheit. Mit Witz, ungestümen Emotionen und vielen Denkübungen schlug sich Philip durch den Dschungel des markttechnisch orientierten Tradings. Als Reiseführer dienten ihm einst wie auch heute noch seine Kollegen Hofner und Sander. Mit dem umfangreichen Wissen der beiden und den Abhandlungen über Markttechnik im aktiven Börsenhandel gelang es Philip, seinen Weg zu finden.

Nun, einige Jahre später, bekommt Philip die Chance, selbst ein Reisebegleiter für den neuen Praktikanten Stan zu sein …

DER HÄNDLER – Band 1

Durch seine lange Ausbildung lernte sich Philip selbst nach und nach kennen. Dabei waren die Trades, an die er sich erinnert, mindestens so unheimlich wie manchmal die Gegenwart. Die Suche nach weiterer innerer Reife, Duplizierbarkeit und Beständigkeit wird für Philip an diesem Tag zum grotesken Abenteuer. Ein zufälliges Treffen mit einem anderen Trader wirft ihn aus der Bahn. Ecki hat durch sein unüberlegtes Trading innerhalb kürzester Zeit nicht nur sein Geld, sondern auch seine Familie und das schöne Haus verloren. Philip muss nun irgendwie der Frage nachgehen, ob ihm das auch passieren könnte. Er gelangt am Abend vor dem Abflug nach Bangkok zu erstaunlichen Erkenntnissen …

DER HÄNDLER – Band 2

Philip – im Flieger nach Bangkok, um dort, in der Geschäftsstelle Bangkok, seinem Azubi Stan beim Trading unter die Arme zu greifen – fiel es in Anbetracht der Sichtweisen seiner Sitznachbarn in Bezug auf das Trading verdammt schwer, den Flug dorthin so richtig zu genießen.
Zum wiederholten Mal musste er sich eingestehen: Gott hat den Börsenhandel nicht erschaffen und auch der Teufel lehnt jede Verantwortung dafür ab. Selbst der Horizont scheint sich vor dieser Bürde zu fürchten, denn die allgegenwärtige Trennungslinie zwischen den verschiedenen Handelsansätzen und Ansichten zum Börsenhandel verschwindet bei so manchem Tradinganfänger in der flirrenden Hitze der Bars und den Nachrichten über alles versengende Kursveränderungen. Philip sieht sich gezwungen, seine Nachbarn über die wahren Ansichten zum Trading aufzuklären, und wird hierbei von so mancher Gegenfrage überrascht …

Michael Voigt

Band 3 von 8

DER HÄNDLER

BÖRSENHANDEL FACHROMAN

Zurückhaltung ist
der bessere Teil von Tapferkeit

Campello Verlagshaus

Auszug aus Hofners Tagebuch:
Langeweile im Trading entsteht,
wenn man nichts mehr 'rumzubasteln hat.
Nichts mehr 'rumzubasteln hat man,
wenn man nichts Neues mehr weiß,
und das kommt davon,
dass es nichts mehr Neues zu erfahren gibt.
Daher ist Trading eine dauernde Abfolge durchdachter Wiederholungen.
Beachtet man dies nicht,
so kann man sich innerhalb von Sekunden
in diesem Geschäft zum Affen machen.

Als bei Stan mitten in der Woche gegen 15 Uhr das Handy klingelte, dachte er nicht: *He, wer mag das wohl sein?*, sondern: *Sch…, lasst mich in Frieden!* Stan fragte sich, ob es tatsächlich Trader gab, die sich über einen unangekündigten Anruf freuten – über einen Anrufer, der nur mal kurz hereinbimmelte, um *Hallo* zu sagen oder die Lage zu peilen. Darüber würden sich wohl nur einsame Menschen freuen. Ja, solche Leute waren vermutlich entzückt. Nicht aber Stan! Er betrachtete eine solche Invasion als Affront. Die Stunden während der klassischen Handelszeiten an den Börsen waren ihm heilig und für den Rest der Welt strengstens tabu. Diese Zeit wollte er ganz für sich allein haben und nach ein paar strengen Übungslektionen seinerseits hielten sich inzwischen alle daran. Seine Freunde hatten bereits die letzten Monate, als Stan noch unter der Lehraufsicht Hofners in Deutschland vor den Charts saß, aufgegeben, irgendwelche Unternehmungen für einen Wochentag vorzuschlagen. Seine Mutter, die am Anfang noch lautstark protestiert hatte, fügte sich inzwischen zähneknirschend ihrem Schicksal und widerstand der Versuchung, zum Telefon zu greifen, denn auch sie hatte mittlerweile eingesehen, dass sie Stan frühestens am Abend an die Strippe bekommen würde – ganz egal, wie oft sie die Wahlwiederholungstaste malträtierte. Sogar John, Stans jetziger Ausbilder und Chef, verzichtete darauf, ihn tagsüber allzu sehr zu belästigen. Genau deshalb war Stan so entgeistert, als sein Handy plötzlich surrte.

Wahrscheinlich wieder der Hausmeister, der den Filter der Klimaanlage zu Hause auswechseln sollte, oder jemand, der sich verwählt hatte …

Wie ein Hund legte er den Kopf lauschend auf die Seite und horchte, darauf hoffend, dass sich dieser telefonische Eindringling wieder verziehen würde. Sein Handy aber vibrierte hartnäckig weiter. Stan wandte sich, mit leicht schwitzigen Händen, wieder seinen Monitoren zu, und sofort war sein Kopf wieder leer und seine Kehle wie zugeschnürt. Er versuchte, langsam und gleichmäßig Luft zu holen, aber seine Atemzüge klangen abgehackt und wurden immer wieder von kleinen Japsern unterbrochen.

Manchmal schien es ihm, als sei dieses Schwitz-Japs-Syndrom bei ihm schon fast zum Gewohnheitsleiden geworden, und zwar auch dann, wenn seine Positionen ausnahmsweise einmal nicht mit Minus endeten. Es passierte immer häufiger, dass er nachts mit Herzrasen aus dem tiefsten Tiefschlaf hochschreckte und pitschnass im durchgeschwitzten Bettzeug lag. Erst am vergangenen Sonntag, mitten während eines ansonsten völlig entspannten Spaziergangs, hatte Stan bei jedem Atemzug einen stechenden Schmerz in der Brust verspürt. Auch wenn er sich morgens in das Taxi zum Büro quetschte, schnürte sich seine Kehle wie auf Kommando zu, und sein Puls begann zu rasen. Dafür schien es nur zwei plausible Erklärungen zu geben, und obwohl Stan gelegentlich nicht frei von hypochondrischen Anwandlungen war, konnte er sich nicht einmal ansatzweise vorstellen, dass er als Kandidat für einen Herzinfarkt infrage käme. Also mussten das schlicht und ergreifend jeweils Panikattacken sein.

Stan presste sich die Fingerspitzen an die Schläfen und drehte den Kopf hin und her. Doch vergeblich, die Panik ließ sich nicht eindämmen. Gestern hatte Stan neun oder zehn Minustrades gemacht, da war es nicht weiter verwunderlich, dass seine Nerven leicht blank lagen. Aber das sollte Stan garantiert nicht noch einmal passieren! Das musste er heute verhindern, *jawohl.* Er zog ein weiteres Mal seinen Stopp zurück. Es war ein Gefühl, als ob seine Lunge nur zehn Prozent der normalen Leistung brächte, und als er sich gerade überlegte, wer wohl seine Leiche finden würde, sah er seine CFD-Position weiter ins Minus rutschen. Stan starrte endlos scheinende Sekunden wie gelähmt auf den Monitor. Wieder einmal mehr hieß es eben nicht: Ende gut, alles gut, sondern: *Ende sch…, alles sch…!*

Stan kauerte mit einem panischen Gesichtsausdruck hinter seiner Wand aus Monitoren und ließ sich mal wieder vom kriminellen Superhirn – so bezeichnete er die Börse häufig – überlisten. Ihm war, als könne er tatsächlich den Chart mit ironischer Stimme sagen hören: »Wow. Jetzt willst du's mir aber zeigen, was? Weißt du was? Ich nehme die Herausforderung an!« Und dabei wirkte Stan doch, wenn er im großen Fenster sein Spiegelbild betrachtete, tatsächlich wie ein Tophändler: Seine Haare waren gut gestylt, er trug ein sauber gebügeltes Hemd wie es die So-bekommen-Sie-Ihren-Traumjob-Artikel der Hochglanzbroschüren immer proklamierten, und vor ihm lag ein Berg von Börsenzeitschriften, ausgedruckten Börsenbriefen und Newslettern neben seiner mit allen nur denkbaren Features ausgestatteten schwarzen Handelstastatur.

»Ich habe keinen Schimmer, was der Scheiß jetzt schon wieder soll«, zischte er, als der Markt weiter anstieg. »Aber keine Sorge, DRECKSMARKT. Ich habe alles unter Kontrolle.« Hatte er auch. Zumindest dachte er das. Aber irgendwie wollte der Markt nicht so recht auf seine Position anbeißen. Stan verfolgte hartnäckig jeden Kurs kreuz und quer durch den Chart, zoomte den Chart auf und zu, verglich ihn mit Charts anderer Märkte und unternahm alle nur erdenklichen weiteren Verrenkungen in dem Versuch, seine Position zu rechtfertigen.

Man muss sich das so vorstellen: Stan allein gegen den Rest der Trader im DAX. Da kriegt auch so ein Mordskerl wie Stan manchmal Muffensausen oder eben Panikattacken. Aber das dauerte höchstens zwei, drei Minuten an. Nachdem Stan irgendwo gelesen hatte, dass man mit der von ihm aktuell verwendeten Indikatorenkombination steinreich werden könne, hoffte er angesichts seines Minus, dass es sich dabei um keinen Druckfehler gehandelt hatte. Doch dann überlegte Stan es sich – wie immer: »Ach … leckt mich, ich zeig euch, wie's geht!!!« – anders, und das Bewusstsein über die scheinbare Cleverness seiner Position richtete sich stolz in ihm auf, und er kaufte kurzerhand weitere fünf CFDs *short* nach…

Johns braun gebrannte lange Finger strichen entspannt am Rande der Handelstastatur entlang, die einen kleinen Schatten auf die Tischplatte warf. Er wippte, die Beine lässig übereinander gelegt, in seinem Stuhl hinter dem Schreibtisch. Das Jackett seines teuren Anzugs baumelte über der Rückenlehne. Sein gut geschnittenes Poloshirt saß locker und bequem. Während er die Zahlen auf seinen Monitoren studierte, fuhr er sich mit einer Hand durch die weißen Strähnen an seinem Hinterkopf. Nach den Schlusswerten der großen Indizes zu urteilen, war der gestrige Tag ein eher unspektakulärer Handelstag. Der Dow Jones gab mit fünfzig Punkten so etwa um die 0,5 Prozent ab. Dem NASDAQ erging es ein bisschen besser, mit knapp dreißig Punkten gewann der um ein Prozent. Die 30-jährigen Anleihen waren um rund zwanzig Ticks gefallen, der Anstieg des US-Dollars wurde gestoppt und musste von den Gewinnen des gestrigen Abends wieder ein großes Stück abgeben. Trotzdem verbargen sich hinter diesen Zahlen wichtige Wochen, denn damit setzte sich der üble Abstieg fort, der die Aktien deutlich unter ihre bisherigen diesjährigen Tiefs drückte und dabei einige Indizes bis zu dreißig Prozent unter ihre Jahreshochs zog.

Das lichtdurchflutete Büro mit den großen Bildschirmen und dem exquisiten Schreibtisch war perfekt durchgestylt. Krümel, Flecken, leere Verpackungen, Zettelwirtschaft, schmutziges Geschirr – alles Fehlanzeige. Der Raum war so sauber, als ob die Putzfrau gerade ein Übersoll an Anstrengungen geleistet und, nach einem zufriedenen Blick zurück, die Tür geschlossen hatte – alles glänzte wie neu. Wenn es möglich war, dass ein Büro die Persönlichkeit seines Besitzers widerzuspiegeln vermochte, so waren John und sein Büro eineiige Zwillinge.

Der Zeiger der Uhr klebte immer noch auf kurz nach drei Uhr nachmittags, als der letzte 10-Minuten-Candle der ersten Handelsstunde des DAX-Futures hereinkam. John liebte die sechsstündige Zeitverschiebung. Da er morgens selten in Bestform war – sonst wäre er wahrscheinlich eher Postbote geworden –, konnte er einige seiner präferierten Märkte intraday handeln sowie dennoch ausschlafen und den Tag in aller Ruhe und Gelassenheit angehen. John betrachtete seine Overnight-Positionen: Er handelte im Bund-Future den am deutlichsten im 60-Minuten-Chart sichtbaren Trend und seit Tagen im DAX-, im Dow-Future und im Britischen Pfund die jeweiligen deutlich sichtbaren Trends auf Tagesbasis.

Name	Position	Traded	P/L Points	P/L	Time (MEZ)	Last Quote	Bid	Ask
FDAX	-10 K	6901	+81	+20.250 Á	08:50:12	6820	6820,0	6820,5
FGBL	+50 K	113,20	-0,48	-24.000 Á	08:50:12	112,72	112,72	112,73
POUND	+20 K	1,9655	+0,0100	+6.250 $	08:50:12	1,9655	1,9655	1,9657
FDOW	-20 K	11604	+816	+81.600 $	08:50:12	10788	10788	10789

Nach der gestrigen Bekanntgabe der 14:30-Uhr-Zahlen kam es anschließend im Bund-Future zu einem imposanten Kursanstieg von 120 Ticks, welcher diesen Markt an dem lokalen Hochpunkt des intakten Aufwärtstrends des 60-Minuten-Charts hatte vorbeiziehen lassen. Da dort Johns Stopp-Buy-Orders auf eine Ausführung warteten, war er hier nun mit fünfzig Long-Kontrakten engagiert, was ihm durch ein Eröffnungs-Gap heute gleich in der ersten Minute der ersten Handelsstunde ein Minus von 24.000 Euro bescherte. Dass dieses Eröffnungs-Gap die Kurse unter den letzten *Punkt 2* und damit unter seinen gestrigen Einstiegskurs drückte, ließ diesen ursprünglich aus einem kleinen Dörfchen im französischen Département Ari ge stammenden Händler nicht einmal eine Sekunde an der Richtigkeit seiner Position zweifeln. Im Gegenteil: Da John dieses Gap als das wahrnahm, was es tatsächlich darstellte, nämlich einfach als eine *Korrektur*, legte er gestaffelt fünf weitere Orders unter den letzten Hochpunkt, der zeitgleich das Tageshoch des gestrigen Handelstages markierte. Er hoffte aber insgeheim, der Bund-Future würde noch weitere Ticks fallen, da dies in Bezug auf die angedachte Positionserhöhung ein besseres Chancen-Risiko-Verhältnis für den Trendhandel bedeuten würde. Damit könnte er seine angedachte Positionserhöhung billiger und klüger vornehmen.

John war schon überall auf der Welt gewesen und immer wieder gerne hielt er sich auch für kurze Zeit in seiner geliebten Heimat auf – indes nur zum Entspannen und um sich von seiner noch verbliebenen Familie verwöhnen zu lassen. Diese war ihren Wurzeln treu geblieben und hatte das kleine Dörfchen nie verlassen. Seine Eltern hatten in der Vergangenheit, gemeinsam mit seiner jüngeren Schwester Colette, ein kleines, aber feines

Restaurant eröffnet, welches Colette nach dem Tod der Eltern vor wenigen Jahren in Eigenregie weiter betrieb – und dies sehr erfolgreich. Während sich der Rest seiner Familie also der Kulinarik verschrieben hatte, schlug Johns Herz seit jeher für den Börsenhandel. Er bezeichnete sich auch als leidenschaftlichen Hochseeangler, übergab seine Beute aber stets fachkundigem Personal, welches die Köstlichkeiten dementsprechend auf den Tisch zu bringen vermochte. Dagegen symbolisierten die für andere Leute trocken anmutenden Zahlen, mit denen er tagtäglich hantierte, in seinen Augen exquisite Zutaten für ein perfektes Mahl, welche es nur noch richtig zu kombinieren galt. So gesehen, konnte man ihn auch als »Maître de Cuisine des Börsenhandels« betrachten. Mehr muss eigentlich nicht erwähnt werden, außer: Wie bei anderen Leuten, die ihren Beruf nicht *nur* für Geld, sondern um der Liebe zur Tätigkeit willen ausüben, näherte sich auch für John der Augenblick, wo die ansteigenden Jahre ins Nichts zu führen schienen.

Einige der wirklich Großen im Börsengeschäft hatte John in seinen Jahren auf dem Chicago-Parkett noch kennenlernen dürfen. Und manchmal, aber immer seltener, erzählte er von den wilden Trades im Jahre 1985 oder dem Hype in 1990, als nach der Internetwelle die ganze Welt auf den Straßen tanzte und er einer der vielen war, die in dieser Zeit immense Summen als Gewinne eingestrichen hatten. Aber in den letzten Jahren hatte er dank seiner Ruhe und Gesetztheit einmal den einen oder anderen Trade ausgelassen, ohne dass dies sein Ego tatsächlich tangierte. Er hatte recht schnell erkannt, dass das wirkliche Trading bei ihm schon lange nicht mehr durch das permanente Anstarren seiner Monitore vonstatten ging; so etwas, erklärte er den jungen Händlern stets, machten nur die Leichenfledderer, die Ewig-zu-spät-Gekommenen. Jene, die glaubten, ein PC mit zwei Bildschirmchen und ein noch fix gelesenes Börsenbüchlein wären in der Lage, die Zeit zum schnellen Reichtum vorzudrehen. »Für mich ist die Vorstellung tröstlich, nicht zuzulassen, dass meine innere Gemütsruhe von den Trivialitäten des Marktverlaufs verschlungen wird, von der Unbedeutendheit eines einzelnen Plus- und Minustrades, von dem, was ich besitze, von Fragen der Beliebtheit – wer mag mich, wer mag mich nicht, wie viel Geld habe ich beziehungsweise habe ich nicht. Für mich ist der Zustand tröstlich, frei zu bleiben für die Wahrnehmung des Wunders des Tradings und des Lebens«, gab er stets zum Besten. John wusste, wovon er sprach, war doch auch sein Lebensweg als Händler eine Kette erschütternder Erlebnisse, die selbst seine tiefsten Gewissheiten und Überzeugungen in Zweifel gezogen hatten und denen er sich stellen musste.

Die nach den sinnlosen Trades seiner frühen Jahre nun bis ins kleinste Detail durchdachte Beständigkeit befreite sein Herz von den Belastungen des rastlosen Umherwanderns im scheinbar undurchdringlichen Börsendschungel; das Haus »Duplizierbarkeit«, das er nach Jahren des Leichtsinns bezogen hatte, war wie geschaffen als Domizil für seine innere Ruhe. Seine Anschauungen zu den Märkten hatten mit den Jahren eine außerordentliche Festigkeit und jene Freiheit eines großen Charakters angenommen, welche allein der vollkommenen Abwesenheit von Zweifeln geschuldet waren. John war in *jedem* Markt der Welt unterwegs – Hauptsache, dieser hatte einen Chart – und predigte Disziplin als Gegenmittel zur Fehlbarkeit. Dank seiner jahrelangen Erfahrung hatte sein Handelsstil ein derart hohes Niveau der Spezialisierung erreicht, dass sich nur sehr wenige mit ihm messen konnten.

Johns blaue Augen schweiften ab von seinen vier Monitoren, und beim Blick in Richtung des breiten Bücherregals schossen ihm sehnsüchtige Gedanken und Erinnerungen durch den Kopf. Sein Blick galt nicht den vielen Familienfotos, sondern vielmehr dem Miniaturmodell eines Segelbootes, das derzeit im Bangkoker Hafen vor Anker lag. Jeder Trader braucht einen Gegenpol zum Traden. Einen kleinen Flugplatz, auf dem die Seele ab und zu landen kann und von dem man wieder Anlauf nehmen kann, um noch höher und weiter zu fliegen. Irgendwann muss jeder wieder aufladen. Johns Gegenpole, seine kleinen Flugplätze, fand er, wenn er abends in Ruhe eine seiner Zigarren rauchen durfte und an seine »Mary« dachte, die nach dem Kosenamen seiner zweiten Ehefrau liebevoll benannte Ketch Steffini Mostes 62 – eine Segeljacht Baujahr 1980. Die unendliche Weite des Meeres, der kraftvolle Wind und die Freiheit, ganz ohne Computer, Charts und E-Mails über die schäumenden Wellen des Ozeans zu gleiten, bedeuteten für John Beruhigung des Geistes und waren in der Tat der Grund für diese Anschaffung. Nach manchem wilden Handelstag, nach welchem sein Gemüt einem Schlachtfeld glich, war ein Segeltörn eine willkommene Abwechslung für ihn und, wenn eingeladen, auch für seine vier Kollegen, um die lautstarke, obsessive, aufdringliche Erinnerung an so manchen Marktverlauf zu vertreiben.

Johns Blick glitt weiter, vorbei an dem großen Panoramafenster, hin zu der großen Collage über dem Regal. Die Weite des Meeres zu erkunden, hatte auf der einjährigen Weltumsegelung, die er gemeinsam mit Hofner – zusammen fast achtzig Jahre Tradingerfahrung vereinend und jahrzehntelang befreundet – unternommen hatte, wie geistige Gartenarbeit gewirkt, bei der unreine Gedanken wie Unkräuter ausgezupft wurden. Beide hatten nicht eine Minute um die Welt gehende Börsengeschichte geschrieben. Nein, sie waren die Vergessenen: diejenigen, die das Trading als solches in ihren Handelsbüros berühmt gemacht hatten, doch sich selbst nie als Berühmtheiten feiern durften. Sie waren die Grundlage gewesen, sozusagen der Mutterboden der Time-&-Sales-Liste, der die Märkte durch Liquidität fruchtbar machte und auf dem dann die ganz Großen und auch die Privaten ihre farbenfrohen

Blüten austreiben ließen. Er war als Trader weder in Funk noch Fernsehen oder Internetforen aktiv, er war nichts als ein anonymer Händler.

Neben einem Foto, das die beiden Händler und ihre Ehefrauen zeigte, wie sie vor der Großen Australischen Bucht einen riesigen Thunfisch in den Händen hielten, waren auch einige Notizen und Stichworte in die Collage integriert, welche die Resultate nächtelanger Diskussionen um das Trading an den schönsten Küsten der Welt wiedergaben. Unter den zahlreichen Lektionen, welche die Börse John gelehrt hatte, waren einige der wertvollsten dadurch entstanden, dass er Charts nur beobachtet hatte. Nicht weil er dabei traden wollte oder musste, sondern einfach nur wegen der Beobachtung selbst. Die erste lautete: »Demut entwaffnet.« Die zweite, nach den bekannten Worten Nietzsches: »Nur wer sich wandelt, bleibt mit mir verwandt.«

John schüttelte die linke Hand aus, massierte sich unauffällig die Fingergelenke und wartete die häufig volatile Eröffnungsphase des Schweizer Marktes ab. In dieser wurden Schieflagen und Positionsbereinigungen, die sich über Nacht ergeben hatten, abgearbeitet. John ging zu dem großen Schiebefenster hinüber, öffnete es und ließ die schwülheiße Luft eines Bangkoker Sommertages ins klimatisierte Zimmer strömen, gepaart mit der Erkennungsmelodie dieser Stadt: einem winselnden Tuk-Tuk, einem jener witzigen Motorradrikschas, welches von einem quietschenden Taxi übertönt wurde; in weiter Ferne heulte, seltsam fremd und als Gegenstimme, eine Polizeisirene mit New Yorker Klangbild. John verweilte nur kurz.

Zurück am Tisch und bei wieder geschlossenem Fenster, betrachtete John noch im Stehen seinen rechten Bildschirm und die knapp vierzig aufgelisteten Aktienpositionen eines weiteren Handelskontos sowie die rund zwei Dutzend bereits in den Märkten liegenden, aber noch offenen Orders, welche auch heute noch auf ihren möglichen Auftritt warteten. Seit John sich vor vielen, vielen Jahren von der seltsamen Idee eines »Lieblingsmarktes« verabschiedet und damit für sich und seinen Handel den heilenden Begriff der *Diversifikation* entdeckt hatte, war für ihn der Gedanke richtig tröstlich, dass diese Art des Börsenhandels seinem Trading so plötzlich wie endlich die ersehnte vollendete Gestalt und unbegrenzte Freude verlieh. Er liebte es, wöchentlich knapp viertausend Werte nach von ihm ausgewählten markttechnisch relevanten Setups zu durchsuchen und dann statt viel Geld in *einer* Position – im Verhältnis zu der Gesamtsumme der Handelskonten – wenig Geld in *vielen* Positionen zu handeln. Einst richtig aufwendige Arbeit, reduzierte sich diese heutzutage – dank komplexer Programme und flinker Rechentechnik – auf zwei bis drei Stunden. John verstreute seine Orders in der Hoffnung, dass einige von ihnen wie Samen auf fruchtbarem Boden schnell gedeihen und heranwachsen würden, ehe deren logische

Daseinsberechtigung vom Wind des künftigen Marktgeschehens von dannen getragen wurde. Seine Devise an seine jungen Kollegen lautete daher stets: »Statt *Kino vor dem Chart* zu machen, begebt euch lieber auf die *Suche*«! Erst die aktive Suche nach hochwertigen Setups erspart einem Händler die vielen Stunden sinnlosen Davorsitzens vor dem Chart eines einzigen Marktes – was bei einem Anfänger, aber auch bei so manchem Fortgeschrittenen, schlussendlich in purem Aktionismus endet.

John setzte sich auf seinen Lehnstuhl und beugte sich mit einem Elan nach vorn, den man eher bei einem Teenager, der stolz von seiner Liebe erzählen wollte, erwarten würde als von einem 59-jährigen Berufshändler. John registrierte, dass sich der Euro-FX in kurzen Schwüngen innerhalb einer engen Range von dreißig Pips bewegte. Er kokettierte kurz mit dem Gedanken, einen Trade einzugehen, vermählte sich jedoch nicht mit ihm. Während John seine Maus über das mit unzähligen Funktionen bedeckte Handelsprogramm führte, dachte er noch mal über den soeben angedachten verworrenen Trade nach und schüttelte mit dem Überlegenheitsgefühl des im Lichte der Vernunft nachdenkenden Traders nachsichtig lächelnd den Kopf über so viel Unsinn. Ein gelachtes »Oh Gott, oh Gott« kam ihm über die Lippen, denn wie jeden Tag seiner fast vierzigjährigen Karriere hatte er in diesem Moment die Wahl zwischen fünf Möglichkeiten: Er konnte in dieser Chartsituation einfach nur um des reinen Spekulierens willen *long* gehen und dem Chart mit großen, treuen Hundebabyaugen signalisieren, doch bitte weit anzusteigen; er konnte aber auch *short* gehen und den Chart mit den gleichen großen Hundebabyaugen anfeuern, doch bitte mit schnellen Schritten zu fallen; er konnte das Chartprogramm kurzzeitig schließen und sich einem Buch widmen; er konnte seine Augen von den Monitoren abwenden und beispielsweise einem angenehmen Gedanken nachhängen, der ihm durch den Kopf geisterte und Takte eines kürzlich im Radio gehörten Songs enthielt; letztlich konnte er einfach vor dem Chart hocken bleiben, auf seine Lieblings-Setups warten und damit überhaupt nichts tun, nicht einmal denken.

»Oh M-a-n-n!«, ertönte es lautstark am anderen Ende des L-förmigen Büros hinter sechs Bildschirmen.

John sah sich um: »Stan?« Er tauschte einen fragenden Blick mit der gerade am Büro vorbeilaufenden Kim, einer überdurchschnittlich gut aussehenden jungen Asiatin, erhielt aber nur ein genauso hilfloses Achselzucken zur Antwort.

Kim, eine junge Thailänderin mit zartrosiger Gesichtsfarbe und hoher Brust, schwarzem, streng nach hinten frisiertem Haar und einem kleinen Rubin an ihrer schönen Halskette, war seit ihrem ersten Arbeitstag vor sechs Jahren eine beängstigend tüchtige Angestellte, die Johns Terminkalender und

Büro bewachte wie ein Rottweiler. Es gab nicht übermäßig viel zu tun, da dem Handelsbüro keine Vermögensverwaltung mit ständig zu- und abfließender Mandantschaft zugrunde lag. Das Büro tradete lediglich ein einzelnes Mandat, dafür ein sehr großes, dessen Auftraggeber seit Jahren in Bangkok saß und daher gab es nur wenig Telefongespräche entgegenzunehmen oder Termine zu vereinbaren. Kim oblag mithin unter anderem auch die Aufgabe, Partyeinladungen zu- oder abzusagen, kleinere Erledigungen zu erfüllen und dabei unheimlich gut auszusehen. Ihr smarter, völlig unasiatisch direkter Humor erhellte dabei so manch düsteren Handelstag.

John lief aus seinem imposanten Büro, mit den weiß gehaltenen Wänden und dunklen Antiquitäten, welche Geld und exzellenten Geschmack ausstrahlten, durch den Flur, hinüber in die Küche und schaute durch die große Glasfront zu seinem Schützling Stan, der nagelkauend vor seinen Bildschirmen saß. Die Gedanken eines Traders zu lesen, ist meistens nicht schwer, und hier bei Stan war es besonders leicht. John erriet sofort, woran er dachte: den Marktverlauf und die Jagd nach dem ultimativen Monster-Trade. Jeder Moment im Chart stellte für Stan noch eine Punkt-, Euro- oder Dollar-Wertveränderung dar. Stan hielt es folglich für absolut unmöglich, »gar nichts zu tun« –, denn eine Kursveränderung, egal, wie kurz, konnte Geld bedeuten, und deswegen schaltete sein Gehirn niemals ab.

John hingegen war seit vielen Jahren bereit, *Nein* zu sagen: Er konnte sich vollkommen von allem gierigen, Chart-vorausorakelnden Denken freimachen, konnte wirklich einen Moment lang die Zeit anhalten. Leicht war das nicht, klar, denn kaum war der Markt einige Punkte gelaufen, kamen auch schon wieder weitere Punkte und hätten einem »ach so tollen Trade« Platz gemacht, dessen Verlauf der vorangegangenen Punktbewegung ähnelte, ohne ihr indes zu gleichen. Jeder neue Augenblick katapultierte einen Trader vor ein weiteres Bündel zu erwägender Möglichkeiten, zu treffender Entscheidungen. Aber nach vielen Jahren der Hast neigte John dazu, in Chartsituationen, welche nicht mit seinem Stil harmonierten oder ihm unklar vorkamen, das Unverfänglichste zu wählen: das Nichtstun, das absolute Nicht-Handeln, Nicht-Orakeln, die Weigerung, sich von jedem weiteren hereinbrechenden Kurs zu einer Entscheidung hetzen zu lassen. Darin lag gleichsam die Ursache begründet, weshalb John das Lesen von Büchern sowie die eigene gelegentliche Schreiberei bevorzugte: Es schaltete Denken und Handeln aus und füllte in aller Stille das Händlerdasein, während man so tat, als ob nichts geschähe.

»FU-CK!«, schallte es von Stans Arbeitsplatz herüber, welcher dem von John in keiner Art und Weise ähnelte. Hier herrschten das Chaos und die Unaufgeräumtheit, das heillose Durcheinander spiegelte Stans Gemütsverfassung perfekt wider. Wie nur schon allzu oft war Stan offensichtlich auf hundertachtzig. Er fluchte in einer nicht gerade männlichen Tour und fauchte seinen Bildschirm an: »Nur über meine Leiche! D-r-e-c-k-s-m-a-r-k-t! Das kannst du vergessen, dass ich die Position schließe, und anschließend drehst du in meine Richtung!«

Stans Ringen und Keuchen wie auch sein sonstiges anstößiges Verhalten blieben John nicht verborgen, obwohl er sich aufgrund seiner eigenen Erfahrungen darum bemühte, dies als harmlos zu betrachten. Dabei könnte man Stans Keuchen auch andere Namen geben, zum Beispiel den etwas faden der *fehlenden Einsicht* oder den ernsten, aber schönen der *fehlenden Wahrhaftigkeit* oder, herabsetzend, den der *Wahrheitsunlust* und *Duckmäuserei vor dem eigenen Ich* oder selbst den einer *mystischen Scheu,* aber auch fehlenden Frömmigkeit vor dem Chart – von alldem offenbarte sich etwas in den Geräuschen und Gesten, die Stan da unkontrolliert freisetzte und von sich gab. Physiognomisch drückte sich dies aus in einer Art der Verfinsterung seiner Miene, als dürfe und wolle Stan von dem, was er da vor sich sah, schlussendlich doch nichts wissen. Im Laufe der mittlerweile zweimonatigen Anwesenheit Stans war John wieder bewusst geworden, wie einfach es Tradern durch einen Chart gemacht wurde, zu versinken, sich hineinziehen zu lassen, sich zu binden. Dieser Kampf währte ewig, tagein, tagaus. Denn während der Handelszeiten hält der Chart keinen Augenblick still, er zappelt und windet sich, gerade so wie ein gefangenes Tier sich in der Hand des erfolgreichen Jägers winden würde. Mit der Wirkung eines sich rasend schnell zusammenziehenden Netzes, dessen Umgarnung der Trader in seinem Jagdeifer nicht bemerkt, fängt der Chart den Trader damit ein und hält ihn felsenfest. Für einen Tradinganfänger wie Stan bedeutete dies, im Glauben wie im Tun den Chart von diesem Moment an für keine Stunde, keine Minute und keine Sekunde mehr alleine lassen zu können.

Es fällt nicht schwer, Stan, den Tradinganfänger, in seinen Grundzügen zu beschreiben: Er selbst wusste von sich, dass der Weg zu den bedeutenderen Eigenschaften als Trader immer noch gleich nah beziehungsweise gleich weit war – obwohl er sich bereits seit Wochen hier im Büro befand. Alle Hinweise von John oder Hofner, auf dessen Betreiben Stan nach kurzer Zeit als *Lehrling* in Herzers Handelsbüro für ein halbes Jahr von Deutschland in die Niederlassung nach Bangkok wechseln konnte, ob er diese nun verinnerlicht hatte oder nicht, wurden, sobald er einen vor sich hin zappelnden Chartverlauf erblickte, in einer sonderbaren Weise gleichgültig, gerade so, als würde der zappelnde Chart eine höhere Instanz repräsentieren als Stans *So-sollte-ich-mich-verhalten*-Gedanken. Neben der mentalen Unruhe, die von sehr vielfältig gelagerten Interessen in Verbindung mit einer allgemeinen Neugierde, aber leider noch gepaart mit unzureichendem Sachverständnis über diese spezielle Materie herrührte, zeichnete er sich durch eine leidenschaftliche Angriffslust aus. Er war empfindsam für jede noch so kleine Marktbewegung, fernab von Gedanken, sich in das Trendverhalten und damit in die beteiligten Marktteilnehmer hineinzuversetzen. Zwar kannte er zahlreiche Regelwerke, die er sich unabhängig von John und Hofner angelesen hatte, jedoch nur oberflächlich, und er beachtete weder die angelesenen noch die anderen kaum. Sofern er sie doch hin und wieder, zumindest zum Einstieg, verwendete – und das geschah selten –, verhielt er sich beim Stoppsetzen *trotzdem* schludrig. Wenn Stan ehrlich gewesen wäre, hätte er zugeben müssen, dass sich mit der Zeit eine gewisse Bereitschaft zur Verneinung in ihm breit gemacht hatte – man könnte sagen: eine Art biegsamer Dialektik seines Gefühlslebens, die ihn leicht dazu verleitete, von welcher Seite auch immer an ihn herangetragene Handelsüberlegungen, auch wenn diese sehr durchdacht und allgemein für gut geheißen wurden, als mangelhaft abzulehnen. Im Gegenzug verteidigte er den von ihm als Standard angewendeten diskretionären und nicht logisch nachvollziehbaren Handel und lehnte die in der Branche ansonsten allgemein bekannten und anerkannten Pflichten eines erfolgreichen Traders mit dem Unwillen ab, der aus der Motivation zur Schaffung eigener Spielregeln resultiert. Trotz dieses Willens, sich über die Grundbedingungen des Tradings hinwegzusetzen, überließ er aber seine moralische Führung – mit gewissen Ausnahmen, die er sich gestattete – gerne den erfahrenen Kollegen und führte auf diese Weise, mit demselben Hochmut und derselben Rücksichtslosigkeit sowie Nachlässigkeit eines Tradinganfängers, der sich zu seiner Tat berufen sah wie einst auch John, das Leben eines Tradinganfängers, der von seinen Neigungen und Fähigkeiten einen mehr oder weniger gewöhnlichen und nützlichen Gebrauch macht.

Kurzum: Stan war ein vollkommen *normaler* Tradinganfänger, für den das Thema *Zeit* eine wahnsinnig ernste Herausforderung verkörperte. Stan hatte mit seinen 24 Jahren, wie Demografen versichern, noch rund 55 Jahre zu leben. Da jeder Moment eines Charts ungezählte Möglichkeiten für Trades bereithielt, Stan aber noch mehr als fünf Jahrzehnte voller Chartsituationen vor sich hatte, ließ sich die Menge seiner Entscheidungsmöglichkeiten für oder gegen künftige Trades praktisch kaum berechnen – sie tendierte sicher gegen unendlich. Denselben Demografen zufolge hatte John nur noch 20 Jahre Leben zu erwarten. Für John präsentierte sich die Anzahl der Möglichkeiten als weit geringer und nahm noch dazu rapide ab. Dieses mathematische Grundprinzip wirkte sich auf die Gefühle Stans, der am Beginn seiner Karriere stand, unbewusst, aber intensiv aus.

Es mag sein, dass der eine oder andere Neuling, der sich dem Börsenhandel verschrieben hat, in einem Wert, der am Vortag zu 100 Euro geschlossen hatte, ein Eröffnungs-Gap von fünfzehn Prozent nicht ohne Taschenrechner herausbekommt; doch was alle Tradinganfänger bis zur Perfektion beherrschen, ist

Differenzialrechnung – und diese betreiben sie dann auch pausenlos. Stan leistete ebenfalls unablässig höhere Mathematik, ob er es nun wusste und wahrhaben wollte oder nicht. Im Unterbewusstsein ahnte er dennoch genau, wie schnell die Zeit einer Handelsstunde, eines Handelstages oder einer Woche verging und in welchem Tempo die Wahlmöglichkeiten für ihn abnahmen. Wie alle anderen Tradinganfänger besaß auch er stets das Gefühl, als rinne ihm die Zeit für mögliche Trades wie Treibsand durch die Finger: »Wenn ich *jetzt* nicht trade, bin ich in fünf Minuten siebzig und komme nicht mehr dazu, a) mein Konto aus dem Minus zu hieven, oder b) die ersehnten Millionen auf dem Kontoauszug zu sehen.« Eben diese unbewusste rieselnde Sanduhr verursacht jenen inneren Druck, unter dem das Leben eines Tradinganfängers oftmals zur unendlichen Qual wird.

»Wir wollen, wir wollen, wir wollen, wir wollen …«, beliebte John stets zu konstatieren. Denn durch die Höhen und Tiefen seiner eigenen Laufbahn hatte er verinnerlicht: Für jedes Bedürfnis, das in sein Bewusstsein dringt, stehen fünf weitere Bedürfnisse im Unbewussten auf Abruf bereit. »Der Wille treibt einen Trader unbarmherzig an«, äußerte John folglich des Öfteren, »denn sobald ein Trade befriedigt ist, tritt sogleich ein weiteres Verlangen an seine Stelle, und so geht das tagein, tagaus.« In diesem Zusammenhang zitierte John gelegentlich Schopenhauer und den Mythos vom Rad des Ixion oder den des Tantalus, um das Dilemma der ersten Monate eines Tradinganfängers zu beschreiben. Ixion, ein König und Zeus gegenüber illoyal, wurde zur Strafe an ein glühendes Rad gefesselt, welches sich unaufhörlich drehte. Tantalus, ein Titan, wagte es, Zeus zu trotzen und büßte seine Hybris damit, dass er ständig Verlockungen ausgesetzt war, diese aber nie befriedigen konnte. Das Leben eines Traders, so John, kreise ebenso, gleichsam in alle Ewigkeit, um eine Achse des Bedürfnisses nach mehr Geld und dessen Sättigung. Ob wir durch diese Sättigung befriedigt seien? Leider nur für kurze Zeit. Fast unverzüglich setze Langeweile ein, und erneut würden wir zum Handeln getrieben, diesmal aber – wenn man ganz, wirklich ganz genau hinschaut – häufig sowie einzig und allein deswegen, um dem Schrecken der Langeweile zu entfliehen. Stans Drang, alles traden zu müssen, wirkte dementsprechend wie ein Gefängnis. Die Gitterstäbe waren unsichtbar und Stan trug sie immer mit sich herum. Stan, so John, lebte noch viel zu sehr in einer unproduktiven Gedankenwelt; häufig verschränkten sich während eines Trades gleich mehrere Gedanken miteinander, manchmal war stattdessen überhaupt keiner vorhanden. An besonders schlimmen Tagen fühlte Stan sich von seinen Eingebungen wie von Dämonen verfolgt, und das ursprüngliche zeitliche Nacheinander seiner Erlebnisse und Empfindungen verwischte und vermischte sich so sehr, dass der Versuch, dieser Verwirrung Herr zu werden, all seiner geistigen Kräfte bedurfte. An den Abenden solcher Tage zeigten sich in seinem Gesicht tiefe Falten der Erschöpfung. Während solcher Handelstage hörte man Stan dann Sätze sagen wie: »Wenn ich vor mich blicke, sehe ich eine undurchsichtige Wand. Wenn ich nach links und rechts schaue, ein Übermaß wichtiger Geschehnisse, aber ohne erkennbare Richtung.« Im Verlaufe solcher Handelstage merkte er wieder, dass jede Entscheidung für einen Trade – ob long oder short – Konsequenzen für das Konto nach sich zog, die eventuell, nein: *unter Garantie,* den Rest einer Tradingkarriere nachhaltig bestimmen konnten. Zumindest bei einem Tradinganfänger, der mit *vollem* Risiko durch die Märkte surfte.

»O-gott-o-gott-o-gott ...«, stöhnte Stan und zischte gleich darauf fuchsteufelswild: »Die bringen mich um! Schweine, Schweine sind das! Megamaxischweine! Ein Sch... Megamaxischweinemarkt ist das!!!«

John schmunzelte und fragte sich einmal mehr, wie es so ein mickriger Chart nur fertig brachte, dass die Gefühle eines Traders zu tosen vermochten wie ein wütender Sturm und doch ganz und gar das Gegenteil »stürmischer Gefühle« ergaben. Bemerkenswert war, dass, bildlich gesprochen, der eine Trader von einem Sturm des Gefühls ergriffen wurde, der einem Baum die Rinde ächzen und die Äste fliegen lassen würde, bis diese brächen, während ein anderer Trader so wenig einen Sturm empfand wie ein See, auf dem sich nicht einmal die Wasseroberfläche kräuselte.

John, wieder zurück an seinem Platz, blickte lächelnd auf seine Monitore und entdeckte, dass sich der Bund-Future dem letzten Korrekturtief plötzlich mit einem riesigen Kursrutsch näherte. Durch seine Gedanken abgelenkt, hatte er vergessen, in der erhofften fortschreitenden Korrektur seine Long-Position aufzustocken. Jetzt stand der Bund-Future binnen weniger Sekunden direkt vor dem *Punkt 3*, eine Positionserhöhung erübrigte sich, und er blickte dem Ende des Trades entgegen, wie er in seinem ganzen Leben allem entgegenschaute – mit äußerster Gelassenheit. Sicherlich war ein kleiner Augendreher drin. An Gefühlen war nichts falsch, so John; sie zeugten bei einem Trader nicht von mangelnder Würde – Menschen waren schließlich dafür geschaffen, Emotionen zu empfinden. John sah das Ende seines Trades kommen, jedoch ohne feiges *Bitten* und *Flehen.* »Die Theorie des Börsenhandels verlangt einen klaren und scharfen Kopf, dessen Praxis hingegen einen *ganzen* Mann. *Das«,* so John, »macht den Unterschied aus.«

Seit vielen Jahren erschreckte es ihn nicht mehr, wenn das Ende eines Trades auf der negativen Seite absehbar wurde, nie gab er sich zur Beruhigung dem Glauben an das Übernatürliche hin, sondern blieb auch bis zum Ende solcher Trades der Vernunft verpflichtet. Mittels Vernunft, so seine gewachsene Erkenntnis, nehme ein Händler wahr, dass er zwar seine Sichtweise zum Thema »Was denke ich, was *Spekulieren* und *Traden* ist?« ändern könne, aber nie den Marktverlauf selbst. Daher, so trichterte er im Laufe seines Lebens jungen Händlern immer wieder ein, gebe es nur *zwei* Möglichkeiten, dem Verlust einer Position zu begegnen: auf dem Weg der Vernunft, und damit Konto und Psyche schonend, oder auf dem Weg der Illusion, verbunden mit der bettelnden Hoffnung auf Wiederkehr der einst angedachten Marktrichtung.

Bereits in den Anfängen seiner Tradingkarriere rang John mit der Allgegenwart des Verlustes. Jeder Trader tut das. Auf seinen ersten Tagebuchseiten in den Siebzigern hatte er zum Beispiel geschrieben: »... Das Leben als angehender Händler ist für mich nur ein fortdauerndes gehemmtes Sterben, irgendwie eine Art aufgeschobener Tod ...« In seinen weiteren Aufzeichnungen wimmelte es von Berichten über Minustrades; in seinen weiteren Lehrmonaten beschrieb er seinen bisherigen Zyklus als eine unerbittlich verhängnisvolle Reise: »... Was für ein enormer Abstand liegt doch zwischen den Gefühlen und Gedanken meiner ersten Aktientrades und, wenn das so weitergeht, dem absehbaren Ende: Damals fühlte ich ein Prickeln der Begierde, vergleichbar mit dem Gefühl, das man hat, wenn man das allererste Mal im Leben ein großes Spielcasino betritt. Heute spüre ich, wenn ich an die bisher stattgefundene Zerstörung des Kontos denke, stattdessen ein Frösteln und bilde mir ein, den Leichengeruch meiner sinnlosen Minustrades förmlich riechen zu können! Auch hinsichtlich meines allgemeinen Wohlbefindens und Lebensgenusses verlief der Weg zwischen diesen beiden Stationen stetig bergab: zu Anfang die ungeduldig erwartete Kontoeröffnung und die unbekümmerten ersten Trades, dann die durch erste größere Kontoverluste hervorgerufenen Zweifel, danach die Experimente mit verschiedensten Handelsregeln und weitere Verluste und Zweifel, die ersten mit Grübeln verbrachten Nächte und die mühseligen Versuche, mehr Fachwissen zu erlangen, das stetig größer werdende Misstrauen gegenüber den Charts und den Märkten, zuletzt weiteres kräfte- und geldraubendes Antraden gegen die eigenen Gefühle und das Heute: die Marter der vielen sinnlosen Trades und die Erkenntnis, in ernsten Schwierigkeiten zu stecken, ohne eine Lösung finden zu können. Nur noch ein bisschen mehr davon, und es sieht so aus, als würde mein Dasein als Trader enden. *Und zwar als Fehltritt.*«

Da es anscheinend noch längere Zeit brauchte, bis sich ein neues vernünftiges und schmackhaftes Intraday-Setup entwickeln würde, gab John sich weiter seinen Erinnerungen hin: Nachdem John dem damaligen Tod seines Handelskontos gerade noch entgehen konnte und in der Folge der nächsten Jahre als Händler in mehreren Handelsbüros arbeitete, hatte er Anfang der Achtzigerjahre zufällig Hofner kennengelernt. Dieser Kontakt hatte sich über die Jahre so gut entwickelt, dass John schließlich zu Herzer wechselte und mittlerweile nun schon seit mehreren Jahren die Niederlassung in Bangkok leitete. Wie bereits in Deutschland, hatten sich auch dort immer mehr Menschen eingefunden, die seine Nähe suchten. Sein Haus entwickelte sich zu einer Art »Salon«, der in dem Ruf stand, dass »Gesellschaft und kluger Geist« einander dort begegneten. Erst vergangenes Wochenende, auf der Geburtstagsfeier seiner Frau, wurde John von einem schweizer Chirurgen, der im Bangkok Hospital arbeitete, Folgendes gefragt: »Fürchten Sie als Trader denn nicht tagtäglich den Kontoverlust?«

»In den ersten Jahren, *ja*«, hatte John geantwortet. »In den späteren Jahren bis heute hat sich beim Gedanken an lebensbedrohliche Minustrades hingegen eine große Gelassenheit breitgemacht und bewährt.«

»Woher kommt diese Ruhe?« Der Arzt und auch ein weiterer, an diesem Gespräch teilnehmender Gast fragten sich, wie John das eigene Entsetzen in Schach halten konnte, da die Angst vor dem Kontotod doch allgegenwärtig sein musste, wenn sie einen als Trader ein Leben lang verfolgen und so große Furcht erregen konnte, dass eine unüberschaubare Anzahl verschiedenster Tradingarten und -weisen verwendet wurden, solange man diese nur jeweils als den *Heiligen Gral* anpries.

»Diese Ruhe beruht auf einer verstandesmäßigen Analyse der *wahren* Ursachen eines Minustrades«, äußerte John. »Fürchtet ein Trader den Geldverlust, weil ihm Verlust generell fremd und unbekannt ist? Falls ja«, so führte John mit seiner ihm typischen Überzeugungskraft aus, »irrt sich ein Trader, denn ein Verlust ist uns viel vertrauter, als wir im Allgemeinen annehmen. Nicht nur bei klassischen Gewinnspielen erhalten wir einen Vorgeschmack auf Verluste, sondern wir kennen das doch auch vom Wertverlust beim Autokauf: Man muss nur vom Hof des Autohauses fahren und schon hat man keinen Neuwagen mehr! Als Kind lernen wir bereits beim Begräbnis des ersten Wellensittichs den Umgang mit Verlusten und als Erwachsener wird das später noch vertieft mit dem Tod eines geliebten Menschen. Den Verlust von Freunden und der ersten großen Liebe darf man ebenfalls nicht vergessen. Der Verlust materieller Werte erscheint im Vergleich damit doch eher nebensächlich, meine ich.« John holte Luft und fuhr fort. »Fürchtet ein Trader vielleicht Verluste, weil seine Handelslogik dann schlecht oder gar sinnlos erscheint? Auch hier täuscht sich ein Trader: Es ist absurd, das Fehlen von Profit für ein Übel zu halten, da doch jeder eingegangene Trade das Vorhandensein wiederholbarer Regelwerke voraussetzt und damit zwangsläufig gleichsam das Bewusstsein, dass Trades auch finanzielle Verschlechterung zur Folge haben können. Dementsprechend ist davon auszugehen, dass es sich bei einem Minustrade um einen jener Fehltrades handeln kann, die unumgänglich sind.« Johns Ansicht nach war das innere Wesen eines Regelwerks trotz ausgestoppter Fehltrades und realisierter Verluste unzerstörbar, denn das Regelwerk eines Traders repräsentierte lediglich eine Manifestation seiner Lebenskraft, seines Willens, des Herzschlags eines Traders an sich, der ewig fortbesteht. Demzufolge besaß ein Minustrade keine Macht zur Auslöschung; wenn dieser Trade vorüber war, verband sich der Trader erneut mit jener ursprünglichen Lebenskraft des Regelwerks, die noch dazu *viel* umfassender war, als es die Zeit eines einzigen Handelstages, einer Handelswoche oder gar eines Handelsmonats je sein könnte.

»Ein negativ ausgestoppter Trade«, so John, »muss als Segen betrachtet werden, als eine Erlösung von der sonst nie endenden Qual der Existenz von Trades, die nie einen Stopp sehen und ein viel größeres, schmerzlicheres, die Sinne schwinden lassendes Minus nach sich ziehen oder gar ganze Existenzen vernichten können. Ein Trader muss seinen eigenen Stopps entgegensehen wie erwünschten, ja fast schon erfreulichen, Begebenheiten – statt, wie dies meistens geschieht, mit Zagen und Grausen. Ich habe ausreichend angehende Händler kennengelernt, die binnen weniger Monate, nur wegen der Tendenz, mit den eigenen Positionen verheiratet zu sein, ihr ganzes Vermögen verspielten. Es existiert der Spruch, dass schlechte Börsenhändler sich eher von ihrer Frau scheiden lassen, als ihre Positionen zu schließen. Hartnäckiges Festhalten an Ideen ist also nicht gut für Börsenhändler, und klopft man an die Kontogräber »toter« Trader und fragt diese Trader, ob sie nicht wieder aufstehen wollen, so werden die nur verneinend die Köpfe schütteln: Die emotionalen Qualen durch Positionen, die nie einen selbst gesetzten Stopp gesehen haben, sind einfach zu groß für sie gewesen.«

John hatte noch über eine weitere Methode, seine Angst vor dem Kontotod in Schach zu halten, berichtet: »Die Angst vor dem Kontotod ist dort am geringsten, wo die Selbstverwirklichung – die Qualität eines Traders – sich am größten hervortut.« John, der mit vielen Händlern gearbeitet hatte und so manchen von diesen zu einem selbstbewussten Händler heranziehen konnte, war im Laufe der Zeit aufgefallen, dass die Todesangst vor Verlusten bei jenen Tradern stärker ausgeprägt war, die das Gefühl hatten, ein *unerfülltes* Trading zu führen. Das Gefühl, logisch durchdacht und im stillen Einvernehmen mit dem eigenen Stil zu traden, minderte anscheinend diese Angst. Und dieselbe Haltung – Stolz darauf, endlich den eigenen, kreativen und damit qualitativen Weg zu verfolgen – drückte sich in einem kurzen, vor ewigen Zeiten gelesenen Vers aus, der an seinem rechten Bildschirm klebte: »Ermüdet steh ich jetzt am Ziel der Bahn, mein graues Haupt kann kaum den Lorbeer tragen: Doch blick ich froh auf das, was ich getan, stets *unbeirrt* durch das, was and're sagen!«

»HIMMEL-ARSCH-UND-ZWIRN …!«, fluchte Stan erneut und reckte frustriert die Arme gen Himmel.

»Hey, Bambino!? Ich bring dir gleich mal das Beschwerdebuch der Börse«, rief Nick, der gerade das Büro betrat, sechs große Mokka mit fettarmer Milch und extra viel Milchschaum auf einem Tablett balancierend. »Willst du nicht lieber mal Pause machen?« Dann trällerte er lachend ein »Ha-ll-ooo!« quer durch das Büro.

»Seht euch das an! Nick live und in Farbe und vor allem mal halbwegs pünktlich!« Kim klatschte verächtlich kichernd die ausgedruckten Brokerabrechnungen des letzten Tages auf den Tisch und pustete sich kokett ein paar schwarze Haare aus dem Gesicht.

»Hiii!« Nick umarmte Kim, die heute ein schwarzes Kleid im Lingerie-Stil und dazu schwarze Pumps trug. »Wow! Ein Hammer, dein Outfit! Und erst die Schuhe!«

Kim schenkte ihm ein Luftküsschen ob dieser Schmeicheleien.

»Du siehst einfach umwerfend aus! Da traue ich mich ja gar nicht, dich anzufassen, meine Schöne!«

»*Oui, oui.*« Kim strahlte.

»Bambino, dein Kaffee.« Nick winkte Stan zu sich.

»Nix da. Ich hab 'nen Arsch voll mit meinen Positionen zu tun«, jammerte Stan zurück, und Nick konnte regelrecht sehen, wie Stan sich zusammenriss und seinen Blick fast gewaltsam vom Computer löste.

»Also gut, leg los, Bambino! Zeig dem Markt, dass deiner länger ist ...!«

»Und nenn mich nicht immer *Bambino!*«

»Okay, *Bambino*«, erwiderte Nick, der im Übrigen nicht *Nick* hieß, aber irgendwann in seinen ersten Börsenjahren zu der Erkenntnis gelangte, dass Stefan nicht unbedingt ein passender Name für einen Schrecken des Charts war, und zog eine Grimasse. Nick Leeson war irgendwie sein negatives Vorbild, nicht in dem, was er tat, aber in dem, *warum* er es tat ...

»Diesen Markt krieg ich schon noch klein«, wetterte Stan, ohne aufzublicken. »*Wer* bin ich denn?«

»Hör zu, ich kann dir sagen, wer du *nicht* bist ...«, und noch während Nick das sagte, schickte Stan seine Maus über die Monitore und pfefferte eine weitere Order in den Markt, denn er wollte – anders als der Rest im Büro – nicht nur die Brotkrumen aus einem Chart aufsammeln. Stan wollte sich die dickste und fetteste Scheibe aus dem heutigen Chart schneiden und schien Nicks Ironie daher nicht zu bemerken.

Nick begrüßte die anderen beiden Händler, verteilte seine Mitbringsel und fuhr seinen Laptop hoch.

Stan deutete auf den heutigen steilen Anstieg seines DAX-Charts. »Der Markt wird heute tierisch fallen. Der ist am Ende. So was von am Ende!« Nachdem Stan in der ersten Handelsstunde der deutschen Märkte von Verlusten durchgeschüttelt worden war, tat er sein Bestes, um vor der Truppe möglichst zuversichtlich zu erscheinen.

»Natürlich, Bambino. Natürlich ...« Nick ließ sich mit einem seligen Lächeln gegenüber von Kim auf einem schwarzen Lehnstuhl nieder, zog den DAX-Chart auf seinen rechten Bildschirm und lehnte sich zurück. »Wenn auch sonst keiner daran glaubt: Du wirst es uns schon beweisen, dass du mit deiner Meinung Recht hast.« Nick verschränkte die Arme hinter dem Kopf und betrachtete den kleinen Aufwärtstrend, gut ersichtlich beispielsweise in einem 10-Minuten-Chart. Dieser lag zwar zeitgleich innerhalb eines etwas größeren Aufwärtstrends, der sich seit zwei Tagen deutlich erkennbar beispielsweise im zusammengefassten 60-Minuten-Chart abbildete, aber gleichzeitig offenbarte sich auf Tagesbasis, dass dies vermutlich nur die Fortsetzung einer kleineren Korrektur des bis dahin intakten riesigen Abwärtstrends darstellte. Nick registrierte mit einem einzigen Blick und ohne Zuhilfenahme von Indikatoren, Trendlinien oder irgendwelchen anderen Hilfsmitteln einen schlichtweg intakten untergeordneten Trend. Lokal ansteigende Hoch- und Tiefpunkte, welche aufgrund ihres parabelhaften Anstiegs ein Einzeichnen von Trendlinien vorerst sinnlos machten. Ein Blick genügte. Eine Sekunde. Wie viele Jahre harter Arbeit hatte es Nick gekostet, nun gelassen hier zu sitzen und in kleiner Zeiteinheit einen Long-Trade, aber aufgrund des übergeordneten Trendbildes mit kurzem Ziel: *Handel der Bewegung* oder *des Ausbruchs* einzugehen und mit dieser puren und grundlegenden Einfachheit tausendmal bessere Ergebnisse zu erlangen, als Stan mit seinen momentan noch verworrenen Ideen je würde erreichen können?

Nick erinnerte sich bei diesem Anblick daran, dass auch er einst Frischfleisch gewesen war und die Börse mit Trades bombardiert hatte, weil er sich durch das reine Chartbetrachten, auch wenn er eigentlich noch nicht verstanden hatte, was er da eigentlich sah, bereits am Ziel seiner Träume wähnte. Statt sich zu überlegen, ob es einen Trade gab, der noch *bessere Konditionen* anbot, hatte es Nick schon gereicht, dass er irgendeinen Trade einfach *nur* gut fand. Er murmelte vor sich hin: »Wie blöd konnte man als Anfänger eigentlich sein? Tja, Tradegeilheit macht blind, aber noch blinder macht es, wenn man glaubt, man hat nach dem Wissen um *long* und *short* und einem bisschen fachlichen Brimborium drumherum endlich sein Ziel erreicht.« Dann wandte er sich an Stan: »Du musst nur immer schön auf deinen kleinen Short-Trade aufpassen, damit sie dir das Ding nicht unter dem Arsch wegschießen. Du musst dich jede Sekunde darum kümmern. Gib deinen Trade nur nicht aus den Händen! Lass ihn nicht unter die Räder kommen, werfe immer ein Auge darauf, denn glaube mir, die anderen wollen nix Gutes damit anstellen«, und zog den armen Bambino wie jeden Tag mal wieder auf.

»Nick!«, rief John ihn zur Ordnung und warf ihm einen bittenden Blick zu, Stan nicht weiter zu veräppeln, obwohl er wusste, dass Nick ja Recht hatte und dies nicht aus Bösartigkeit tat. Nick winkte zum Spaß ab.

Manche Leute waren überrascht, dass sich eine Person wie Nick so ironisch verhielt – schließlich hatte er das Trading damals, ebenso wie Stan heute, mit falschen Ansichten und gänzlich verdrehten Fragestellungen begonnen –, aber Stan war so daran gewöhnt, dass er Nicks Spitzen kaum noch registrierte. Zum anderen hatte Nick Stan während dessen »Fehlern«, »Verirrungen«, »Versehen«, »Unfällen«, »schwachen Momenten« und – nach Nicks Meinung die mit Abstand schönste aller Ausreden – »Rückfällen« dennoch stets mit freundschaftlichem Rat und fachlicher Tat zur Seite gestanden.

Nick schälte sich grinsend aus seinem dünnen Sakko, meldete sich an seinem zweiten Konto an und warf einen kurzen, weil erfahrenen, Blick auf die hereinkommenden Kurse. Da er im Dollar-Yen zwei deutlich ineinanderlaufende *Punkte 2* wahrnahm, legte er mit fast automatisch ablaufenden Klicks eine Order kurz über den kleineren der beiden lokalen Hochpunkte und danach zwei weitere Stopp-Buy-Orders von je zehn Kontrakten jeweils zwei Pips unter und über den großen *Punkt 2*. Zwei weitere Orders, direkt danach als Limit-Sell in den Markt platziert, sollten dafür sorgen, dass nach jeweils fünf Pips seine gemäß Ausbruchshandel angedachten Trades wieder geschlossen wurden. Danach widmete er sich seinem mp3-Player, seinem Kaffee und einem verträumten Blick in Richtung Kim.

So kannte man Nick – wie immer interessierte er sich nicht besonders für den *detaillierten* Verlauf der Märkte; Börse war für ihn nur ein Mittel zum Zweck. Was ihn wiederum zu einem hervorragenden Händler machte. Auch heute stapelten sich neben seinen Bildschirmen von Bestsellern über Biografien bis hin zu hochkarätiger Belletristik haufenweise Bücher und keines davon hatte auch nur im Entferntesten etwas mit dem Thema *Börsenhandel* zu tun. Die Kollegen flachsten gelegentlich, Nick wäre gar kein Börsenhändler, sondern ein Bibliothekar, der sich mit Echtzeitkursen vom Dauerlesen ablenken müsste. Dabei war Nick – ein geradezu obszön gut aussehender, dunkelhaariger Mann Anfang vierzig mit einem stets identischen Dreitagebart – ein gnadenlos disziplinierter Händler; Devisen waren sein Steckenpferd – und im Gegensatz zu den meisten Leuten mit viel Geld war er auf natürliche Art und Weise charmant. Die Worte, die ihm sein Vater mit auf den Lebensweg gegeben hatte, lauteten: »... und wenn du was darstellen und leben willst, dann musst du ordentlich zuverdienen, das merk dir lieber, mein Sohn.« Nick hatte es sich gemerkt und sich nach einem Beruf umgesehen, mit dem er vor sich selbst und den Leuten bestehen könnte. Er hatte Glück, absolvierte zunächst eine Banklehre und spezialisierte sich dort auf den Wertpapierbereich.

Fortan befasste er sich sehr intensiv und geradezu verbissen mit dem Börsenhandel und erkannte, dass Bank und Börsenhandel nicht immer identisch sein müssen. Auf einer Wertpapiermesse hatte er durch Zufall Hofner kennengelernt. Nach einer kurzen Zeit des Beschnupperns und einer Art kurzen Praktikums, das Nick während seines Jahresurlaubs unter Hofners Aufsicht absolvierte, erhielt er von Hofner ein Anstellungsangebot. Damals noch jung und impulsiv, kündigte Nick seinen sicheren Job bei der Bank und wechselte zu Hofner. Aufgrund seiner guten Englischkenntnisse und mittlerweile hervorragenden Ergebnisse im Börsenhandel – natürlich hatte Hofner die Entwicklung Nicks hierbei deutlich beeinflusst – hatte Hofner Nick dann angeboten, zusammen mit John das Büro in Bangkok aufzubauen. Wie der Zufall manchmal spielt, hatte Nick kurz zuvor eine charmante Eroberung gemacht, welche nach seinem Geschmack einen Hauch zu anhänglich wurde, und Hofners Angebot kam ihm damals gerade recht. In Windeseile hatte sich Nick also den Schmutz seiner Kleinstadt von den Schuhen geschleudert, seine Siebensachen gepackt und zusammen mit John den Flieger bestiegen. Neben den Charts und der Literatur galt Nicks große Leidenschaft den Frauen. Eine gute Mischung, wie er immer fand. Nick war sich seiner Wirkung auf Frauen bewusst und nutzte diese mit großem Erfolg aus. Jedes Mal, wenn er auf einer Party eine Frau erblickte, die ihm gefiel, schaute er dieser tief in die Augen und sagte: »Ich würde auf alle diese Frauen verzichten, wenn nur du mich erhörst.« Und natürlich besaß der Satz ähnlich viel Wahrheitsgehalt wie die Aussage: »Ich weiß, wie der Markt morgen verlaufen wird …«

»Pah! Die können mich mal kreuzweise!«, schnaubte Stan, griff nach seinem Becher Mokka und leerte ihn in einem Zug. »Seht euch diese Aufwärtsbewegung an!«, bellte er, ohne jemand Bestimmtes anzusprechen. »Der muss doch verdammt noch mal zu Ende gehen!«

»Sicher«, murmelte John lächelnd vor sich hin. Er erhob sich langsam von seinem Stuhl, um seinen Gedanken zu Ende zu bringen, verließ sein Zimmer und durchschritt das Büro mit wenigen Schritten zu Kims Schreibtisch. Seine Absätze klapperten auf dem spiegelglatten Boden. Auf Höhe von Stans großem Schreibtisch deutete John nebenbei auf das Tohuwabohu aus Pizzaschachteln, schlampig mit Edding beschmierten CDs, Coladosen und Plastikschachteln mit Resten von Salaten, die in einer wässrigen Pampe schwammen. »Und bring mal das Durcheinander hier …«

»… gleich. Mo… Moment noch!«, nuschelte Stan und kaute auf seiner Unterlippe, ohne aufzublicken. Es sah aus, als würde er gleich in die Luft gehen. Der Countdown lief, denn sein Short-Trade, der das Ende des aufwärts strebenden Marktes vorwegnehmen sollte, kam seinem willkürlich gesetzten Stopp gefährlich nahe.

»So ist es richtig, Bambino! Tob dich aus! Kämpfe mit dem Markt!«, rief Nick und hob seine Faust zur Kampfansage in die Luft. »Sag Bescheid, wenn du ihn in die Knie gezwungen hast!«

Als Antwort erhielt er Johns drohenden Zeigefinger, verbunden mit einem Lächeln und einem Wink, zu John herüberzukommen.

Stan guckte hoch und erschrak, als er merkte, dass John und Nick ihn beobachteten. »Ha, ha ... ihr beiden!« Stan blickte sofort wieder zurück auf seine Monitore. »Scheißmarkt! Dreht nicht!« Stan zeigte auf seinen rechten Bildschirm. »Der ist doch schon viel zu weit gelaufen«, wimmerte er, denn der Markt näherte sich dem Stopp seiner Short-Position mittlerweile bis auf acht Punkte, und auf die fragenden Augen Johns seufzte Stan: »Ich will doch nur ein p-a-a-r Punkte. Rein, raus, ihr wisst schon ...«

Nick hob ironisch anerkennend den Daumen.

John hingegen fragte, warum Stan mit so *gewichtigen* Aussagen und Ideen wie: »... der Trend *muss* drehen ...« an den Start gehe, wo doch sein gerade selbst erklärtes Ziel nur wenige Punkte im Markt sei.

Stan, der den mega Tiefgang der Frage nicht erfasste, antwortete lapidar: »Ist doch egal, wo man sich die Punkte holt. Ob rauf oder runter.«

»Eben«, nickte John. »Wäre es daher nicht besser, diese Punkte in einem Markt zu holen, in dem alle Zeiteinheiten ein in sich passendes Setup aufweisen? Lieber *mit* als *gegen* den Trend?«, hakte er nach.

Stan starrte verbissen auf seine Bildschirme: Der Markt hatte unterdessen seine Richtung beibehalten und sich dem im Markt liegenden Stopp von Stans Short-Position um weitere zwei Punkte genähert. »Verdammt, das Ding dreht immer noch nicht!«, stöhnte Stan erneut.

Name	Position	Traded	P/L Points	P/L	Time (MEZ)	Last Quote	Bid	Ask
CFD-DAX	-30 K	6830	-16	-480 EUR	09:30:22	6846	6844,0	6849,0

»Wenn du ehrlich bist, regst du dich doch bloß auf, weil du nicht bei dem Trend dabei bist. Du gönnst es doch einfach nur den anderen nicht und revidierst, da deine Position im Minus ist, deinen gewünschten Profit fortlaufend immer weiter nach unten: ›Will doch *nur* ein paar Pünktchen ...‹«, erwiderte John in ruhigem, aufrichtigem Ton und zuckte mit den Schultern. »Bevor du nun deine und unsere Nerven darauf verschwendest, dich in deiner betrachteten und deren übergeordneten Zeiteinheit gegen den Markt zu stellen, frag dich lieber, warum du bei dem *›ach so weit gelaufenen Markt‹* nicht dabei warst! Vielleicht findest du ja den Fehler.« John wusste natürlich, dass das mit der Fehlersuche reine Rhetorik war. Stan war sich letztendlich noch gar nicht so recht bewusst, was er eigentlich machte; mit den in sich verschachtelten Trendverläufen kam er gleich gar nicht zurecht, aber ein bisschen Selbstbetrachtung würde ihm auf keinen Fall schaden.

Stan stierte John zwar an, zuckte aber gleichzeitig mit den Schultern, was John ihm aufgrund seiner altersweisen Lebensjahre einfach nachsah.

Man sollte generell meinen, überlegte John, dass Trader, wenn sie einen Fehler machen oder ein Fiasko erleben, eine neue These kreieren, in der sie die Lektionen verarbeiten, die sie aus ihrem Fehlgriff gelernt haben und dass sie diese neuen Informationen nun in ihren Handelsstil einbauen und eine heldenhafte Erklärung über ihr vorangegangenes Fehlverhalten abgeben, weil sie jetzt wieder etwas über die Praxis gelernt haben. *Falsch gedacht!* Zumindest, soweit es Stan betraf. Okay, dafür war er Anfänger. Stattdessen beklagte Stan sich über das Verhalten des Charts, der, einem Raubvogel gleich, auf dessen Positionen niederstieße und so deren Verluste nur noch verschlimmerte.

Alle Händler dieses Büros wussten, dass es noch einer Menge Zeit bedurfte, bis Stan akzeptieren würde, was im Chartverlauf geschah – und wozu Mut gegen sich selbst vonnöten war. Derzeit trug Stan bei Diskussionen über seine Erlebnisse durch Abgabe von Ad-hoc-Erklärungen und Schuldzuweisungen an seltsame und vor allem seltene Ereignisse nur zur weiteren Maskerade seines Handelns bei. Er verwandte seine Energie noch zu sehr darauf, sich zu verteidigen, anstatt mit den gelernten Lektionen Geld zu verdienen. Folglich musste John ihm die Bedeutung des *Leugnens* für das Trading behutsam nahe bringen. Wie jeder Anfänger vor ihm, wollte auch Stan, wenn Verluste eintraten, für diese nicht auch noch selbst die Verantwortung übernehmen und interpretierte fehl. Damit verlor er aber den Bezug gegenüber dem realen Geschehen. Der Versuch, vor der Wahrheit die Augen zu verschließen, gipfelte dann in der Verwendung der üblichen Ausreden: »Das ist nur das Ergebnis von … das wird schon wieder.« Stan ignorierte damit aber letztendlich die wahren Botschaften.

»Ich hab's doch gewusst! I-C-H H-A-B-E E-S G-E-W-U-S-S-T …«, jauchzte Stan plötzlich und klatschte triumphierend in die Hände. Der Markt fiel! Die Profit-Loss-Anzeige für seine Short-Position wandelte sich vom Roten ins Grüne. Stan konnte seinen Blick nicht von diesem Chart lösen. *Geil. Wie konnte man nur meine Short-Position als uninteressant bezeichnen?* Stan wartete voller Vorfreude auf den nun beginnenden, großen Gewinn und dachte stolz daran, dass er einen weiten Weg gegangen war: vom Kind in der Plattenbausiedlung, in der man Versace für einen italienischen Fußballer hielt, bis hin zum Juniortrader eines Handelsbüros im fernen Asien, der wahrscheinlich in wenigen Minuten den Mega-Trading-Jackpot in den Händen hielt. In diesem Augenblick klingelte erneut sein Handy. Nach einem kurzen Blick auf das Display warf er John und Nick einen entschuldigenden Blick zu und ging dran:

»Hallo Lilly …« Während er mit seiner 26-jährigen Mitbewohnerin die heute unbedingt noch zu erledigende Einkaufsliste durchsprach und sich für sein Vergessen gestern entschuldigte – vorgestern Abend stand nur noch eine letzte Flasche Wasser im Kühlschrank, die Stan gestern Früh mit ins Handelsbüro genommen hatte, weswegen der Kühlschrank seitdem nur noch sich selbst kühlte –, betrachtete er voller Vorfreude seine Position. Und wie er das gerne tat, berichtete er Lilly sofort, welch toller Magier der Märkte er sei – das machte er aber nur bei Plustrades. An negativen Tagen hingegen erklärte er ihr stattdessen, wie beschissen der Markt doch wieder zu ihm gewesen wäre. »Das verstehe ich nicht!«, meinte Stan nur allzu oft nach gut ausgegangenen Trades zu ihr, »ich verstehe es nicht, wie jemand *nicht* traden kann – er bringt sich doch, sozusagen, um des Lebens besten Teil und jedenfalls um ein ganz eminentes Vergnügen!«

Lilly wusste, dass sich Stan beim Aufwachen darauf freute, tagsüber traden zu dürfen; beim Essen freute er sich wieder darauf, ja, man könnte quasi über ihn sagen, dass er eigentlich bloß essen würde, um traden zu können, auch wenn er damit natürlich etwas übertrieb. Aber ein Tag ohne aktuelle Börsenkurse wäre für Stan der Gipfel der Schalheit, ein vollständig öder und reizloser Tag. Müsste er morgens feststellen, dass es nichts zu traden gebe, würde Stan den Mut zum Aufstehen wohl gar nicht erst finden, wahrhaftig, er würde einfach liegen bleiben.

Und während Stan weiter mit Lilly sprach, musste er plötzlich mit ansehen, wie er ausgestoppt wurde, als der Markt schlagartig über seinen letzten Hochpunkt flog.

Order Filled

BUY CFD-DAX 30@6848 id=7261768

Wie große Regentropfen klatschte Stans trauriges Gefühl auf die Tastatur, als er die Orderausführung seines willkürlichen Stopps erblickte. *Die Götter haben es wirklich auf mich abgesehen.* Nachdem er sich mit einem kurzen Seitenblick versichert hatte, dass Nick und John noch an der Fensterfront standen und ihn daher nicht näher beobachteten, ging Stan voller Wut erneut *market short.* Sofort begann sein Puls zu rasen: Der wütende Teil von ihm wollte mit aller Gewalt einen riesigen Plustrade hereinfahren. Ein ängstlicherer Teil betete darum, dass bloß kein weiterer Anstieg kommen möge, um seinen erneut wahllos über den aktuellen Kurs gelegten Stopp auszulösen. Doch größtenteils fragte er sich, wie er die beiden anderen, widerstreitenden, blöden, nervigen, sein Leben irgendwie komplett durcheinander bringenden Teile endlich zum Schweigen bringen und sich einfach mal an irgendein gottverdammtes Regelwerk, irgendeine Logik oder was auch immer würde halten können.

Der Part von ihm, der sich das monströse Plus gewünscht hatte, verfiel rasch in einen ungehemmten Freudentaumel, als der Markt aus heiterem Himmel fünf Punkte gen Süden rutschte. Der zweite Teil in Stan, der darum gebeten hatte, dass kein weiterer Anstieg kommen möge, schwang sich in die Arme von Teil eins und sang nun im Duett: »Oh Happy Day!« Als Teil drei wegen des fehlenden Regelwerks Protest einlegen wollte, wurde er von den beiden anderen Teilen geschnappt, geknebelt und beschimpft mit: »Halt endlich die Schnauze, du olle Spaßbremse!«

»Ich hab's gewusst! ICH HAB'S GEWUSST!«

Stans erneuter Freudentaumel wurde von Nick einmal mehr als Anlass genommen, Stan als Kontraindikator zu betrachten. Nick schlappte demzufolge in seinen ausgetretenen Turnschuhen zu seinen Monitoren und ging, ohne weiter nachzudenken, im DAX ganz kurzfristig ausgerichtet *long*. Er wusste zwar, dass Stan kein Signal im klassischen Sinne war und es gegenüber dem derzeitigen DAX-Chart *bei Weitem* bessere Fünf-Sterne-Trades gab, aber der Chart war auch nicht allzu schlecht, und Nick nahm den Bambino daher einfach nur als abschließendes Signal her. Statt Stan hätte Nick auch einen Indikator oder eine Trendlinie verwenden können. Aber das »Bambino-Signal« war irgendwie lustiger. Er sah dies außerdem lediglich als Gag für sich selbst an, was sich in der niedrigen Kontraktgröße widerspiegelte. Für den einen war dieser Kursrutsch der Beginn eines Super-Super-Trades, der den Tod des Trends einläutete, für den anderen war es *nur* die lang ersehnte Korrektur des untergeordneten Aufwärtstrends. Es war schon irre, wie es eine einzige kleine Punktbewegung schaffte, dass zwei Männer sich so unterschiedlich verhielten.

Nick rollte seinen Bürostuhl quer durchs Büro und nahm an Stans *Gefechtsstand* Platz. Bevor Stan die Reise nach Bangkok antrat, hatte er drei Ausbildungsjahre als Hotelfachmann in Frankfurt hinter sich und ein Berufsjahr, das er in Hamburg verbracht hatte. Während dieser Jahre hatte er scharf und anhaltend arbeiten müssen und sah, als er heimkam, immer matter aus, als es eigentlich zu seinem Typus passte. An diesem Punkt nahm sein Weg eine Wendung, denn ein guter Freund der Familie verstand Stans Sorgen, ließ seine Beziehungen spielen, und ohne Glanz und Orchestertusch, aber mit gutem Anstand stieg Stan aus seinem Beruf aus und trat bei E.F.S.I. eine Art Lehrstelle an, um in diesem Handelsbüro eine umfassende Ausbildung zu absolvieren. Stan kam, nachdem er in Deutschland drei Monate unter Aufsicht von Hofner und Sander wilde, aber aussichtslose, Kämpfe mit dem Chart ausgetragen hatte, vor acht Wochen nach Bangkok und sollte von nun an traden, gute Manieren und »im Buche der Welt zu lesen« lernen. Während dieser Monate in Deutschland und Bangkok geschah etwas Wichtiges: Vielleicht zum ersten Mal in seinem Leben, abgesehen mal von den Jahren in seinem Elternhaus, fühlte Stan sich umhegt, genoss das Dasein und lernte diese gesellige Form der Ausbildung zu schätzen.

»Super!«, jubelte Stan, sprang von seinem Stuhl auf und zeigte stolz auf seine Bildschirme.

Nick schaute zu ihm hoch. »Na, jetzt bin ich mal gespannt.«

John musterte beunruhigt Stans Euphorie vom anderen Ende des Büros. »Bist du wirklich schon wieder *short* drin?»

»Klar.« Leicht pikiert stemmte Stan die Fäuste in die Seite. »Warum zweifelt ihr an den Charts?«

»Na dann. Auf geht's!« Nick streckte, wie immer, ermutigend die Daumen nach unten. »Möge der DAX auf null und tiefer fallen ...«

Stan strahlte ihn aufgeregt an. »Macht er! Wird aber nicht nötig sein. Auf der 6845 gehe ich raus!«

Nick verstand nicht recht und rollte seinen Stuhl näher an Stans Bildschirme. »Lass mich mal gucken!«

Stan trat einen Schritt zurück und Nick musterte den DAX-Chart. Für ihn sah das nach wie vor nach einem sauberen Aufwärtstrend aus, dessen letzter *Punkt 2* kurz vor dem Tageshoch des Vortages rangierte. Aktuell befand sich der Markt fünfundzwanzig Punkte unter diesem Tief. Es wirkte also alles ganz annehmbar. Was Nick wunderte, war, dass Stan so eine Art *Ausbruch* handeln wollte, was ohne weiteres Nachfragen daran zu erkennen war, dass Stans Limit-Order zur Positionsschließung einige Punkte unter seinem Einstiegskurs rangierte.

Nick blieb gelassen und betrachtete gemeinsam mit Stan die Monitore. »Du handelst also innerhalb eines stabilen Aufwärtstrends Ausbrüche auf der Short-Seite? ...« Ohne eine Antwort abzuwarten, öffnete Nick die »Orders-History« von Stans Handelsprogramm und verglich die dort gespeicherten Informationen über eingestellte, gelöschte und ausgeführte Orders und deren Uhrzeiten schnell sowie geübt mit den zugehörigen Abschnitten des Charts. »... Und das heute bereits zum vierten Mal hintereinander. Nicht schlecht.« Er äußerte das so charmant, dass Stan ihm beinahe geglaubt hätte, dass er es diesmal aufrichtig meinte.

Stan war dafür aber bereits zu oft auf Nicks Ironie hereingefallen. Er hatte zwar noch nicht viel Ahnung von Markttechnik, aber dass ein Aufwärtstrend sich über ansteigende lokale Hochs und ansteigende lokale Tiefs definierte, war ihm im Ansatz eigentlich klar, und so musste er sich im Stillen eingestehen, dass kurzfristig gesehen die Reise nun mal nicht nach Süden ging.

»Ähm, ja«, entgegnete Stan. Diese Antwort war zwar auch nicht gerade brillant, aber immerhin hatte er zwei Worte sinnvoll aneinandergereiht. In Sachen Souveränität und Erklärung seiner Trades war das schon ein erheblicher Fortschritt.

»Wo ist dein Stopp?«

»Irgendwo da oben. Das entscheide ich besser immer live«, erwiderte Stan mit leichtem Zittern in der Stimme. Denn der Markt stieg, nachdem er in den letzten Minuten zwischen 6847 und 6850 gependelt hatte, mit einem Affenzahn an, was sich in seinem Positionsfenster sofort in Zahlen niederschlug.

Name	Position	Traded	P/L Points	P/L	Time (MEZ)	Last Quote	Bid	Ask
CFD-DAX	-30 K	6852	-12	-360 EUR	09:50:27	6846	6863,0	6866,0

Nick zwinkerte mit dem Auge der von Stan abgewandten Seite kurz zu John hinüber.

Dieser nickte, von Stan unbemerkt, schmunzelnd zurück. Da war sie wieder: die bekannte Zusammenhangslosigkeit von Ideen und Trades und deren Ausbreitung ohne Mittelpunkt, die für einen Tradinganfänger kennzeichnend war und welche die merkwürdige Arithmetik ausmachte, in welcher der Tradinganfänger vom Hundertsten ins Tausendste kam, ohne dass sich eine geschlossene Einheit bildete und bilden konnte. Das Resultat? Aufgrund der Ergebnisse solcher Trades wurden die Einfälle zu allen weiteren Trades und deren Stopps immer haltloser und sinnfreier.

»Du würdest doch aber hier auch – trotz steigendem Trend – short gehen, um ein paar Punkte zu holen? ODER? Ich meine, so weit, wie der Trend schon gelaufen ist, muss der doch mal drehen?«, fragte Stan sichtlich verunsichert.

»Öh … ich weiß nicht«, erwiderte Nick und fügte hinzu: »Ich nehme an, um diesen kurzfristig ausgerichteten Trade zu machen, müsste ich es verdammt nötig haben!«, was ihm einen verständnislosen Blick einbrachte.

»Also, ähm … Ich spekuliere halt darauf, dass der Markt wieder fallen muss, und schnapp mir davon ein paar Pünktchen. Der Markt ist doch schon *sooo* weit gestiegen …« Stan hielt die Luft an und hoffte, dass er etwas Richtiges gesagt hatte.

Nick gewährte Stan noch ein paar Augenblicke Bedenkzeit, um diese armselige Aussage neu zu formulieren.

Stan konnte Nicks Gedanken förmlich lesen: *Mehr fällt dir zu diesem Trade nicht ein?* Er hob unglücklich die Schultern. »Ich … ich habe einfach versucht, *ein paar Punkte* zu bekommen …«

Nicks Blicke ruhten weiter fest auf ihm.

»Okay. Okay … eigentlich ohne zu wissen, *warum.*« Stan sah aus, als hätte er Nick gerade eine Todsünde gebeichtet, und komischerweise fühlte er sich auch genau so. Erst nach etlichen Sekunden sprach Stan mit noch leiserer Stimme weiter: »Ich wollte eigentlich gerade mal Pause machen, aber dann habe ich doch noch mal auf den Chart geschaut. Du weißt, einfach noch mal schnell *einen* Blick …« Stan verstummte, als er Nicks sich immer weiter zusammenziehende Augenbrauen bemerkte. Stan wusste: Nick hatte Recht, ohne etwas zu sagen. Denn es spielte keinerlei Rolle, warum Stan seinen Chart noch mal angeschaut hatte. »Na ja, und ich dachte, das gäbe einen super Trade, und den wollte ich halt eben noch schnell machen«, redete Stan schließlich weiter.

John hatte sich nach dem letzten Blickkontakt mit Nick neben Kims Schreibtisch gestellt, hakte auf Stans Gestammel nun nach, so laut, dass es im ganzen Büro zu hören war: »Wir wünschen uns einen Trade – oder, meinetwegen, Geld. Wir bekommen, was wir wünschen. Wir genießen einen kurzen Moment der Befriedigung, der sich rasch zur Langeweile abschwächt und auf den dann unweigerlich das nächste ›Ich will einen Trade‹ folgt. Das Verlangen zu stillen, ist kein Ausweg. Man muss ganz vom Rad springen«, und machte damit auf geniale Weise wieder mal allen bewusst, dass ein Trader dazu verurteilt ist, sich endlos auf dem Rad des Wollens zu drehen.

»*Vom Rad abspringen?* Was bedeutet das?«, wollte Stan wissen.

»Es bedeutet, sich dem Wollen, also dem Aktionismus, zu entziehen. Es heißt, ganz und gar zu akzeptieren, dass das innerste Wesen eines Traders ein nicht zu befriedigendes Begehren ist. Dass das Leiden eines Traders ihm von Anfang an einprogrammiert ist und dass wir beim Trading durch *genau dieses innerste Wesen* dem Untergang geweiht sind.«

»Jetzt übertreibt er aber …«, feixte Stan grinsend, an Nick gewandt.

»Nicht wirklich! Die Tatsache, dass neunzig Prozent derer, die mit dem Trading anfangen, alles verlieren, spricht doch eine deutliche Sprache, oder?«

»Hm …« Stan fuhr sich beim Gedanken, dass auch sein Konto nur noch 19.000 Euro und damit nur noch fünfundfünfzig Prozent des Anfangsstandes aufwies, nervös mit der Zungenspitze über die Lippen und wusste nicht, was er darauf antworten sollte.

Aber John setzte sich nun zu den beiden und erklärte seine letzten Worte näher. »Das bedeutet, dass wir erst die grundsätzliche Nichtigkeit der Welt unserer eigenen Illusion erfassen und uns dann daran machen müssen, eine Möglichkeit zu finden, unser ständiges und *unüberlegtes Wollen* zu negieren. Wir müssen uns, genau wie die großen Künstler, zum Ziel setzen, in einer Welt der reinen platonischen Idee zu leben; der Idee, *jeden* Trade machen zu können …« Das bedeutete, dass man als Trader gleichzeitig Beobachter und Akteur werden musste. Man musste sich der eigenen Lebenskraft fernab der Charts bewusst werden. Jener Lebenskraft, die überall in der Natur existierte und die sich im Sein jeden Traders individuell manifestierte. An dieses Vorbild, diese Idee, hatte sich John nach seinen ersten turbulenten Jahren als Händler streng gehalten. Seine wichtigsten Beziehungen waren die zu seiner Familie und zu den großen Denkern, deren Werke er jeden Tag verschlang. Er vermied es, seinen Geist mit alltäglichen Dingen zu verstopfen, und übte sich mittels Lesen oder Schreiben in Kontemplation. Um sich körperlich fit zu halten, joggte er, und um nicht den Bezug zu anderen Ebenen des menschlichen Daseins zu verlieren, bereiste er die Welt, wann immer sich eine Gelegenheit bot. Andere Trader wendeten andere Mittel an: Sie spielten nebenbei ein Instrument, freuten sich über Hausarbeit, legten einen schönen Garten an, knechteten sich in Fitnessstudios, sammelten leidenschaftlich Münzen oder taten, was immer sonst ihnen half, um dieses Begehren im Zaum zu halten.

Während Stan sich noch die Schweißtropfen von der Stirn wischte – schließlich war der aktuell laufende Trade echt knifflig –, begann Nick den Flipchart herzurollen und wollte von Stan wissen, was aus dessen Sicht die Idee eines Ausbruchhandels im Gegensatz zu den anderen verbleibenden Handelsstilen *Trend und Bewegung* sei.

Stan erklärte, dass es dabei um schnelles Rein-Raus ginge und dies aufgrund der wenigen Punkte keiner irre langen Analyse bedurfte.

Nick erkundigte sich natürlich, ob das alles zu diesem Thema sei, was ihm einfiele.

»Zack, rein. Zack, raus. Ende-aus-Micky-Mouse!« Stan schnipste mit den Fingern und triumphierte: »Ha! So wie eben!« Seine Short-Position war gerade unter seine Limit-Buy-Order gelaufen. *Sieben Punkte plus!*

»Na, okay. Zerbrechen wir uns dennoch mal ein bisschen mehr den Kopf.« Nick bemerkte, dass Stan leicht irritiert auf den Flipchart und dann auf seine Monitore starrte. Die kommende Lektion würde ihn vor dem nächsten bevorstehenden Megatrade abhalten.

»Wie lautet der Grundgedanke, den ein Trader verfolgt, wenn er einen *Ausbruch* handelt?«

»Schneller Gewinn«, kam als Antwort. Stan ließ dabei den neu ins Visier geratenen Euro-FX-Chart nicht aus den Augen.

»Okay, was du aussprichst, ist das *Resultat.* Aber was ich meinte, war: Was fasziniert den Trader am aktuellen Börsengeschehen, sodass er darauf mit einem Ausbruchshandel reagiert?«

Teilnahmslos fragte Stan: »Der schnelle Kursrutsch?«

»Okay, anders.« Unter den enttäuschten Blicken Stans schaltete Nick dessen Monitore aus. Die Ablenkung durch das Zucken der Perioden war unerträglich. Sodann ging Nick auf die Funktionalität einer klassischen Stopp-Order ein und deren Eigenschaft, bei Auslösung zu einer Market-Order zu werden, womit der Trader akzeptierte, dass er zum nächsten Preis – wie immer dieser auch ausfallen möge – abgerechnet wurde.

Stan nickte, denn soweit war das nichts Neues für ihn.

Nick bat Stan nun, eben diese Eigenschaft der Stopp-Order in einen sinnvollen Zusammenhang zum Ausbruchshandel zu bringen. Da Stan aber keine schlüssige Lösung parat hatte, beschwor Nick als Beispiel einen Autoverkäufer, der seinen Wagen – letzter Preis laut Liste: 10.000 Euro – auf der Stelle verkaufen musste und dem der Verkaufspreis völlig egal war. »Wohin steigt oder fällt der Wagenpreis, wenn dieser sich auf die Straße stellt und schreit: ›Gebt mir, was ihr wollt, Hauptsache, ich bin die Kiste los‹?«

»Er bekommt die 10.000 Euro«, entgegnete Stan voreilig.

»HALLO!!!«, stöhnte Nick und verwies darauf, dass der Börsenhandel nicht immer nur aus *einer* Lösung bestehe, vielmehr gäbe es stets mehrere Alternativen. Nach einer Weile stimmte Stan mit Nick überein, dass der Verkäufer, sollten sich viele Käufer für den Wagen interessieren, gute Chancen hätte, den Listenpreis von 10.000 Euro zu erzielen. Sollte aber niemand an dem Wagen Interesse bekunden und dann plötzlich ein Einziger auf der Straßenseite gegenüber den Arm für ein Gebot heben, so würde dieser mit seinem aufgerufenen Kauflimit den Preis diktieren. Der Wagen könne zu 100, aber auch zu 20.000 Euro über den Tisch gehen. Auf das Thema *Ausbruchshandel* bezogen, bedeutete dies, dass die Faszination an dieser Handelsausrichtung den Stopp-Orders und deren Umwandlung in eine Market-Order geschuldet wäre, denn: Eine im Markt vorhandene Limit-Order bekäme so die Möglichkeit, den kommenden Kurs in die eine wie auch die andere Richtung zu ziehen.

»Somit ist dein ›ich hüpfe mal in den Markt und gehe nach ganz wenigen Punkten wieder raus‹ zwar eine mögliche Art, dem Markt zu begegnen, hat aber mit dem klassischen *Ausbruchshandel* nichts, aber auch GAR NICHTS gemein«, fasste Nick zusammen.

»Ja, gut – ist doch aber egal, wie man es nennt. Hauptsache, ich habe ein paar Punkte und verschwinde wieder. Oder?«, purzelte es aus Stan heraus.

Nick, der früher von Hofner und John nie mit Definitionen und Das-ist-so-weil-es-eben-so-ist gelangweilt worden war, wollte diese Art und Weise hier und jetzt fortsetzen und Stan daher – genau so wie dies damals auch bei ihm gehandhabt worden war – begreiflich machen, dass die Entscheidung für eine Handelsausrichtung und dann speziell der konkrete Trade immer den gemeinsamen Nenner aus den verschiedensten zu beachtenden Komponenten darstellen sollte. Nick erklärte, aus den drei Handelsausrichtungen auswählen zu können – sofern man selbige nicht ohnehin gleichzeitig handelte –, sei eine Frage von *Risiko im Geld* und *Risiko im Markt*. Es bliebe eine Frage der Bereitschaft, *wie* man sein Ziel, sei das nun ein Tages-, Wochen-oder Jahresziel, erreichen möchte.

Stans Blick verriet, dass er um eine schnelle Antwort Nicks bat, schließlich waren die Bildschirme grau und gaben damit dem Markt die Chance, Mega-Kursschübe zu veranstalten – weit fernab von

Nick bedachte Stan mit einem ärgerlichen Blick, aber er tat ihm nicht den Gefallen, einer knappen Vorstellung eine ebenso knappe Erklärung folgen zu lassen. Stattdessen deutete er noch einmal, und jetzt eindeutig fordernd, auf den Flipchart. »Auf jetzt! Was gibt es zum Ausbruchshandel zu sagen ...?« Stans wiederholter und gequälter Blick Richtung der ausgeschalteten Monitore verriet Nick ziemlich genau, dass Stan sich nichts sehnlicher wünschte, als dass dieses Gespräch zu Ende ginge: Die Märkte veranstalteten sicher jetzt gerade Kursschub auf Kursschub, boten Gelegenheit um Gelegenheit, sich ein Stück vom Kuchen abzuschneiden, und Stan musste währenddessen auf schwarze Bildschirme gucken und sich das öde Gequatsche anhören ...

Und mittlerweile fand auch John in Stans bisheriger Reaktion wieder eine Bestätigung seiner These, dass ein Tradinganfänger das, was er den ganzen Tag machte, nicht in fünf geraden Sätzen erklären konnte, und machte sich auf den Weg, Nick bei dieser Lehrveranstaltung beizustehen. »Das Problem ist doch Folgendes«, formulierte Nick nun einleitend, nachdem Stan ihn nur fragend ansah. »Der klassische Ausbruchshandel hat von Haus aus ein negatives Chancen-Risiko-Verhältnis.« Stan verstand nicht sofort, und Nick wies darauf hin, dass eine unausweichliche Konstante existierte, welche besonders bei dem ganzen Thema des Ausbruchshandels und dessen individuellen Stellschrauben Beachtung finden musste: das *Marktrauschen*.

»Nehmen wir beispielsweise den DAX-Future! Angenommen, du bist auf zwei Punkte aus, so kannst du hierzu nicht einen Stopp von zwei Punkten setzen. Das Rauschen des Marktes – sprich: das Abarbeiten des nie abreißenden Stroms der Market-Orders – lässt den DAX-Future in einer Minispanne von fünf, sechs Punkten – manchmal mehr, manchmal weniger – hin und her zappeln. Solltest du nun da hinein deinen Stopp legen, kannst du auch gleich dein Geld zum Fenster rausschmeißen. Die Chance, dass deine Stopp-Order geholt wird und der Markt trotz alledem in deine Richtung läuft, ist mehr als hoch. Dementsprechend muss die Stoppsetzung eines Ausbruchstrades von Haus aus auf einen Minimumwert festgelegt sein.«

Stan meinte, die Lösung des Problems darin zu sehen, dass er seine Limit-Order, sprich: sein Ziel, einfach erhöhte. »Wenn ich also beispielsweise sechs Punkte auf den Tisch packen muss, damit der Stopp nicht innerhalb des Marktrauschens liegt, so gehe ich dann halt erst nach vierzehn Punkten Gewinn raus. Dann haben wir wieder ein positives Chance-Risiko-Verhältnis ... und Ende-aus-Micky-Mouse.« Stan sah aus, als hätte er gerade eine super knifflige Mathematikaufgabe gelöst und präsentiere nun stolz das Ergebnis.

»Tolle Wurst!«, grinste Nick. »Jetzt hast du genau das gemacht, was ein Großteil der Tradinganfänger tut: Du nimmst dir eine Excel-Tabelle und rechnest dir die Sache mit einem Förmelchen schön, freust dich über die Ergebnisse und bemerkst nicht, dass du dir den Chartverlauf gerade weit von seiner Realität und aller logischen Resultate weg- und zurechtgebogen hast.«

Nick zog den Flipchart heran und zeichnete stichpunktartig die relevanten Zusammenhänge ein, dann zeigte er auf dem Flipchart (1) nach rechts oben. »Das Rauschen des jeweiligen Marktes hat direkten Einfluss auf die Mindeststoppentfernung. Der Ausstieg hingegen hängt direkt von der Frage ab: ›Wie viel Chance gebe ich dem Markt, vor dem Erreichen meiner Limit-Order noch mal zu drehen?‹ Das Risiko, dass der Markt vor Erreichen der Order abdreht und in eine mögliche Korrektur hineinläuft, ist übrigens umso höher, je weiter die Limit-Order entfernt liegt. Daher …«, so betonte Nick, »darf beim Ausbruch nicht, wie leider allzu oft beobachtet, die Frage ›Wie viele Punkte will ich denn nun bei diesem Trade erzielen?‹ im Vordergrund stehen, sondern zielführend kann einzig und allein die Fragestellung sein: ›Wie *nah* muss mein Limit sein, damit ich dem Markt so wenig wie möglich die Chance gebe, vorher zu drehen?‹«

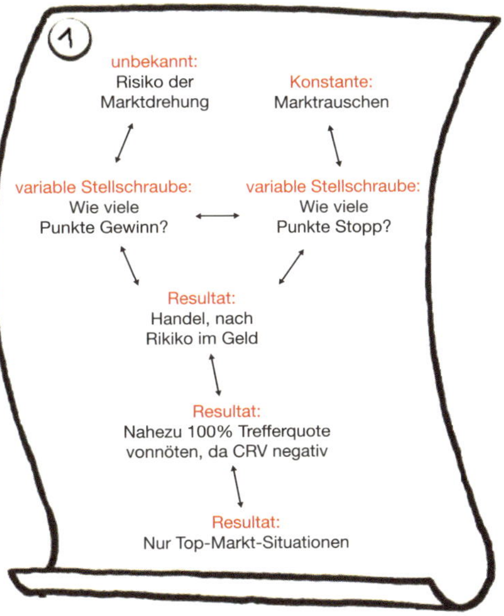

»Und wie nimmt man dem Markt diese Chance?«, schaltete sich John dazu, der nun hinter den beiden stand, und hob mahnend den Zeigefinger.

Stan überlegte kurz, dann war ihm klar: »Je näher am Einstieg ich wieder aus dem Markt verschwinde – im Extremfall nur einen Punkt oder Tick, je nach Markt.«

John nickte. »Weil das so ist, du aber auf der Rückseite deinen Verlustbegrenzungsstopp wegen des Marktrauschens ja nicht nur *einen* Punkt entfernt setzen kannst, hat der richtig durchgeführte Ausbruchshandel ein negatives Chancen-Risiko-Verhältnis.«

Stan überlegte erneut. »Aber … wenn ich nur minimale Punkte anstreben soll …, im Idealfall die kleinste Einheit des Marktes als Limit …, einen Tick, einen Punkt …, dann ist das Ganze ja *sinnlos*?!«, purzelte es aus dem jungen Mann heraus, woraufhin John ihn um etwas Zurückhaltung dahin gehend bat, statt vorschneller Weisheiten doch lieber durchdachte Überlegungen und Ideen von sich zu geben. In diesem Zuge erinnerte er an das Thema *Handel mit Risiko im Geld*[1], da dies die logische Konsequenz dieser Überlegung sein sollte, sein musste, sofern man die Idee des Ausbruchshandels *wirklich* verinnerlicht hatte. John verwies auf die unüberlegten Trades vieler Händler, die meinten, einen Ausbruch zu handeln, indem sie wenige Kontrakte orderten, dafür aber – damit es sich dennoch monetär lohnte – zehn Ticks beziehungsweise Punkte

[1] Siehe Erläuterungen Seite 154.

oder so haben wollten. »Gerade der Ausbruchshandel ist eine Handelsart, die einfach und logisch aussieht, im Detail aber doch den einen oder anderen Irrweg in sich birgt«, erläuterte John und gab weiter zu verstehen, dass wegen des negativen Chancen-Risiko-Verhältnisses die Trefferquote verdammt hoch sein müsste, da bei einem beispielsweise mit sieben Punkten Verlust ausgestoppten Trade sieben positive Trades mit einem Gewinnziel von je einem Punkt vonnöten wären, nur um wieder die Ausgangssituation herzustellen.

»Wenn du wirklich verinnerlicht hast, was es heißt, einen Ausbruch zu handeln, sprich: dir einzig und allein die Markt-Orders der ausgelösten Stopps zunutze zu machen, und gleichzeitig verstanden hast, dass du den Stopp nicht willkürlich setzen kannst, dann fängst du an, den Ausbruchshandel als eine sehr hohe Kunst anzusehen, die neben den fachlichen und technischen auch eine Menge mentaler Voraussetzungen benötigt und abverlangt: unter anderem haufenweise Disziplin. Letztere wird man nur bereit sein, aufrechtzuerhalten, wenn man kapiert hat, dass sich die Trefferquote auf nahezu hundert Prozent belaufen muss.«

»Fast nie ein Fehltrade? Das ist doch kompletter Schwachsinn!«, entrüstete sich Stan.

»Nun ja, nicht ganz«, übernahm Nick jetzt wieder das Ruder. »Die Chance, dass so ein negativer Trade passiert, kann über zwei Stellschrauben verringert werden: zum einen mit den bereits erwähnten Super-Setups, sprich: deutlich erkennbare *Punkte 2* von übergeordneten Trends, damit die allgemeine Orderlage den einen Punkt fast *sicher* macht. Zum anderen muss man trotz roten Tuchs, also Risiko im Geld, den Stopp dort hinlegen, wo er hingehört und dort auch lassen: auf den letzten vorangegangenen *Punkt 3* des untergeordneten Trends, im Idealfall auf dem Tickchart.«

Darüber grübelte Stan eine Weile und schlussfolgerte dann richtig, dass demnach der Ausbruch nicht an jeder x-beliebigen Stelle gehandelt werden dürfte, sondern nur an besonderen Marktstellen gehandelt werden könnte und im weiteren Verlauf kam Stan selbstständig folgender wichtiger Gedanke: Wenn er die Order zum Ausstieg, die ja durch den Zusatz *Limit* ohnehin niemals schlechter ausgeführt werden kann, so nah wie möglich an den Einstieg positionieren sollte, um so dem Markt die Chance einer vorzeitigen Korrektur zu nehmen, könnte und würde des ...fteren jener Fall auftreten, dass die Stopp-Order zum Einstieg aufgrund von Slippage schlechter abgerechnet werden würde als der angedachte Kurs zur Positionsschließung.

»Richtig«, lobte ihn Nick. »Dazu ein konkretes Beispiel mit fiktiven Kursen. Stell dir Folgendes vor: Ein deutlicher und aufwärts gerichteter *Punkt 2* bei einem Kurs von 2000 Punkten. Du legst deine Stopp-Buy-Order auf die 2001, willst nur *einen* Punkt holen und legst daher deine Limit-Sell-Order auf die 2002. Du gibst dem Markt also kaum eine Chance, zwischen angedachtem

Ein-und Ausstiegskurs zu drehen. Im weiteren Marktverlauf wird nun die Stopp-Buy-Order erreicht. Du wirst eingestoppt, sprich: deine Stopp-Order wird *market* abgearbeitet, was dazu führt, dass du mit dem nächsten Kurs zu 2003 abgerechnet wirst. Und nun ...?«

Stan kam nicht gleich auf eine Antwort, daher half John nach. »Im *schlechtesten* Fall wirst du auf 2002, mithin dem von dir limitierten Kurs, abgerechnet, und machst einen Punkt minus.«

»Na prima! Und wie soll ich das je umgehen?« Stan begriff nun das mitunter im *Einzelfall* entstehende Dilemma und Enttäuschung machte sich breit. »Dann wäre es also doch besser, den Zielkurs hochzuneh...«

»Na, na, na!«, unterbrach Nick Stan vehement. »Am Zielkurs kannst du nicht herumspielen! Würdest du das dennoch wagen, dann beweist du damit, dass du den Ausbruchshandel in seiner Tiefe *nicht* verstanden hast.«

»Ja, dann weiß ich auch nicht weiter!« Stan zuckte resignierend mit den Schultern und wollte wissen, wie man denn mit einem Ausbruchshandel, in welchem das Ergebnis der Trades durch eine zufällige Slippage andauernd ins Negative verändert werden könnte, eine fast hundertprozentige Trefferquote erreichen sollte.

»Trotzdem, eine Lösung gibt es!« Nick gab ihm mit einer Handbewegung zu verstehen, dass er immer noch auf eine Antwort wartete. Aber vergebens. Nick half folglich nach: »Du bräuchtest doch nur eine Orderplattform, welche den Zielkurs, sprich: die Limit-Order, nicht als *konkrete* Kursangabe, sondern als Punktdifferenz zulässt.« Nick griff das letzte Beispiel erneut auf. »Du willst bei 2001 Punkten in den Markt und nach einem Punkt wieder heraus, weißt aber noch nicht, wie du abgerechnet wirst. Okay soweit?« Stans Nicken ließ ihn fortfahren. »Wenn du nun ein Ordersystem hast, das selbstständig erkennen kann, zu *welchem* Kurs die Positionseröffnung erfolgt ist, und daraufhin nun blitzschnell die entsprechende Limit-Order generieren würde, die deiner Vorgabe *›einen* Punkt Kursgewinn‹ entspricht, dann wäre das Dilemma gelöst. Du würdest bei einer Slippage von beispielsweise zwei Punkten dann zwar zu 2003 abgerechnet, aber im selben Moment würde die Limit-Order zu 2004 in den Markt gestellt.«

John merkte an, dass damit die richtige technische Ausstattung unabdingbar wäre, um einen Ausbruch vernünftig zu handeln. »Und«, fügte er hinzu, »ich will *nie wieder* sehen oder erzählt bekommen, dass du den hier beschriebenen *Ausbruchshandel* auf einem CFD-Konto unternimmst. Entweder direkt die Aktien oder direkt die Futures!«

Da Stan mit dieser Rüge, seinem fragenden Gesichtsausdruck nach, anscheinend nichts anzufangen wusste, warf Nick mit theatralischem Stöhnen die Stichwörter »gestellter« und »gehandelter Markt« ein. Wer stellt die Kurse: der Broker oder das Orderbuch?

Im weiteren Verlauf kamen die drei nochmals auf den Stopp zu sprechen, welcher im Idealfall am letzten vorangegangenen Punkt 3 des Trends auf dem zugehörigen Tickchart lag.

Stan warf ein, dass damit der Stopp von Trade zu Trade unterschiedlich läge.

»Richtig«, antwortete John. »Mal sind das sechs, mal zwanzig Punkte. Je nach Marktlage und jedes Mal verschieden …«

»Aber«, Stan blies die Wangen auf und ließ die Luft langsam entweichen, »wenn ich mit *Risiko im Geld* handle und wenige Punkte zum Ziel habe, und nun …«, Stan fuhr sich nervös durch die Haare »… also im Einzelfall meine ich … bereit sein soll, meinen Stopp zwanzig und mehr Punkte weit weg zu setzen … H-O-L-L-A!« Ein sehr bedenklicher Blick folgte.

»Was wären denn deine Alternativen?«, hakte John nach.

»Nun ja, wenigstens ein halbwegs näherer Stopp?«, kam als Antwort.

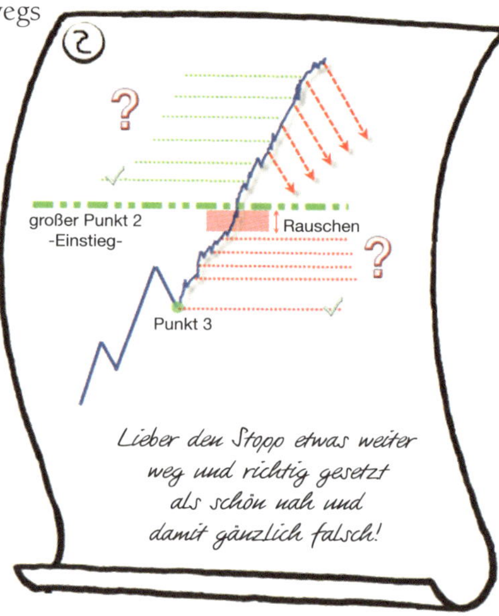

»Okay, nehmen wir uns dieses Gedankens einmal an.« John zeichnete eine Skizze auf dem Flipchart (2) auf. »Die dicke grüne strichpunktierte Linie stellt den Kurs des übergeordneten *Punktes 2* zum Einstieg dar. Der blaue Kursverlauf spiegelt den Tickchart wider. Vor dem Einstieg in die Position, also dem Schneiden der grünen Strichpunktlinie, ist der Trend deutlich ersichtlich. Der letzte *Punkt 3* ist ebenfalls markiert.« John trug zum besseren Verständnis unter den Einstieg als rot schraffierte Fläche das Marktrauschen als jene Punktspanne, die an sich permanent vorlag, aber innerhalb derer eine Stoppsetzung wenig sinnvoll erschien, ein. »Die grünen dünnen Linien symbolisieren den gedanklichen Ringkampf: *zehn, sieben* oder *drei Punkte Gewinn?* Wenn verstanden, wirst du die unterste Linie, sprich: je nach Markt einen, maximal zwei Ticks oder Punkte, bevorzugen, da du so dem Markt kaum eine Chance gibst, nach deinem Einstieg, aber noch vor deinem Ausstieg in eine Korrektur zu laufen.« John zeichnete zur Darstellung der möglicherweise einsetzenden Korrektur rechts rote Pfeile ein.

Anschließend fixierte John waagerechte rote Striche und illustrierte damit den gedanklichen Ringkampf: *fünf, sieben* oder *zehn Punkte Stopp?* »So, nun noch mal zu deiner Frage: *Kann man nicht den Stopp näher heranziehen? Der*

Punkt 3 ist doch s-o-o-o weit weg!« John wies dabei auf den Abstand zwischen dem Einstieg und dem markierten *Punkt 3*. »Was würde passieren, wenn du ihn hier irgendwo dazwischen legst?«

Stan lachte. »Ich würde mich echt wohler fühlen!«

Nick gab ihm einen Klaps und John übersetzte diesen in Worte: »Du bist hier an der Börse und nicht in den Armen einer Frau ..., *WOHLER fühlen* ... tzzz! Wenn dein Gehirn bei einer Lady aussetzt, mag das ja verzeihlich sein. Aber wenn dasselbe, nur damit dein Wohlfühlfaktor steigt, beim Handel passiert, dann ist das gefährlich!!!«

Stan konnte dies nicht nachvollziehen und verteidigte seine Meinung mit dem Hinweis auf die immer wieder gehörte Überlebensbotschaft: Verluste sollte man besser begrenzen.

»Na gut ... angenommen, du setzt nach dem Einstieg deinen Stopp hierher«, John wies auf die zweite rote Linie von oben, »und weiter angenommen, dass, obwohl das Limit zum Ausstieg nahe am Markt liegt, dieser dennoch direkt nach dem Einstiegskurs durchsackt ...«

» ... dann«, fiel ihm Stan ins Wort, »bin ich *Gott sei Dank* vorher schon draußen!«

»Und das ist gut?« John spießte ihn mit seinem Blick regelrecht auf.

»Ja, logisch. Weniger Minus kann doch nicht schlecht sein?!«

»Das zwar nicht, aber ... schlecht ist, wenn der Markt im Nachgang wieder dreht und das realisierte Minus gar nicht hätte sein müssen!«

Stan stutzte.

Nick deutete auf den Kursverlauf des Tickcharts. »Frage: Ist der Trend zum Zeitpunkt des Einstiegs intakt? *Ja* oder *nein*?«

»Ja.«

»Wenn du den Stopp wahllos an die zweite, dritte oder eine andere hier nicht eingezeichnete Linie legst und dieser erreicht wird, *was* ist mit dem Trend?«

Stan biss sich auf seine Unterlippe. »Der ist *dennoch* intakt ...«

»Das heißt, du wirst innerhalb *was* ausgestoppt?

»Der *Korrektur*?«, fragte Stan zögerlich.

Nick ließ Stan einen kurzen Moment mit seinen Gedanken alleine und strich ihm ermunternd über den Kopf. »Wenn du den Trend gehandelt hättest, würdest du dir über jene Korrektur ein Loch in den Bauch freuen, und alles wäre im grünen Bereich. Jetzt handelst du aber den Ausbruch. Frage: Muss daher das Verhalten des Trends anders interpretiert werden?«

John brachte es auf den Punkt: »Lieber den Stopp etwas weiter weg und richtig gesetzt als schön nah und damit gänzlich falsch.«

Stan sammelte seine Gedanken. »Also lieber einen höheren Buchverlust akzeptieren, dies aber verbunden mit der *berechtigten* Hoffnung, dass der

Markt die Limit-Order jederzeit doch noch holen kann und die Trefferquote damit erhalten bleibt, als einen kleinen, aber an dieser Stelle nicht zwingend notwendigen Buchverlust zu realisieren, um Sekunden später zu checken, dass der Markt zügig in die gewünschte Richtung läuft.«

»Genau. Das ist das Eklige, aber Unabwendbare am Ausbruchshandel. Und, wie bereits angesprochen, ist dies großteils nur dadurch zu umgehen, dass zum einen die Limit-Order nahe am Markt ist, damit dieser angesprochene hohe Buchverlust, ausgelöst durch eine Korrektur, gar nicht erst entstehen kann, und zum anderen, dass man nur an jenen Chartpunkten einen Ausbruch handelt, die groß genug sind, dass selbst jemand mit der Sehschärfe eines Maulwurfs sie erkennen kann. Nur damit ist sichergestellt, dass wirklich viele Orders dort liegen. Und das, mein Junge, erfordert aber *was* …?«

»G-E-D-U-L-D …«, stöhnte Stan die Antwort, und seine Augen wurden immer größer, schließlich hatte er doch bereits einige Monate hinter den Vorhang des Tradings gespäht und war heute einmal mehr niedergeschmettert angesichts der Grenzen und Unwägbarkeiten des von ihm gewählten Berufs. *Geduld, Geduld, Geduld … immer diese auferlegten Schranken!*

Was Stan nicht ahnen konnte, war, dass Philip dieses Thema ohnehin an einer späteren Stelle mit ihm noch sehr detailliert *verfeinern* wollte.

John schaltete die Monitore wieder ein und in den kommenden Stunden hockte Stan einfach nur stumm davor und unterbrach schließlich die Stille. »Bleibt es dabei, dass wir heute Abend alle essen gehen?«

»Ja. Wir gehen ins *Vertigo* und holen auf der Hinfahrt Philip vom Hotel ab«, antwortete John, ging in sein Büro, warf sich sein Jackett über und trank den letzten Schluck Wasser aus seinem Glas.

Nick, der neben Stan saß, gähnte herzhaft und streckte sich dabei. Dann stupste er Stan mit dem Zeigefinger an die Brust. »Hey, Bambino, und sieh zu, dass du dir einen ordentlichen Zwirn überwirfst! Weißt du denn überhaupt, wie ein Windsorknoten geht?«

Stan, der immer noch wie gebannt auf seinen Bildschirm starrte und Nicks Spöttelei gar nicht mitbekommen hatte, zuckte zusammen. »Was? Windsor … eh …?« Verwirrt blickte er von Nick zu John.

Nick hatte bereits Luft geholt, um weitere kleine Gemeinheiten an den Mann zu bringen, schwieg jedoch, als er Johns tadelnden Blick bemerkte.

»Kim hat das Taxi für 21 Uhr bestellt, seid pünktlich!«, sagte John in seinem väterlichsten Tonfall und wandte sich zum Gehen. »Heute werden wir in einer außerordentlichen Umgebung fachsimpeln und vielleicht …«, dabei blickte er sowohl Stan als auch Nick an, »… wirkt sich das ja förderlich auf mancher Leute Benehmen aus.«

Nick winkte ab und lachte. »Ist ja schon gut, Bambino wird den heutigen Abend schon überleben. Oder, Kleiner …?!«

*

Das Taxi hielt kurz an der Thanon Rama IV/Ecke Silom Road, als die fünf Insassen, unter ihnen nun Philip, entschieden, die letzten Straßen bis zum Restaurant in der South Sathon Road zu Fuß zu gehen. Als sie, mit Ausnahme von Kim, die das Klima ja von Geburt an gewohnt war, blinzelnd, mit durchgeschwitzten Hemden und nach Luft schnappend aus dem Wagen stiegen, stürzte sofort ein kleiner, bunt bemalter Thailänder mit lustigen Federn auf dem Kopf auf sie zu und bot ihnen seine Dienste im Handlesen an.

Kim blaffte den bunt Bemalten auf Thai an, zu verschwinden, aber Stan zeigte Interesse und winkte den Mann zu sich. Der Wahrsager ergriff Stans ausgestreckte Hand, beugte sich über die dargebotene Handfläche und fing an, in Thai vor sich hin zu murmeln.

Kim lächelte spöttisch und fragte Stan in einem Tonfall, den Erwachsene sonst nur bei ganz kleinen Kindern verwenden: »Na? Verstehst du das auch schön?«, während die anderen sich das Spektakel betrachteten und jetzt das Lachen fast nicht mehr halten konnten.

Stan ärgerte sich zwar über Kims Scherz, bat sie aber dennoch um Übersetzung dessen, was der Wahrsager vor sich hin murmelte.

»Na, aber gern, für dich tue ich doch alles, mein Bester! Das wird dich allerdings was kosten! *Ach,* sagt er. *Ach, ach, ach …*«, grinste Kim.

Nervös bat Stan, Kim solle fragen, was der Wahrsager denn da sehe. Der wiegte seinen Kopf. »*Es könnte so oder so kommen*, meint er. *Sicher ist ja ohnehin nichts, jeder ist seines Glückes Schmied. Wer kennt schon die Zukunft,* meint er«, übersetzte Kim mit unbewegter Miene.

»Langes Leben steht da! Bestimmt!«, ließ Stan sich hinreißen.

Der Wahrsager wiegte erneut seltsam seinen Kopf. »Kim!«, rief Stan. Er wollte unbedingt wissen, was dieser Blick, dieses Wiegen des Kopfes, bedeuten sollte.

»*Stress*, sagt er, sieht er. *Stress und noch mal Stress*«, bekam er zu hören. Stan lachte erstaunt auf.

Stress?

In Thailand?

Gewiss nicht!

Es sei denn …

Stan musste an die letzte Handelsstunde denken. Fünf Plustrades in Folge. *Fünf!* Stan hatte sich gefühlt, als wäre er auf eine Goldader gestoßen. Während er das bereits aufgelaufene Plus der beiden letzten noch offenen Trades beäugte, fühlte es sich an, als würde sich um seinen Kopf gerade ein

Heiligenschein materialisieren. Als es Zeit wurde, Philip vom Flughafen abzuholen, hatte er diese beiden Trades, eine CFD-Long-Position im DAX und eine Long-Yahoo-Position, kurzerhand offen gelassen und war mitgefahren, denn die Vorgabe »umwerfend attraktiver Chartverlauf« erfüllten diese beiden Trades allemal. Die anderen würden vor Neid und selbstverständlich gleichzeitig vor Stolz auf Stan bestimmt fast platzen. Beide kurzfristigen Seitwärtsphasen waren einfach sagenhaft ausgeprägt! Und, so fühlte Stan deutlich, der Markt stand mit Sicherheit kurz vor einem Durchbruch. Na, wenn das mal keine Riesenparty werden würde. Stan fand diese Situation einfach *klasse, klasse, klasse*. Eigentlich schade, dass er nicht mehr Stückzahlen gehandelt hatte. Na ja, man kann nicht immer alles haben, seufzte er innerlich. »Aber heute passiert nichts Schlimmes oder Stressiges mehr, oder?«, bat er Kim, den Wahrsager zu fragen.

Der Wahrsager seufzte und hielt, wie um ihm Mut zu machen, noch einen Moment Stans Hand und drückte sie leicht. Dann wandte er sich Philip zu.

Der schüttelte den Kopf.

»Es kostet fast nichts!«, zog Kim ihn auf.

»Nein. Danke«, erwiderte Philip.

Mit einer schnellen Bewegung ergriff der Wahrsager Philips Hand. Der wollte sie wegziehen, aber der Wahrsager war erstaunlich kräftig. Philip, da er keine Szene machen wollte, sah sich also zum Mitspielen gezwungen. Er lächelte leicht säuerlich.

Der Wahrsager runzelte die Stirn und zog die Hand näher zu sich heran. Er beugte sich vor und wieder zurück und kniff die Augen zusammen. »*Du wirst die kommenden Wochen noch zwei wundersame Begegnungen haben!*«, übersetzte Kim den Singsang des Wahrsagers. Alle lachten.

Philip nickte und gab dem seltsamen Mann, der dasselbe auch von Stan einforderte, fünfzig Baht, umgerechnet ungefähr einen Euro.

Nachdem er sein Geld bekommen hatte, zupfte der Wahrsager Kim am Ärmel und redete in einem Schwall von Worten eindringlich auf sie ein. »*Zwei! Hörst du? Zwei Begegnungen!* Soll ich dir unbedingt noch mal deutlich sagen, Philip.« Mit einem – Kims Gesichtsausdruck und deutlichen Handbewegungen nach zu schließenden – Schwall von Bekräftigungen verscheuchte Kim im Anschluss den Wahrsager, der in der sie umgebenden Menge untertauchte.

Philip nickte nochmals dankend ins Ungewisse, nicht ahnend, dass der Mann sein Trinkgeld zu Recht verdient hatte.

Als die fünf sodann die Hauptgeschäftsstraße Bangkoks Richtung South Sathon Road entlangschlenderten, wurden sie mit jedem Schritt immer weiter in einen Geräuschteppich eingewoben, welcher sich aus den die kleinen Geschäfte und Garküchen umgebenden Klängen buddhistischer Musik, aus Gesprächsfetzen flanierender oder einkaufender Einheimischer und dem Lachen spielender Kinder zusammensetzte. Sie fühlten sich, trotz des Lärms, in eine Art entrückte Gleichförmigkeit eingebettet, die sich scheinbar wellenförmig fortsetzte, um draußen in den gelbbraunen Fluten des Stroms zu versinken. Dort unten, in den Wellen des Chao Phraya, würden der Klang der Glocken und der Geruch der Weihrauchstäbchen erst spät in der Nacht ihre kurze Ruhe finden – nur, um am nächsten Morgen als immerwährende Melodie des Lebens von und mit den vielen Booten wieder nach oben befördert und hinaus in den neuen Tag genommen zu werden.

Wenige Minuten später standen sie vor dem Banyan Tree Hotel. Ihr Lieblingsrestaurant Vertigo thronte auf dem 61. Stock. Für die Händler war ein Abend in dieser Umgebung jedes Mal wieder ein umwerfendes Erlebnis. Das auf drei Plattformen angelegte Freiluftrestaurant bot die wohl beste Aussicht auf die Skyline Bangkoks und die an der Bar servierten erstklassigen Drinks rundeten das Ambiente perfekt ab.

Im Innern des Hotels luden Fahrstühle zu einer Hochgeschwindigkeitsreise gen Himmel ein.

»Bon soir. John Montbard und Gesellschaft, wir hatten reserviert.«

»Ah, ja.« Der Oberkellner sah eine Liste auf seinem Stehpult durch. »Folgen Sie mir bitte!«

Stan stockte der Atem, als er das herrliche Ambiente betrat. Kein Wunder, dass hier die Hollywoodstars dinierten. Was für eine Pracht! Für einen Moment dachte Stan nicht an den Verlauf seiner zwei offenen Positionen. Er war schlicht überwältigt von dem Anblick, der sich ihm bot. So mussten sich die Passagiere auf dem Erste-Klasse-Deck eines Luxusliners fühlen, der sich den Weg durch das Lichtermeer der Stadt bahnt – überspannt von einem funkelnden Firmament. Alles war dekoriert wie für eine königliche Hochzeit. Jeden einzelnen Tisch zierte ein gewaltiges Bouquet duftender Tigerlilien, die Sessel waren mit kostbaren weißen Hussen überzogen, auf deren Rückseite riesige Schleifen prangten. Stan liebte diese Dinger! Dann richtete sich seine Aufmerksamkeit auf etwas anderes.

»Oh, mein Gott! Ist das etwa …? WOW!«, flüsterte Stan Kim zu. »Ich glaube, da drüben sitzt …«

Nick ließ Stan nicht aussprechen. »Ja, ja, er ist in der Stadt und spielt in einem Film mit, jetzt mach den Mund wieder zu und lass das arme Promischwein in Ruhe essen und trinken und seinen Abend genießen!«

Während sie sich an den Tischen vorbeischlängelten, fiel Philip auf, dass, mit Ausnahme von John, der wie immer perfekt und stilvoll gekleidet war, und Kim, die in ihrem edlen Sarong einfach umwerfend aussah, er und die beiden anderen Mitglieder ihrer Gesellschaft in ihren Jeans erheblich underdressed wirkten. Alle anderen Gäste trugen samt und sonders frisch gebügelte und gestärkte Designerfummel von Prada, Escada, Gucci, Yves Saint Laurent,

Dior oder was immer gerade angesagt und teuer war. Die reinste Modenschau, inklusive Haarstyling und vollem Schmuckaufgebot von Platin bis Diamanten. Das hier war eben ein echter Nobelschuppen, und jeder, der wollte, konnte seine Kostbarkeiten hier zur Schau stellen. Kurzum: Das Publikum war reich, mächtig und manchmal auch gaga – eine explosive Mischung.

Philip schaute sich schweigend weiter um. Etwa vier von fünf Gästen waren Asiaten, der Rest anscheinend weitgehend Europäer, und von all diesen Gästen waren etwa vier von fünf männlichen Geschlechts – eine entschieden testosteronlastige Versammlung. Die Frauen waren fast durchgängig jung, attraktiv und recht schweigsam, möglicherweise Gespielinnen, Status-Ehefrauen, verliebte Privatsekretärinnen, in Asien alles allgemein anerkannte Titel für Konkubinen.

Philip zupfte noch etwas an seinem Hemd und betrachtete seine auf dem kurzen Stück vom Hotel bis hierher leicht staubig gewordenen Schuhe, dann zuckte er lächelnd mit den Schultern. Auf seinen bisherigen Reisen hatte er rasch mitbekommen, dass man in exklusiven Restaurants oder Hotels als Ausländer häufig eine gewisse Narrenfreiheit genoss, denn Westler kleideten sich oft völlig unangemessen – die Armen motzten sich auf, die Reichen kamen in zerfetzten Jeans daher. Hotelangestellte konnten sich daher nie sicher sein, ob sie einen Rucksacktouristen vor sich hatten oder den Sprössling eines milliardenschweren Bankiers, der die Präsidentensuite im Penthouse bewohnte. Wahrscheinlich konnten die fünf aus diesem Grund erhobenen Hauptes und nach Belieben in einem der nobelsten Hotels der Stadt herumwandern, ohne schief angeschaut zu werden.

An ihrem Tisch angekommen, nahmen alle Platz, und John machte eine ausholende Handbewegung, als würde er die atemberaubende Aussicht willkommen heißen.

Stan beugte sich etwas über den Tisch und flüsterte: »Das ist absolut unglaublich!« Seine Nasenflügel blähten sich dabei in jugendlicher Aufregung.

Kim nickte enthusiastisch. »Sehr … hochseitlich.« Hüstel. Das Wort stand vermutlich nicht im Duden, aber es bewies, dass Kim geistig scheinbar bereits voll auf einen derart großen Abend eingestellt war.

»Finde ich auch!«, schwärmte Nick, strahlte Kim an und hauchte ihr zum Spaß einen kleinen Luftkuss zu.

Während die beiden weiter herumalberten, warf Stan einen heimlichen Blick auf sein iPhone. Von den anderen unbemerkt, tippte er auf dem Touchscreen herum.

Yahoo 24,10 … +2,0 %
DAX 6890 … +1,1 %
Puh, Gott sei Dank!

Beruhigt ließ er das iPhone mit der integrierten Funktion der Realtime-Push-Börsenkurse wieder in seine Hosentasche gleiten und richtete seine Aufmerksamkeit auf die inzwischen rege Unterhaltung.

Philip wurde von den anderen regelrecht mit Fragen bedrängt und stand bereitwillig Rede und Antwort. Nachdem er den neuesten Klatsch und Tratsch aus Deutschland berichtet hatte, brachte der Kellner die Vorspeisen, und es kehrte vorübergehend etwas Ruhe am Tisch ein. John beträufelte seine Austern mit Zitronensaft und löste vorsichtig die erste aus der Schale, als Philip auf Stans erste Monate zu sprechen kam.

Stan erwiderte, dass er fände, ein recht pflegeleichter Lehrling zu sein, schließlich hätte er jede Menge Begabung für das Chartlesen. Dabei zupfte er am Ärmel seines Hemdes herum. *Wenn die Jungs nur von meinen offenen Positionen wüssten, das würde mein Talent untermauern!* Stan schaute sicherheitshalber noch mal verstohlen auf sein iPhone.

Yahoo 23,80 … +1,7 %

DAX 6882 … +0,9 %

Au shit! Fangen die Märkte jetzt an zu fallen?

John griff Stans letzte Worte auf, denn so, wie Stan sich gerade angehört hatte, konnte und wollte er das nicht stehen lassen. »Begabung für das Chartlesen – Blödsinn!« Aus Johns Sicht spielte da mal wieder jemand ein Selbstvertrauen vor, das er gar nicht besaß. »So etwas gibt es nicht!«, sagte er schmunzelnd und gab aus seinen eigenen Anfängen zum Besten: »Auch ich dachte damals, zum Börsenhändler könne man genauso begabt sein wie jemand, der beim Singen immer den richtigen Ton trifft, aber nicht erklären kann, wie er das anstellt. Ich wollte auf jeden Fall Händler werden und ging davon aus, die ganze Welt hätte nur auf jemanden wie mich gewartet.« John brach ein Stück Brot ab und tunkte es in ein Schälchen Olivenöl, bevor er fortfuhr: »Mein Ziel war, gerade heraus gesagt, nahezu unmöglich zu erreichen. So sagten mir das auf jeden Fall alle, die ich damals kannte und kennenlernte. Jeden Tag hörte ich: ›UNM…GLICH! Wie willst du das schaffen? Du kannst nix, du bist nix, und du wirst niemals Börsenhändler sein‹.« John war mit Sicherheit nicht der Einzige am Tisch, dem man dies so oder so ähnlich um die Ohren gehaut hatte. »Und zwar nicht nur einmal, nein, die Herren und die Dame, meine gesamten ersten Jahre hindurch. ›Hahaha, ein Börsenhändler willst du werden? Du, John, aus dem kleinen Dorf?‹ Keiner, wirklich keiner, unterstützte mich. Nichts von wegen Seminaren, Büchern oder Internet. Nix, nix und noch mal nix. Doch ich hatte diesen einen Traum: ICH WILL HÄNDLER WERDEN. Doch wie erreicht man so ein Ziel, wenn man eigentlich keine Ahnung hat und auch niemanden, der einem auch nur ansatzweise dabei helfen könnte? Ich dachte, mein Talent würde reichen, dem war aber nicht so. So, und jetzt kommt etwas, das ihr alle zu Beginn nicht hören und auch nicht lesen wolltet: Man erreicht es nur durch harte ARBEIT«, und John erinnerte sich, wie er – damals noch völlig unbedarft – als Clerk bei einer kleinen Firma am Chicagoer Börsenparkett anheuerte.

Geräuschlos wie ein Geist tauchte ein Kellner mit einem blütenweißen Geschirrtuch über dem Arm auf. Der Kellner nahm von John die Bestellung weiterer Getränke entgegen – zwei Flaschen Wein, zwei Flaschen Wasser – und verschwand ebenso geräuschlos, wie er erschienen war.

Stan nutzte den Moment für einen weiteren versteckten Blick auf sein iPhone.

Verdammt!

Yahoo 23,60 … +1,5 %

DAX 6875 … +0,8 %

Als der Kellner kurz darauf den Wein brachte, bemerkte Stan, dass sein Glas leicht zitterte, als er es nach dem Toast mit den anderen an die Lippen führte. Er konnte den ausgezeichneten Tropfen, den John geordert hatte, gar nicht genießen, auch wenn die anderen diesbezüglich in Begeisterungsstürme ausbrachen.

Warum bin ich bloß so nervös? Beruhige dich, Stan, beruhige dich. Tiiief durchatmen! Du bist schließlich ein ausgebildeter Trader – nach so vielen Wochen Traden kann man das schon so nennen. Da darf man auch mal 200 Yahoo-CFDs und zwei DAX-Kontrakte long offen halten. Genau! Keine große Sache.

Stan rutschte unruhig auf seinem Stuhl hin und her und versuchte, das Gedankenkarussell in seinem Kopf anzuhalten.

Was, wenn die Amis und der DAX weiter fallen?

Was, wenn die Kurse durch meine Stopps durchknallen?

Was, wenn der Chart doch weiter massiv ansteigt und ich den Jackpot geknackt habe, während ich hier in das Essen piekse?

Was, wenn …

Aus! Sofort!

Du benimmst dich lächerlich. Es wird alles bestens laufen!

Stan trank einen großen Schluck Wein, in dem Versuch, locker zu werden, und merkte nicht, dass er sein Glas damit in einem Zug leerte.

Noch mal ein schneller Blick:

Yahoo 23,40 … +1,3 %

DAX 6870 … +0,7 %

Stan vernichtete ein weiteres Glas des leckeren Weines, ohne diesem den gebührenden Respekt zu erweisen, dann war er so weit, erneut die Daten des Marktes in Empfang nehmen zu können. *BAH!* Beide Märkte stiegen endlich weiter an. Stan lehnte sich, zufrieden lächelnd und erleichtert, in seinem hussegeschmückten Stuhl zurück. Er wusste, dass im imaginären Handbuch für Trader von wenigen Drinks pro Abend die Rede war, aber man sollte sich ja schließlich auch amüsieren. Vor allem bei einem derart fantastischen Ambiente. Also leerte er noch ein Glas – *lecker!* – und bedeutete Nick, ihm noch einmal nachzuschenken.

Als Hauptgang wurden Hummer serviert. Ein Servierwagen wurde hereingerollt. Auf einem Tablett lagen ungewöhnlich große weibliche Exemplare der Krustentiere. Ihre Scheren hatte man mit rosafarbenem Band verschnürt, ebenso ihre Beine. Trotzdem war es einem Tier gelungen, sich zu befreien. Es krabbelte schräg, aber hurtig über seine Artgenossen hinweg in Richtung Tablettrand, einer ängstlich dreinblickenden Kim und der Freiheit.

Ein Koch fing es ein, bugsierte es auf den Rücken und band es wieder zusammen.

Nachdem sich alle ihr Exemplar herausgesucht hatten, verschwand der Kellner mit dem Servierwagen. Kurze Zeit später kam er mit den Hummern wieder – dieses Mal waren keine Fesseln mehr nötig.

Beleuchtungstechniker hatten das Restaurant mittlerweile in eine geradezu jenseitige Atmosphäre getaucht. Einzeln ausgerichtete Spotlights und Farbakzente tauchten die Terrasse auf der einen Seite in blaues, auf der anderen Seite in rotes Licht. Der sternenübersäte Himmel gab alles und setzte dem Spektakel sozusagen die Krone auf.

Stan wusste indes gar nicht, auf was er sich zuerst konzentrieren sollte: auf das exzellente Essen, die exquisite Atmosphäre – oder seine offenen Positionen.

John musterte Stan aufmerksam. Bereits beim Verlassen des Büros hatte er eine Ahnung, dass Stan noch offene Positionen haben musste. John las dies ab aus der angeregten Zerstreutheit und an der nervösen Wachheit Stans. Und er wusste aufgrund seiner Erfahrung mit Tradinganfängern gut genug, dass sich diese angeregte Zerstreutheit nicht so einfach schlafen legen würde. Dieser angespannten Erwartungshaltung waren die fehlende Aufmerksamkeit und die ständige geistige Abwesenheit geschuldet. In der Absicht, ihn damit wieder auf die richtige Bahn zu lenken, wandte er sich Stan zu. »Ach ja …«, begann er unverfänglich, » Prost. Auf die Ernüchterung und die Tugend …« John griff zu seinem Glas und nahm, Stan zurückprostend, einen Schluck, ehe er fortfuhr: »Tugenden sind noch ebenso modern wie dein *iPhone*, oder?«

Das iPhone – Tor zur Welt des 21. Jahrhunderts und wie geschaffen für Börsenjunkies wie Stan. Diesen atemberaubenden Gegenstand mit dem Wort,– *wie war das doch gleich? Oh, Gott, Tugend –* , gleichzusetzen und diese im selben Atemzug als modern zu bezeichnen, diese Behauptung klang für Stan äußerst gewagt. Johns weitere Worte über tugendhafte Händler vernehmend, glaubte sich Stan ins letzte oder vorletzte Jahrhundert zurückversetzt: Er stellte sich einen wohlgescheitelten Knaben vor, einen Klassenprimus, der Streiche verabscheute. Vielleicht trug er auch eine Brille, einen dunklen

Konfirmandenanzug und petzte. Ein Tugendbold, der scheinheilig alle – selbst die kleinsten – Sittengesetze befolgte und auf andere hinabblickte.

Stans Gesichtsausdruck sprach Bände, weswegen John das Thema nun erst recht zur Sprache bringen wollte. »Der tugendhafte Händler rennt keinen Trades hinterher, außer denen seines festgelegten Setups, nicht einmal den *ach so* todsicheren. Ein tugendhafter Händler zeichnet sich aus durch Keuschheit in Bezug auf Fremdsignale und vor allem: in Bezug auf vor Langeweile eingegangene Trades.« Als John vor vielen Jahren seinen persönlichen Überlebenskatalog für das Trading aufstellte, zählte er – neben diversen direkten Handelsregeln – darunter ganz selbstverständlich auch einige Tugenden auf und definierte sie in einer Art und Weise, die Stan heute – mit 24-Stunden-Marktzugang via iPhone oder PC – eher verstaubt anmuteten. John beschrieb seine Maxime mit: »Gebrauche Trades selten und nur um deines Zieles willen – nie aus Langeweile und damit zur Schwächung oder Schädigung des eigenen inneren Friedens.«

Alle anderen am Tisch nickten im stillen Einvernehmen.

»Aber wie soll denn diese Tugend«, gab Nick zu bedenken, »noch als Maßstab des Verhaltens gelten, wenn der Börsenneuling, kaum hat er sein Interesse bekundet, binnen zwei Stunden ein Konto eröffnet bekommt, nur nach wenigen weiteren Minuten in die Grundzüge der Nutzung der Handelssoftware eingewiesen ist und dann sofort loslegen soll, will und kann …?«

Stan verdrehte die Augen und schielte unterdessen lieber noch mal auf sein iPhone:

Yahoo 24,60 … +2,5 %

DAX 6895 … +1,1 %

Geil, geil, geil!

Schwafelt ihr ruhig weiter von eurer Tugend-Dingsda. Morgen reden wir dann weiter, wenn ihr dasteht und mir auf die Schultern klopfen dürft!

BITTE fall jetzt nicht!

Stan drückte den Zeigefinger so fest gegen seine Nase, dass er ihre Spitze vollständig umbog.

John wusste um Stans Gedanken und imitierte Stan. »… im strengen Ton einer schwarz gekleideten Lehrerin scheint sie *die Tugend eines Traders* nervend zu ermahnen: *Das gehört sich nicht, Bursche!* Stimmt's?«

»Also, ähm …« Stan prostete den vieren zu. Das sollte scheinbar als unausgesprochene Zustimmung genügen.

Zu sehen, dass er Recht hatte, beruhigte John, und er gab zu bedenken, dass die Tradinganfänger unter Tugend fälschlicherweise etwas verstünden, das vor allem *einschränken* sollte. Tugend würde, aus deren Sicht, so zu etwas Negativem, zu bloßem unproduktiven Nichtstun. Hinter dem Begriff *Tugend* verberge sich, so empfänden dies viele neue Trader, ein drohender

Zeigefinger, wegen dem man nicht zu tun wage, was man eigentlich im Chart gerne täte. »Wer Tugenden im Trading so altertümlich definiert, dem muss dieses Wort natürlich überholt und veraltet vorkommen.« Ähnlich sah dies John auch für den Begriff der Moral. »Die eigene Moral im Trading bestimmt das Verhalten des Händlers zu sich selbst, zu seinen Zielen und zur Effizienz seines Verhaltens. Sie verkörpert also eine Art Philosophie, die sich mit der Idee des Guten in Bezug auf ein sinnvolles, weil zielorientiertes, Trading befasst und die im täglichen Umgang zu wenig – und wenn man ehrlich ist, in der Tradingwerbung gar nicht – benutzt wird. Aber zurück zur Tugend! Selbst langjährige Trader wissen immer seltener eine konkrete Antwort auf die Frage: ›Was ist *tugendhaftes* Trading?‹ Dabei galt vor noch nicht allzu langer Zeit die Bezeichnung *tugendhaft* als ehrenvoll und wurde einem Verstorbenen als höchstes Lob sogar auf den Grabstein gemeißelt.« John machte eine Pause, legte den Kopf etwas schief, als ob er in sich hinein lauschte. »Anscheinend unterliegen mithin auch Begriffe der Mode«, fuhr John mit einem an seine jungen Zuhörer gewandten Lächeln fort. »Diese wechselt zwar nicht so schnell wie die jeweilige Frühlings- oder Herbstkleidung, aber mit den Generationen wohl doch.« John seufzte. Eine halbe Generation reichte schon. *Ach was!* Die Hälfte einer halben Generation reichte heutzutage bereits aus, um Begriffe, Worte, Inhalte unmodern erscheinen zu lassen, und diese mussten nicht einmal historisch belastet sein oder dem Erkenntnisstand einer Gesellschaft entsprechen. John musste aber doch schmunzeln und setzte bewusst noch einen oben drauf. »Wer würde sich an der Schwelle des 21. Jahrhunderts noch trauen, Tapferkeit zu fordern, wie sie bei den alten Griechen als Kardinaltugend galt? Der würde sich doch lächerlich machen. Bei Tapferkeit fallen einem bloß noch Märchen über alte Ritter ein oder Heldenstorys über Soldaten, die sich opfern, damit ihre Kameraden überleben und der ganze sonstige kriegerische Schmarrn.«

Nick gebot John Einhalt, indem er sich gerade hinsetzte und demonstrativ sein Glas erhob. »In göttlichen Funken spritzt das Blut durch die Adern, wenn man zum Kampfe über den Charts sitzt, im klaren Bewusstsein der eigenen Kühnheit … Prost!«, intonierte Nick im Tonfall eines Generals.

Stan schloss kurz die Augen und schüttelte ganz leicht seinen Kopf.

Kinder! Das kann man echt keinem erzählen. Mannomann! Von was reden die da nur? Ich glaube, ich schau noch mal …

Yahoo 25,09 … +3,0 %

DAX 6902 … +1,2 %

Mit halb wegen des anstrengenden Nachmittags, halb wegen des Weines mittlerweile vor Müdigkeit brennenden Augen rechnete Stan sich aus, dass seine Positionen nun um die 4.000 Dollar vorne lagen.

Oh Gott …

Stan schloss für einen Moment die müden Augen. *Vielleicht sollte ich einfach gehen!* In Stan entwickelte sich langsam, trotz des bereits für morgen im Voraus empfundenen Triumphs, ein Gefühl, dass eine Plusposition, auf die man nicht zuzugreifen vermochte, schmerzhafter sein konnte als eine Minusposition, die beendet und damit bekannt war.

John nahm derweil Nicks Versuch, dem Trading etwas überspitzte Nostalgie zu verleihen, dankend auf und prostete allen lachend zu: »Unter dem Sturmschritt des Chartverlaufs verwehen alle Trades wie Blätter im Wind.« Dann fuhr er fort, dass zu seinen Kardinaltugenden auch die *Beständigkeit* gehören würde, und genau diese, von John als Tugend bezeichnete Eigenschaft, verleite seit Bestehen des Börsenhandels zu den heftigsten Auseinandersetzungen. Als Grundpfeiler der Beständigkeit diene die *Duplizierbarkeit,* die heute mit der Bezeichnung *Regelwerk* in aller Munde sei. Aber welcher Händler besäße heute noch den Mut, Beständigkeit beim Namen und eine Tugend zu nennen?

»... aber es gibt doch so viele Regelwerke!«, stöhnte Stan, legte kurz sein iPhone beiseite und entsann sich der Berge von Büchern und der in Fachzeitschriften dutzendweise beworbenen Seminare.

Ah, Stan springt darauf an, dachte John. *Prima, na dann ...* »Okay, bleiben wir bei deiner Aussage!« John winkte dem Kellner und orderte zwei Flaschen Sekt. »Viele der unzählig vorhandenen Regelwerke widersprechen einander oftmals und können trotzdem logisch untermauert werden. Wenn wir ehrlich sind, dann ist es doch so, dass einzig und allein die jeweilige Ausgangslage eines Traders in eine bestimmte Schlussfolgerung mündet, ohne dass die anscheinend entgegengesetzte Meinung eines anderen Regelwerks fachlich falsch sein muss, oder?« John warf gerne Fragen auf, die man nicht mal so eben im Vorbeigehen mit *Ja* oder *Nein* beantworten konnte. Besonders liebte er es, bei einem guten Essen über den Börsenhandel zu philosophieren. Daher fragte er Stan nun ganz konkret, was es denn so schwierig machen würde, zwischen scheinbar gleichwertigen Meinungen und Regelwerken abzuwägen.

»Nun ja, jedes Regelwerk betrachtet den Markt anders. Das eine sagt *long*, das andere schreit *short*; während eines nur zwanzig Punkte prognostiziert, möchte ein anderes mir zu hundert Punkten verhelfen«, gab Stan zur Antwort.

Oh, schnell einen Blick!

Jesusmaria! Ach du Sch...

Yahoo 25,51 ... +3,4 %

DAX 6915 ... +1,4 %

Oh Mann, und ich hocke hier 'rum ...

Würg!!!

»Gut, das ist jetzt aus der Sicht derer geantwortet, welche die Regelwerke austüfteln. Aber *warum* ist es so schwierig für dich als Endnutzer, dich für eines zu entscheiden?«

Grübeln.

John nahm Stans Schweigen zum Anlass, selbst zu antworten, indem er darauf hinwies, dass die Ursache dafür in den Wertvorstellungen eines jeden Traders liege, die für die entsprechenden Beweisführungen vorausgesetzt würden. Es gäbe jeweils verschiedene Gründe, weshalb ein Trader den einen oder den anderen Wert als Anfang für seine Argumentationskette wählen würde. »Erstens ...«, fuhr John fort, »grundsätzlich stehen sich die unterschiedlichen jeweiligen Ausgangslagen gegenüber – etwa der Kontostand, die Risikobereitschaft, die verfügbare Zeit oder jenes oft unerwähnte emotionale Kleidchen. Da die beiden letzten Werte meist am Beginn zu unscharf sind, fehlt dem Tradinganfänger jener Maßstab, der darüber entscheidet, welches der unzähligen Regelwerke im Streitfall denn nun angewendet werden soll. Obwohl dem Tradinganfänger also gleich zu Beginn zwei wichtige Informationen nicht zur Verfügung stehen, soll und will er trotzdem darüber entscheiden, welches der unzähligen und sich widerstreitenden Regelwerke er nutzen soll. Der zweite Faktor findet sich verborgen in der Frage nach dem Grund, weshalb ein Tradinganfänger so und nicht anders handeln sollte. Dieses wird erst schlüssig beantwortet werden können, wenn der Tradinganfänger eine Antwort auf die folgende Frage gefunden hat: Was zwingt ihn überhaupt in die Pflicht, etwas ›*so ... und so ... und so tun*‹? Der logisch hierauf aufbauende dritte Faktor führt uns zu Folgendem: Moralische Werte und Tugenden können die verschiedensten Wurzeln haben, und dies wird, in Abhängigkeit davon, ob man sich nun auf *Regelwerk A* oder *Regelwerk B* stützt, voraussichtlich unterschiedliche Ergebnisse bedingen. Soweit die drei inneren Faktoren! Es gibt aber auch noch einen äußeren Faktor, der gerade zu Beginn einer Karriere nicht unterschätzt werden darf: Die wegen der genannten inneren Faktoren am Anfang aus sich selbst heraus nicht wirklich erfolgreichen Versuche der Beantwortung der Frage nach dem passenden Regelwerk führt den Anfänger besonders dann in die Irre, wenn diejenigen, die für das Trading werben, sich an solch einer Auseinandersetzung beteiligen, als wären sie selbst Trader. Zusammenfassend kann man Folgendes sagen: Die Frage des zu verwendenden Regelwerks ist eine Frage der Stilfindung. Einen *eigenen* Stil wird man aber erst finden und erreichen können, wenn man sich seiner *eigenen* Normen bewusst wird und sich an diesen misst, denn erst dann kann man anfangen, sich über die *eigene Willkür* zu erheben.« John ließ seinen Blick über den Nachthimmel schweifen und fuhr fort. »Selbstverständlich nicht vergessen werden darf, welche Erkenntnisse wir Trade für Trade, Tag für Tag hinzugewinnen! Nur als Beispiel: Das

Einzeichnen von willkürlich herbeigedachten Widerstands- und Unterstützungslinien in die Charts lehnen wir heute als Firlefanz ab, während dies etwa für den klassischen Tradinganfänger einen unbestrittenen Bestandteil des normalen Tradens darstellt. Es sind dementsprechend die persönlichen Normen und selbst auferlegten Grundsätze, die uns zwischen einem *Regelwerk A* und einem *Regelwerk B* unterscheiden lassen, denn von der Befolgung der eigenen Normen hängt letztendlich jede Entscheidung zwischen Gut und Böse oder, auf unseren Fall angewendet, zwischen besser und schlechter geeignet ab. Die auf den Märkten gehandelte Menge an Regelwerken, Tipps, Tricks und Kniffen wird sich in keiner Auflistung jemals vollständig und abschließend aufzählen lassen, die Reaktionen auf sich selbst hingegen schon. Also: Inwieweit spiegeln sich die Erfahrungen aus den vergangenen Trades in den neuen Trades wider? Je nach dem Stand dieser Erkenntnis und dem Zustand des Traders entwickeln sich hieraus neue Überlegungen und Grundsätze, verändern sich alte, wandeln andere ihre Bedeutung. So wird aus dem zu Beginn kindlichen Mut, jeden noch so erbärmlich unüberlegten Trade einzugehen, irgendwann der notwendige Wille zum Antiaktionismus. Begriffe und deren Bedeutung haben sich im Trading mit dessen Bedingungen und deren Verweildauer verändert, der Grundgedanke ist jedoch stets identisch geblieben: Geld!« John sah Stan an und lächelte ihm zu. »*Innere Ausgeglichenheit* sowie *Mut zum freiwilligen Verzicht* sind weitere unverzichtbare Tugenden und stehen in ihrer Bedeutung den Tugenden *Beständigkeit* und *Duplizierbarkeit* nicht nach, werden aber erst durch diese sozusagen ›veredelt‹. Insofern kann man die beiden Letztgenannten durchaus als höchste Tugenden bezeichnen, darf dabei aber nie vergessen, dass all diese Tugenden zusammenhängen und sich gegenseitig beeinflussen und aufeinander einwirken. Bereits das Fehlen auch nur einer beliebigen dieser Tugenden wird die anderen auf lange Sicht zur Wirkungslosigkeit verdammen.«

An dieser Stelle klinkte sich Philip in Johns Ausführungen ein und ergänzte dessen Worte, indem er an Hofners häufige Vorträge zum Thema *Qualität im Trading* erinnerte. Für Hofner wie auch für John war die Qualität die Erziehung eines Tradinganfängers zu einer vortrefflichen Händlerpersönlichkeit im Sinne der eben angesprochenen Tugenden, denn nur dies bestimmte im qualitativen Sinn richtiges Handeln. Unter Qualität verstand man folglich die Grundhaltung des Händlers, denn: Jeder Trade war eine »Disposition«, eine Veranlagung, die den Trader gleichzeitig befähigte und herausforderte, diesen Trade freiwillig eben jenen tugendhaften Motiven unterzuordnen.

»Tugenden im Trading«, übernahm John wieder, »sind nicht einfach angeboren – und haben schon gleich gar nichts mit dem vorhin erwähnten Talent zu tun, sondern sie werden durch Erfahrung eingeübt und entwickelt.

Dies benötigt Zeit. Wenn ein Trader einen Chart betrachtet, dann veranlasst ihn diese *Qualität* dazu, dass er von den tausend möglichen die eine richtige, nur zu ihm passende Entscheidung trifft. Und«, schloss John, »damit meine ich nicht, dass ein eingegangener Trade zwingend als Plustrade zu enden hat.«

Stan seufzte auf. Das war sein Stichwort und unter der weißen Damasttischdecke begann es zu rascheln. Der Kellner kam und füllte die Gläser mit heufarbenem, prickelndem Sekt. Winzige Perlen stiegen auf und platzten an der Oberfläche. Stan bekam davon jedoch nichts mit, denn was er im Schutz des Tischtuchs gerade erkennen konnte, belegte seine komplette Aufnahmefähigkeit: Der DAX stand bei *6923*, Yahoo bei *25,80*! Oder umgerechnet: Stan war knapp 4.500 Dollar im Plus.

Würg!

Na, fabelhaft. FA-BEL-HAFT!!!

Die quatschen und quatschen und quatschen …, hoffentlich ist das Essen bald zu Ende!

Oh Mann, was gäbe ich dafür, mir jetzt nicht dieses Geseiere über Tugenden und Qualität anhören zu müssen …

Stan fand diese Unterhaltung von Tugend und Qualität gerade zum Aus-der-Haut-Fahren, würde er doch jetzt und sofort am liebsten im Büro oder zu Hause vor dem Rechner sitzen! *Warum passiert stundenlang nichts und dann alles in den zwei Stunden beim Abendessen?*

Stan spürte, wie er langsam unsagbar müde wurde. Er fühlte, wie die Anspannung, die ihn während der letzten Stunden und dem permanenten Abgleichen des Marktes den Tag über zusammengehalten hatte, langsam einer trägen – ja fast schon – Scheißegalstimmung wich. Ganz automatisch sank sein Kopf immer tiefer.

John wusste zwar nicht, wie viele oder welche Positionen Stan offen hatte, aber er wusste, was Stan gerade durch den Kopf ging, daher kam er nicht umhin, ihm auf die Sprünge zu helfen und zu sagen: »Sobald ein Trader über die notwendigen qualitativen Eigenschaften verfügt, wird er nicht nur verstehen, das rechte Maß zu wählen, sondern auch, dass mitunter mitten zwischen zwei falschen Möglichkeiten eine gute, eine richtige Tradingmöglichkeit angetroffen werden kann.« John betonte weiter, dass derartige Möglichkeiten oft entweder durch mangelnde Tugenden oder durch Übermut des Traders zugrunde zu gehen pflegten, denn man müsste vom Sichtbaren auf das Unsichtbare schließen, so wie es bei Kraft und Gesundheit bereits bekannt wäre: »So vernichtet übermäßiger Sport die Kraft genauso wie zu wenig Sport. Ebenso zerstört ein Zuviel oder Zuwenig an Essen und Trinken die Gesundheit; das Angemessene dagegen schafft Gesundheit, mehrt und erhält sie. So verhält es sich auch mit den Tugenden des freiwilligen Verzichts, der inneren Ausgeglichenheit, des Muts und des risikobewussten Handelns.

Wer im Trading vor jeder Chartsituation flieht, sich fürchtet und nichts aushält, wird feige. Wer aber vor gar nichts Angst hat, sondern auf jede Kursbewegung losgeht, der wird tollkühn. Wer jede Lust am Trading auskostet und sich niemals enthält, wird sinnlos zügellos; wer aber alle Trades meidet, wird stumpf wie ein Tölpel. So gesehen, gehen freiwilliger Verzicht und risikobewusstes Handeln mithin durch Übermaß genau wie durch Mangel zugrunde, werden aber durch das Mittelmaß bewahrt.« John gestand im Anschluss noch ein, dass nicht jede Tugend Raum für eine Mitte böte. Zwar könnte man sich einen Mangel an Antiaktionismus vorstellen, doch nicht ein Übermaß. Ein Mangel an innerer Ruhe würde häufig beklagt, doch nicht ihre zu starke Anwendung.

Nachdem der Kellner die Bestellung zum Dessert entgegengenommen hatte, gab John weiter zum Besten, dass sich das Verständnis von Tugend unter dem Einfluss des Absolutismus verengt hätte, sodass auch der Gehorsam heute als Tugend im Trading angesehen werden würde – hier gegenüber der Autorität des Regelwerks und dessen Setups. Und die Tapferkeit, die sich als Eigenschaft zwischen Feigheit und Tollkühnheit bewegen würde, um als Tugend für die Beständigkeit und Duplizierbarkeit zu kämpfen, schulde eben diesem Gehorsam ihr Dasein und ihre Kraft. »*Qualität im Trading* besteht demnach aus den Werten, die im Megauniversum der unendlichen Möglichkeiten das Verhalten eines Traders regeln. Die Wahl des Regelwerks selbst ist Ausfluss der qualitativen Vorstellungen eines Traders, doch da die Findung eines Regelwerks häufig sehr mühsam ist und lange dauert, ändern sich qualitative Vorstellungen häufig schneller als Regelwerke. Und je komplizierter die Marktverläufe mit ihren raschen Veränderungen werden, etwa durch steigende Volatilität immer neu aufkeimender Wirtschaftskrisen, umso wichtiger werden qualitative Vorstellungen, die das Handeln des Traders entsprechend der festgestellten persönlichen Eigenheiten und Tugenden bestimmen.«

Nick gönnte John eine Pause: »Voraussetzung für diese Qualität ist also das Streben nach dem Guten für einen selbst – folglich der *inneren Ausgeglichenheit.* Ich weiß, John hat genau das eben bereits als unverzichtbaren Bestandteil der Tugenden genannt, und deswegen klingt das wahrscheinlich verwirrend; aber beides gilt gleichzeitig. Also nicht nur als Bestandteil, sondern gleichermaßen als Voraussetzung, denn: Was gut handeln heißt, definiert sich nicht allein aus der Summe des möglichen Profits, sondern aus der Erkenntnis, welche Zeiteinheiten, Märkte, Stoppverläufe und Handelsansätze – sprich Trend-, Bewegungs- oder Ausbruchshandel – einem Händler liegen.«

Während Nicks Worten ging ein erregtes Raunen um den Tisch. Eine Schar Kellner servierte an einem der größeren Nachbartische prachtvoll aussehende Desserts.

John heftete den Blick auf den gerade vorbeischwebenden Kellner und bestellte noch einen Espresso. »Voraussetzung für ein qualitatives Wertgefüge im Trading ist, dass diese Stellschrauben nicht autoritär festgelegt werden«, prostete John Stan zu, der diesen Wink allem Anschein nach jedoch nicht verstand, »besonders nicht durch einen Glauben an göttliche Beeinflussung eines Marktes oder des Traders, sondern allein durch Wissen, allein durch die Vernunft. Ausschließlich die Reaktion auf sich selbst kann die ideellen Ziele vorgeben, die ideales Handeln bestimmen. Von allein entwickelt sich aber eine solche Qualität nicht, sondern es bedarf gewisser Werkzeuge, um zu überzeugen. Dazu haben bereits die alten Griechen etwas Nettes gesagt: ›Der Mensch geht lieber seinen Gelüsten nach, als sich maßvoll zu verhalten.‹ Und genau das ist das Thema. Um maßvolles Verhalten zu erreichen, müssen wir uns zweier Werkzeuge bedienen, deren Erwähnung im heutigen Sprachgebrauch üblicherweise das Gegenteil von Begeisterung hervorruft: Einsicht und Gehorsam.«

Unter allgemeiner Freude servierte der Kellner nun auch an ihrem Tisch die Desserts. Sogar Stan machte wieder einen lebhafteren Eindruck; und während John mit dem Löffel genussvoll die Kruste seiner Cr me bržlée durchstieß, überlegte er, ob die Wichtigkeit des eben Vorgetragenen Stan wirklich erreicht hatte. Stan musste nicht nur fachlich lernen, sondern vor allem anderen verstehen, dass er nicht alles tun durfte, was er konnte und mochte. John wusste, dass die Vermittlung dieses Inhalts den eigentlichen, den schwierigsten Teil von Stans Praktikum darstellte. So war das auch bei Nicks und Philips Ausbildung gewesen. Tatsächlich war es diesen beiden erheblich leichter gefallen, diversen Vorgaben zu gehorchen, nachdem schließlich Einsicht vorhanden war. Wie leicht das Gehorchen eigentlich ging, hatte John bei seinen Zöglingen in Bezug auf das Thema *Risiko* beobachten können. Zu Anfang sorgten sowohl Nicks als auch Philips Bestrebungen nach dem Riesengewinn pro Trade jeweils für das Aus des Kontos – Jahre später war ihnen die Erhaltung des Kontos stattdessen weit wichtiger als ein noch so großer Gewinn pro Trade. Je länger die Handelskarriere eines Traders dauerte, desto tugendhafter, desto verantwortungsvoller würde er mit seinem Handelskonto umgehen. In der Länge der gewonnenen Erfahrung konnte die Einsicht reifen, dass ein Trader auf bestimmte Weise handeln musste, wenn er sein Geld mehren, aber dennoch schützen wollte. Damit strebte er das Gute an – und gehorchte vielleicht sogar, ohne dies zu bemerken. Er erfüllte somit seine Pflicht und folgte einer Vorgabe, moralischen Befehlen, die da lauteten: »Vermeide sinnloses, weil unüberlegtes Risiko! Es gibt auch morgen noch einen Handelstag! Warte ab, bis dein Lieblings-Setup auftritt.« Allerdings empfand ein erfahrener Trader seine Handlungen nicht als Gehorsam, denn er folgte diesen Befehlen nun ja *freiwillig*.

Über diesen Gedanken hatte John sein Dessert verzehrt und der äußerst aufmerksame Kellner brachte ihm den bestellten Espresso. »Dies ist das Moderne an der Qualität«, fuhr John, den Zucker verrührend, fort, »sie geht von der *Freiwilligkeit* aus. Diese Freiwilligkeit entsteht durch die Einsicht in die Notwendigkeit eines *beständigen* Tradings. Jeder Trader hat die Freiheit, sich für qualitatives Handeln zu entscheiden. Wenn er sich indes entschieden hat, dann weiß er, dass nur er selbst, er ganz allein, auch die Verantwortung für seinen Handel trägt.«

Stan konnte dem Ganzen kaum noch folgen und murmelte: »Einsicht in das Notwendige … Aha!« *Notwendig wäre, dass ich hier jetzt endlich verschwinde und mich um meine Positionen kümmere!*

John wandte sich jetzt direkt an Kim: »Wie lernt beispielsweise ein Kind tugendhaftes Verhalten?«

»Durch Erziehung«, kam die prompte Antwort.

»Genau. Aber die Erziehung zum tugendhaften Verhalten in der Familie, in der Schule oder allgemein im Gesellschaftsleben fungiert nur als eine Teilstrecke auf dem Weg zur Vollendung eines Menschen zum tugendhaften Charakter. Gelernt wird nicht nur durch die Aufnahme von Wissen, sondern ebenfalls durch Einüben und, vor allem zu Beginn, durch Zwang«, nahm John Kims Stichwort auf. »Zum einen gibt es so etwas wie einen *internen* Zwang dadurch, dass man sich selbst in die Pflicht nimmt, sobald man eingesehen hat, dass eine andere Entscheidung als ›du sollst‹ nicht vertretbar ist. Zum anderen entsteht auch eine Art äußerer Zwang dadurch, dass untugendhaftes Verhalten durch Minustrades oder, für die Entwicklung eines Traders noch viel folgenschwerer, durch nicht duplizierbare Plustrades bestraft wird.« John erinnerte Stan an eine Situation von gestern Mittag. Stan hatte ihn gefragt, warum er nicht *long* ginge, der Chart auf Johns Monitoren sähe doch eindeutig danach aus! John hatte erwidert, er hätte kein Signal und könnte sich keinesfalls über das mögliche Plus freuen.

Nick nahm plötzlich eine Europäerin ins Visier, die, mit blau gestreiftem Oberteil und einer perfekt gebügelten Stoffhose bekleidet, soeben das Restaurant betrat. Während sein Blick dieser Frau folgte, dachte er an seine Lehrjahre als Trader zurück und warf dann in die Runde: »Was das Kind, genau wie der Trader, im Alltag braucht, ist der – ich nenne es mal – soziale Druck. Ohne ihn stellen sich kein psychischer Zwang, kein schlechtes Gewissen, keine Scham und kein Schuldgefühl ein.« Nicks Aussage sollte belegen, dass eine Moral nicht als etwas Eigenes, von der Umgebung, in der sie wirkt, Abgehobenes agiert. Diese Erkenntnis setze voraus, dass jeder Händler sich über seinen Platz im Handelsbüro oder der auf ihn durch die Familie oder weitere äußere Faktoren einwirkenden Werteskala im Klaren war.

John fixierte aus den Augenwinkeln, dass die eben angekommene Frau Nick beobachtete und amüsiert schmunzelte. *Ich bin zu alt für solche Spielchen*, dachte er zwar lächelnd, konnte sich aber weitere verstohlene Blicke auf die gut aussehende Fremde dennoch nicht verkneifen. Als die Dame sich drei Tische weiter setzte, bestätigte John Nicks Worte: »Wer nicht weiß, wo er steht, ist schwer zu tugendhaftem Verhalten im Trading zu erziehen.« John wusste, dass es noch *eine,* hier bisher nicht genannte, Tugend gab, welche ein sehr wichtiger Teil in dem großen Räderwerk war, das zum Gelingen eines guten Handelsablaufs beitrug. Aber um diese zu erwähnen, bedurfte es des passenden Zeitpunktes, und niemand am Tisch konnte ahnen, dass einige Tage später der hierzu passende Moment kommen sollte.

Philip erhob sein Glas und prostete Nick zu. Beiden war aus eigener Erkenntnis mittlerweile absolut verständlich, dass dies für John nicht nur notwendiges, sondern oberstes Anliegen war, aus eigenem Erleben wussten sie: Wenn es sein musste, war John bereit, dies einem Tradinganfänger auch Hunderte von Malen mitzuteilen – dies immer in der Hoffnung, dass sein Gegenüber irgendwann anfing, über das Gesagte nach- und hoffentlich auch *umzudenken.* Das Ziel eines Händlers konnte lediglich das *freie* und dennoch verantwortungsvolle Trading sein. Gleichwohl war dieses angestrebte Ergebnis allein dann zu erreichen, wenn sich aus dem tugendhaften Denken eine generelle Meinung herauskristallisierte, die auf kreativem Wege auf sich selbst reagierende Maßnahmen ausbildete.

Stan muteten diese Worte recht hochtrabend an in Anbetracht der Tatsache, dass Yahoo bereits 4,5 % vorne lag, und er überlegte, wie er es einrichten konnte, hier schnellstmöglich zu verschwinden. Für Nick hingegen waren diese Worte wie Musik in den Ohren, denn John traf seinem Empfinden nach stets den richtigen Ton, wenn das Lied der Vernunft angestimmt wurde.

Philip, der Stans wiederholte Undercovereinsätze mit dem iPhone mittlerweile auch bemerkt hatte, erkannte in diesem sein früheres *Ich* wieder und war sich sicher: Würde Stan hier und jetzt die Möglichkeit auf einen 1.000-Euro-Trade angeboten, Stan würde sofort seinen Nachtisch beiseite schieben, um jenem Trade blitzschnell hinterherzujagen. Genau wie er selbst – früher! Nun, nach einigen Jahren Erfahrung mit dem Traden, würde Philip gelassen sitzen bleiben und sich, selbst bei einem lockenden 10.000-Euro-Trade, lieber an solchen Diskussionen beteiligen wie dieser, denn: Es half immens, wenn man wusste, dass es auch noch ein »Morgen« gab und dieses »Morgen« umso besser zu gestalten war, je mehr man *derartigen* Gesprächen frönte.

Stan checkte derweilen sein iPhone erneut, runzelte die Stirn, und dann explodierten ungefähr eine Milliarde Sterne in seinem Kopf. Mit Denken war fürs Erste nicht zu rechnen. Mit leicht zitternden Fingern griff Stan nach seinem Glas und leerte es in einem Zug: *Yahoo 5,2 %. DAX 1,6 %.*

HIMMELHERRGOTT, ich muss an einen Rechner!

Der Laptop zu Hause reicht schon. Nicht zu fassen, dass hier niemand ein Ende findet!

I-C-H W-I-L-L V-O-R E-I-N-E-N R-E-C-H-N-E-R!

Können die nicht alle schneller essen!

Stan sog so scharf und tief die Luft ein, dass es fast wie ein kleiner Schrei klang. Ein Laut, in dem aller Schmerz und alles Leid zum Ausdruck kamen, welche ein Trader empfinden mochte, wenn er, von seinem Begehren gesteuert, einen kurzfristigen Trade eingegangen war, den er aufgrund anschließender Abwesenheit nicht zu steuern vermochte. Stan fühlte sich am Rande eines Nervenzusammenbruchs stehen. Das Schlimmste daran war, dass er sich noch nicht einmal bei jemandem ausweinen konnte. Kurzum: Stan wurde wegen dieser ganzen bescheuerten Situation langsam aber sicher stinksauer.

John erkannte das lodernde Feuer in Stans Augen, und er wusste, dass Stan das Gefühl hatte, die Dauer dieses Gesprächs würde ihn in seiner monetären Entwicklung hemmen. »Es ist stets eine Kunst zu erkennen«, sagte John daher, »was das Richtige für einen selbst als Trader ist.«

Genau deswegen trugen John und Hofner so große Verantwortung. Denn Fachwissen war lediglich eine der Voraussetzungen für qualitatives Handeln. Ein klassischer Tradinganfänger mochte zwar dank unbewusster Normen oder zufälliger Ereignisse häufig richtig liegen, doch schlussendlich machte ihn ausschließlich Wissen um die Tugenden frei. Jeder Trader besaß in sich die Neigung, sich von antiqualitativen Triebfedern, von Aktionismus, leiten zu lassen, doch wenn es ihm gelang, sich von der Macht dieses Lasters zu befreien, dann kontrollierte er sich endlich *selbst*. Doch gerade weil der Tradinganfänger schwach war, stand auf der Geburtsurkunde vieler seiner Trades das Wörtchen *Versuchung*. So trat etwa die als Glückseligkeit getarnte Gier und auch Lust vor den Tradinganfänger und versprach ihm einen je nach seinem Belieben bequemen oder wollüstigen Trade, während der Tugend nur blieb, die Mühen aufzuzählen, derer es bedurfte, um zum Meister des qualitativ Guten zu avancieren. Ihr leises Flüstern »Je qualitativer du als Trader handelst, desto freier wirst du sein« kam zumindest zu Beginn einer Karriere nicht an gegen das Verführerische der Gier: »Was willst du frei sein? Ach, hör doch auf mit diesem Quatsch! Stell dich lieber gut mit MIR, denn ICH werde dich SCHNELL reich machen! Und bist du erst mal stinkreich, kannst du dir so viel Freiheit kaufen, wie du nur willst.«

»Freiheit muss demzufolge das Hauptziel dessen sein, der sich als Trader selbst verwirklichen will – um das zu erreichen, was eines jeden Traders vielleicht am tiefsten verborgene Sehnsucht ist, nämlich innere Ausgeglichenheit«, fügte John nochmals hinzu.

Nick grinste Stan zu und piekste ihn mit seiner Gabel in die Hand. »Besser gleich noch mal: *innere Ausgeglichenheit!*«

Als Stan sich über den Angriff beschwerte, schnappte sich Nick zur Strafe den Rest von Stans Dessert und verschlang das Bananensoufflé an weißem Kaffeeeis mit einem gewaltigen Biss und spülte es mit einem Glas Wasser hinunter.

Stan verschleierten die Augen. *Oh Mann …, neunzig Prozent von dem, was die reden, null Ahnung. Aber in der mündlichen Französischprüfung habe ich damals auch nicht viel verstanden und trotzdem eine Zwei bekommen!* Aus Stans Sicht schwafelte John immer noch irgendwas von Tugenden und so einem Kram. So unauffällig wie möglich senkte er den Blick wieder nach unten auf sein iPhone, um erneut die Kurse lesen zu können.

John fuhr fort und erklärte: »… das Streben nach Ausgeglichenheit ist eigentlich in den Rang eines Grundrechts für Trader zu erheben. Wenn der qualitative Trader frei ist, macht es ihn glücklich, den selbst auferlegten Maßstäben zu folgen. Welche aber nun die Maßstäbe für qualitatives Handeln sein sollen, darin unterscheiden sich logischerweise die Geister. Das ist von Trader zu Trader verschieden und muss auch von Trader zu Trader unterschiedlich sein: Handelszeiten, Kontraktanzahlen, Tagesziele, selbst erkannte Schwierigkeiten, um nur ein paar dieser Bereiche zu nennen. Außerdem ändern sich, je nach der bereits getätigten Anzahl von Trades, ebenfalls die Prioritäten eines Traders. Tradinganfänger und Neulinge nehmen eher Nachrichten, Empfehlungen, Tipps und Musterdepots in Anspruch als die fortgeschritteneren, langjährigen Händler. Wenn ein Börsenbrief einem bereits viel verlorenen Tradinganfänger den tollsten Profit verspricht, dann ist es diesem wahrscheinlich meist gleichgültig, ob die Signallogik zu ihm und seinem Konto passt und worauf die Logik der Signale beruht. Und weil dies so ist, wird die Frage nach der Qualität und inneren Ruhe schlussendlich leider erst dann in einem Trader zu wachsen beginnen, wenn er sich um die eigene Existenz nicht mehr so sehr zu sorgen braucht. Die schwierigste qualitative Frage, vor die ein Trader gestellt werden kann, kehrt indes übrigens immer wieder: Riskiere ich meine eigenen und freiwillig erstellten Regeln, um ein paar Ticks mehr als *nötig* einzufahren? Viele Trader tun genau dies immer wieder. Ein erfahrener Trader wird dagegen lieber seine fachlich korrekte Position ins Minus laufen lassen, als das Geld in einen scheinbar vielversprechenderen Marktverlauf zu stecken, denn er wird es als seine Pflicht ansehen und alles daran setzen, sich selbst treu zu bleiben.«

Nach zustimmendem Nicken von Philip und Nick und einem fragenden Blick von Stan erzählte John von seinem heutigen Bund-Trade: »Ich wurde mit Minus ausgestoppt. Der zeitgleich nicht getätigte Trade in Kanadischen Dollar hätte locker fünfzig Pips gebracht. Aber heute Abend kann ich zufrieden sagen, ich habe meine Pflicht getan. Für dich, Stan, noch mal extra: Ich habe meine Pflicht getan!« rief John Stan lachend zu. Dieser nickte. Die Information kam also an und wurde verarbeitet. Immerhin. »Der Trade in Kanadischen Dollar wäre ein *spontaner* Trade, von dem du nicht verstanden hättest, warum ich ihn nicht mache. Aber so ist das nun mal. Kein Signal, kein Trade. Wenn ich das anders machen würde, würde ich damit letztendlich zum Verräter und Feigling an meinen eigenen Ideen.«

Und so ging es weiter. Während Stan zwischen Verzweiflung und Apathie schwankte und mit schweißnassen Fingern immer wieder sein iPhone drangsalierte, amüsierten sich die anderen köstlich. Doch schließlich war es an der Zeit, auch diesen Abend ausklingen zu lassen. Es war bereits kurz vor Mitternacht. Zwölf Uhr – das bedeutete fast drei Stunden Abendessen in einem immer noch voll besetzten Restaurant und jede Menge Schweiß, der die Hemden der vier durchnässt hatte. Allein Kim sah noch zum Anbeißen frisch aus, was sich Nick nicht nehmen ließ ausführlich zu bewundern.

Da um diese Uhrzeit nur schwer ein Taxi zu bekommen war, wurde beschlossen, noch eine halbe Stunde zu warten, bis die letzten Nachtschwärmer endlich in ihren Hotels oder Wohnungen waren und sich dort unruhig herumwälzten, bis die Nacht der Morgendämmerung weichen würde. Die Stimmung wurde ausgelassener und der Barkeeper servierte noch eine Runde. Dann endlich bestiegen sie die Taxis. Nick ließ den Fahrer erst Kim nach Hause bringen, von dort aus ging es dann zurück in eines der angesagtesten Viertel Bangkoks. Nick konnte es sich dank seiner Disziplin im Trading leisten, eine elegante Wohnung mit sagenhaftem Ausblick zu bewohnen, welche er mit funkelnagelneuem und allem nur erdenklichen Schnickschnack eingerichtet hatte. Wohnzimmer, Esszimmer und Schlafzimmer waren bestückt mit Designermobiliar und einer Reihe von Werken obskurer Künstlerinnen – natürlich lauter Freundinnen von Nick. Und in seiner Küche wimmelte es von den modernsten und teuersten Geräten.

Da John zusammen mit seiner Frau bereits seit Jahren in einem großen Haus am Rande der Stadt wohnte, setzte das Taxi, mit dem sich John und Philip auf den Nachhauseweg gemacht hatten, zuerst Philip ab. Dieser hatte sich für die kommenden Wochen im Oriental Hotel Bangkok eingemietet. Dieses Hotel war ursprünglich im Jahre 1876 von zwei dänischen Kapitänen als einfaches Gasthaus für Seeleute am Fluss Chao Phraya in Bangkok gegründet worden und wurde vom US-Magazin Institutional Investor bereits seit elf Jahren in Folge zum besten Hotel der Welt gekürt; heute war es das Flaggschiff der Hotelgruppe Mandarin Oriental.

Nachdem Philip vor dem Hotel abgesetzt worden war, entfernte sich das Taxi mit John an Bord mit der in Bangkok üblichen Geschwindigkeit Richtung dessen Haus, während Philip sich am Empfang seinen Schlüssel aushändigen ließ und für die Pracht und all die herrlichen Annehmlichkeiten des Hotels keine Blicke mehr erübrigte. Das hatte Zeit bis morgen. Nach dem Flug und dem langen, wenn auch exzellenten Essen wollte Philip nur noch zweierlei: eine kurze Dusche und dann ab ins Bett.

Stans Taxi stand mittlerweile auch vor seinem Haus. Es musste so gegen ein Uhr sein. Lilly schlief schon. Ihr Arbeitstag war für sie recht hart gewesen, und so hatte die Natur leicht, ihr Recht zu erkämpfen. Stan schlich vor seinen Rechner und betrachtete still seine offenen Positionen. Er empfand es als tröstlich, endlich wieder live vor den Charts zu sitzen, dann aber kam ihm doch auch wieder ein Grund zur Mahnung in den Sinn. John hatte ihm auf dem Heimweg noch abseits den Tipp gegeben, dass Positionen, die im Plus waren, genauso schmerzlich sein konnten wie die mit negativen Vorzeichen, nämlich genau dann, wenn die Dauer der Abwesenheit von der Position nicht zu deren Handelsausrichtung passte. *Ach … Blabla-und-so-blabla-weiter-blabla-und-so-blabla-fort …!*

Stan bestaunte seine zwei Positionen, realisierte beide Gewinne, und in ihm breitete sich ein warmes Kribbeln aus, als er die 3.750 Dollar Tagesprofit auf seinem Konto bewunderte. In Anbetracht des bisherigen Abends und des totalen Belagerungszustandes in seinem Kopf war dieser Gewinn quasi ein echtes Schmerzensgeld und eigentlich die beste Voraussetzung dafür, noch mehr daraus zu machen. Stan betrachtete seinen Profit, schwankte mit seinem Kopf hin und her, wähnte sich nun sicher für weitere Trades, und im Schein seiner Schreibtischlampe ergingen ihm die kommenden Perioden erst spannend, dann unbehaglich, kränkend und bedrückend. Neun Trades, fünf im Dow Jones und vier in der Yahoo-Aktie, bildeten den Sammelpunkt aller Merkwürdigkeiten, Ungeheuerlichkeiten und Gespanntheiten, welche die Atmosphäre seines Zimmers aufzuladen schienen.

Eine Stunde später legte sich Stan fröstelnd in sein Bett. Er befand sich in einem diffusen Schwebezustand. Sein Gesicht trug exakt jenen zwischen Kiffer und Dorfdepp changierenden Ausdruck, der allen Tradern zu eigen war, denen der Abstand zum Markt zu Beginn Gewinne brachte, die die fehlende Nähe jedoch unerträglich fanden und denen die Nähe zum Markt zwar Beruhigung, wegen falscher Anwendung derselben, gleichzeitig aber auch Schmerz, Frust und Enttäuschung einbrachte. Während Stan seine Nachttischlampe ausschaltete und darauf wartete, dass seine Schlaftablette zu wirken begann, nahm er den einzigen Vorteil am heutigen Tumult zur Kenntnis: Die glorreiche Besessenheit von Trading hatte erneut einen Kratzer erhalten – vielleicht hatte John mit seinen vielen Hinweisen ja doch Recht? Über diesem Gedanken schlief Stan mit 980 Dollar Tagesverlust endlich ein.

*

Mit einem schwungvollen »Mahlzeit, Leute!« betrat Nick das Handelsbüro. Nach ihm schlüpfte Philip durch die Tür, den Nick zuvor im Hotel abgeholt hatte. »Ist ja ein wahnsinnig geiles Teil, in dem Philip da logiert. Dafür würde ich glatt mein Penthouse eintauschen! Na ja, fast«, kicherte Nick und steuerte auf seinen Arbeitsplatz zu. Nick winkte Philip an seine Seite. »Du sitzt hier drüben, neben meinem Tisch!«

Philip ging schnellen Schrittes zu dem freien Arbeitsplatz, ließ sich in die Lehne des weißen Lederstuhls fallen – sehr ausgeruht fühlte er sich nicht – und packte fein säuberlich seine Tradingutensilien aus: sein Notizbuch, einen Apfel vom Hotelbüfett und das Buch, welches er während des Fluges angefangen hatte zu lesen. Das Notizbuch brauchte er, weil es die Rufnummern enthielt, die er heute noch wählen wollte. Zum reinen Zeitvertreib. Den Apfel wegen der Vitamine und dem Zeitvertreib. Das Buch zum Schmökern. Also auch zum Zeitvertreib.

Philip schob die schwarze Tastatur des Handelsrechners beiseite, zog die dahinter stehende glänzende weiße Tastatur zu sich und tippte – wie auch zu Hause jeden Morgen – n-tv.de in die Adresszeile des Browsers. Ja, Philip war n-tv-süchtig. Seit den Terroranschlägen vom 11. September quälte ihn die ständige Angst, dass gerade irgendwas Schreckliches passieren und er nichts davon mitbekommen würde: *Heute war …???, noch, nichts passiert. Gott sei Dank!*

Von einem auf der anderen Raumseite gelegenen Handelsplatz drangen Fetzen unwissentlich geführter Selbstgespräche und unbeherrschter Kommentare eines ebenfalls von der langen Nacht noch nicht gänzlich erholten Stan zu Nick und Philip herüber.

»Was, zum Himmel … komm schon, komm schon, komm schon … Alter, sieh dir das an …!«, murmelte Stan gerade vor sich hin. Auf seinem linken Bildschirm hatte sich Stan den Chart des britischen Pounds geholt, dessen komplizierter Verlauf ihm zunächst aber nichts sagte. Dann wurden seine Augen groß. Stan betrachtete fassungslos den Chart, dessen Verlauf sein Konto bedrohte. Seine Lungen fühlten sich urplötzlich an, als würden sie in Flammen stehen. *War das medizinisch überhaupt möglich?* Er entsann sich des roten Feuerlöschers im Flur.

Name	Position	Traded	P/L Points	P/L	Time (MEZ)	Last Quote	Bid	Ask
USD/GBP	-5 K	1,9585	-0,0020	-625 $	10:01:05	1,9605	1,9605	1,9607

Philip sah von Stan nur denselben kurzen Haarschnitt, mit dem er Stan bereits in Deutschland kennengelernt hatte. »Ist das dort täglicher Standard oder heute was Besonderes?«, fragte er Nick und deutete auf Stan.

Nick schmunzelte. »Bis jetzt ist das Standard. Kann sich aber in jede Richtung noch entwickeln.«

Mit einem kurzen Kopfnicken und einem Lächeln auf den Lippen stand Philip auf und näherte sich Stans Schreibtisch, ohne dass dieser davon etwas mitbekam. Philip registrierte, wie Stan den Chart fixierte. Stans Schreibtisch war ein einziges Durcheinander aus CDs, Computerausdrucken verschiedenster Foren-Threads, aufgeschlagener Tradingbücher, Schreibutensilien, diverser USB-Sticks und allem möglichen anderen Krempel. Dieser Anblick schien zu beweisen, was John, wenn auch lächelnd, jedem, also auch Hofner und Philip, erzählte, wenn das Gespräch auf Stan kam: nämlich dass dieser praktizierender Anhänger des Chaos sei. Was, ins Ernsthafte übersetzt, bedeutete: Stan war vermutlich der unordentlichste Mensch, den John bisher erlebt hatte – was Philip bereits aus Deutschland kannte und hier auch wieder bestätigt fand. »HIMMEL-ARSCH-UND-ZWIRN, der Markt wird doch jetzt nicht …?«, drang es erneut zu Philip durch, und er sah, dass Stan sich geistesabwesend am Kinn kratzte. *Ha, hier bin ich zu Hause,* dachte Philip, und hervorgerufen durch Stans aufsteigende Gereiztheit erinnerte sich Philip daran, wie kindisch er selbst früher gewesen war und durch nicht geforderten Mut, übertriebene Stärke und tödlichen Aktionismus aus allen Marktbewegungen göttliche Trades zaubern wollte, welche sich im Nachgang jedes Mal lebensbedrohlich auf sein Konto auswirkten.

Philip hatte sich eigentlich vorgenommen, über die letzten Zeilen seines Buches nachzudenken, was ihm aber angesichts Stans Gereiztheit nicht wirklich gelang, denn in ihm stiegen Erinnerungen auf wie Gasblasen an die Oberfläche eines großen Tümpels und fingen an ihn einzufangen: Was er in Stan erblickte, waren seltsamerweise seine eigenen ersten Gehversuche; er erinnerte sich an die tiefen seelischen Gefahren von einst, die er spiegelbildlich nun in Stan wiedererkannte und die ihm ins Gedächtnis gerufen wurden. Es mochte wohl daran liegen, dass es bei ihm damals, so wie bei Stan heute, immer den Anschein hatte, als kommunizierte er mit den aktuell zappelnden Bars. Jeder Tradinganfänger trug anscheinend mit Beginn seiner ersten Trades seinen eigenen Abenteuerspender mit sich herum, und dieser war darauf abgerichtet, Endorphine auszuschütten, sobald ein Chart flackerte! Philip verstand durch seine eigenen Lehrjahre nur allzu gut, warum Stan sozusagen süchtig nach Börsenkursen war und warum er lange Zeit brauchen würde, um sich vom Ausgang der einzelnen Periode nicht mehr mitreißen zu lassen. Es würde Monate, sogar mehrere Jahre dauern, bis er sich beim Traden langweilte. In Philip entstand ein Bild, bei dem er erst Belustigung empfand, über das er aber anschließend sofort erschrak, da dies eigentlich kein Scherz war: Er hatte sich Stan gerade als kleinen Wurm vorgestellt, der von einem großen Huhn namens Chart aufmerksam betrachtet wurde. Und, während Stan noch glaubte, dieses Huhn wüsste um seine besondere persönliche Ungenießbarkeit und darum, dass es sich an ihm verschlucken würde, ahnte Philip bereits, dass dieses Huhn namens Chart vollkommen geil nach dieser Art Wurm war. Die Aufforderung musste also lauten: »Um Gottes willen, lass dich von diesen kleinen sch... Perioden nicht zu großen Schandtaten herausfordern!« Stan musste lernen, sein »zu nahes« Verhältnis zum Chart, genau wie die Hoffnung auf den Megatrade, aufzugeben und sich äußerste Zurückhaltung zur Pflicht zu machen, welche nur noch die Suche nach dem Lieblingssetup zur Folge haben durfte. Aber alles zu seiner Zeit ...

Philip hätte anschließend nicht mehr genau sagen können, ob das Folgende durch einen Lichtreflex oder eine Veränderung in Stans Körperhaltung ausgelöst wurde oder durch die fast hypnotisch wirkende Verbindung der zuckenden Charts mit dem Chaos auf Stans Schreibtisch oder durch alles zusammen. Vielleicht war auch etwas gänzlich anderes der Auslöser dafür, dass sich seine Gedanken plötzlich losrissen, wie sich ein Hund von der Leine reißt, und nun umhertollten und Philip plötzlich seine ehemalige kleine Wohnung vor sich zu sehen glaubte, eingetaucht in sanftes Licht, in dem er seine allerersten eigenen Trades gemacht hatte ... *ja, genau an diesem Schreibtisch!* Nur erblickte er aber nicht den Philip vor sich, sondern einen älteren Mann, der sich mit den Ellenbogen, das Gesicht dicht vor dem Bildschirm, schwer auf den Tisch stützte. Die Person tat so, als würde sie das Unablässliche-vor-dem-Chart-Sitzen mögen, und als fände sie die Aufgabe, den Ausgang jeder einzelnen Periode zu erraten, erstrebenswert. Plötzlich wechselte die Szene, und der Mann kauerte erschöpft und kopfschüttelnd auf seiner Couch, während im Fernsehen eine Nachrichtensprecherin den Handelstag an den Börsen zusammenfasste. Später aß der Mann in seiner Wohnung zu Abend, war sehr müde, gähnte und ging zu Bett. Philip hatte ein Gefühl großer Erschöpfung, wenn nicht sogar Ausgebranntheit, von dem Mann empfangen. Ob das genau der folgende Tag war, was Philip anschließend sah, oder irgendein späterer Zeitpunkt, hätte er nicht mit Bestimmtheit sagen können. Der Mann saß jedenfalls wieder an seinem Schreibtisch, die Nase dicht an den Bildschirmen, und fixierte mit hochrotem Kopf jeden zuckenden Chart, jede scheinbar bedeutungsschwangere Zahl – und davon gab es eine Menge. Die Szene blieb gleich und veränderte sich doch: Wie im Zeitraffer betrachtet, wurden Schreibtisch und Umfeld langsam aber sicher immer unordentlicher. Und während dieser Zeit trank die Person immer mehr Bier. Philip bemerkte, wie die Person dicker und älter wurde. Das intensive Trading ließ die Stunden kurz und die Emotionen stark erscheinen, und der immer blasser werdenden Person wurde tagtäglich bewusster, dass all jene Stunden vor dem Rechner nur wenig Raum beanspruchten, als hätten sie eine ganz kurze Zeit ausgefüllt, während sie sich doch in Wahrheit zu etlichen Monaten summiert hatten. Der von dem Mann ausgestrahlte Eindruck der Erschöpfung nahm in der Folge immer weiter zu und zeigte, so kam es Philips zumindest vor, mehr und mehr dessen deutliches Empfinden für die viel zu schnell verstreichende Zeit. Plötzlich ein Szenenwechsel: Philip sah die Person, wie sie plötzlich in einer tristen Stadt ankam, in der es eine Menge großer Wohnblocks gab, und er sah ein großes Restaurant, in welchem der Mann inmitten vieler anderer Tellerwäscher zehn bis zwölf Stunden in einer fensterlosen Küche stand, in der nur das Gebrüll der Kellner und das Klappern der Töpfe daran erinnerte, dass er nicht in der Hölle gelandet war.

Bevor diese Illusion zu zerfasern begann und Philip wieder in die Wirklichkeit zurückfand, hatte er den Mann abends noch ein Haus betreten sehen. Anscheinend anlässlich einer Familienfeier. Nicht nur die Eltern des Mannes waren anwesend, sondern auch seine Geschwister und Freunde. Alle waren verheiratet oder hatten feste Beziehungen. Aber der Mann hatte keine glückliche Frau, keine lachenden Kinder, denn niemand hatte einen Mann nehmen wollen, der nicht mehr ganz jung war, zu viel Zeit vor Charts verbracht und all sein Geld und seine Ausgeglichenheit verloren hatte, für den ohne Ausgeglichenheit kaum Hoffnung bestand, jemals die Kraft wiederfinden zu können, die es bräuchte, seine Zukunft noch einmal anders zu gestalten.

Philip begriff, dass er gerade sein eigenes Leben visualisiert hatte. Dieses Leben hätte durchaus real werden können. Und in dem Augenblick, als sich sein Herz zusammenkrampfte beim Anblick seines traurigen Gesichts, desjenigen, der jenes Leben weiterleben musste, wusste er nicht, wem er zuerst dafür danken sollte, dass er Hofner, Sander und John begegnet war. Von Nick und Stan unbemerkt, erwies er der großen Figur auf dem Fenstersims einen Gruß, indem er seine Hände faltete und den Kopf neigte – so wie man es im Land der Mönche vor der Statur jenes Mannes, den man den Buddha nannte, tat.

Philip schaute erst zum vor sich hin stöhnenden Bambino, dann zurück zum Buddha auf der Fensterbank, und es war ihm plötzlich, als lächelte der Buddha zurück. Philip verstand: Hätte er nach seinen Lehrjahren zwischen den Kulissen der flackernden Charts weiterhin tagtäglich eine megawichtige Rolle im Trading spielen wollen, dann wäre er eines Tradingtages sowohl mit einem Riesenminus auf dem Konto als auch mit der festen Überzeugung erwacht, dieses Minus mit jedem noch so unsinnigen Trade ausgleichen zu müssen. Was selbstverständlich misslungen wäre und er hätte anschließend die Idee des Tradings mangels weiterer Möglichkeiten gänzlich aufgeben müssen.

Doch glücklicherweise hatten inzwischen über die Jahre all die Stichworte und Hinweise, die an ihn herangetragen wurden und bei denen er vorerst gedacht hatte, sie gingen ihn nichts an, doch ihre Wirkung erreicht. Das einst von flimmerndem Lampenfieber ausgefüllte Ego hatte sich, zusammen mit seinen naiven Erwartungen, gewandelt, und Philip war ein großes Stück seines Weges zum erfolgreichen und dennoch ausgeglichenen Händler vorangekommen. *Vielleicht stehe ich ja sogar schon am Ende dieses Weges? Auf jeden Fall werde ich über kurz oder lang von meiner Rolle als Trader sagen: »Die Pferde sind gesattelt, ich habe den Börsenhandel mit all seinen wahren Feinheiten verstanden. Möge sämtliches andere Wissen da draußen der Teufel holen!«*

Diese Gedanken an seine Zukunft ließen Philip lächeln. Ihm fehlte zur hundertprozentigen Beständigkeit eigentlich nur noch das letzte kleine Steinchen: den letzten Teil von sich selbst, der immer noch versuchte, der Beständigkeit ein Schnäppchen zu schlagen, zur Vernunft zu bringen. Dieser Teil entsprang dem Keim, aus dem der eben imaginierte alternative Philip hätte werden können. Dieser alternative Philip versuchte, sich ständig zu befreien, um dem eigentlichen Geist der Beständigkeit, dem Gefängnis aus Vernunft zu entgehen. Hierzu nutzte er jede Möglichkeit, jeden Griff, den er packen konnte, um zu verhindern, dass sich der nur noch minimal offene Kreis endgültig schloss. Die beste Angriffsstelle hierzu boten jene Tage, an denen mehrere Minustrades in Folge auftraten, und dann rüttelte dieser alternative Philip am heftigsten an seinen Gitterstäben. Dann bemühte er sich, Philip mit den Verheißungen einer nie Minus machenden Beschwörungsformel oder mit dem tödlichen Sinnlos-Aktionismus in Versuchung zu führen, und ließ Philips Finger an der Grenze zwischen Absicht und Versehen auf der Handelstastatur entlang balancieren.

Auf seinem Weg zur Beständigkeit hatte Philip nach seinem Gefühl bereits neunundneunzig Prozent erreicht und er empfand jedes Mal aufs Neue Schmerz und Zorn über diese hin und wieder immer noch aufkeimenden Versuchungen durch emotional geladene Positionserhöhungen und zusammenhanglose Stoppversetzungen.

Ein Klingeln störte Philips Gedankenreise und riss ihn unsanft zurück in die Realität. Es dauerte allerdings ein paar Sekunden, bis er erkannte, dass das Klingeln nicht von Stans Chaosschreibtisch oder dessen Handelsplattform ausging, sondern von seinem auf Nicks Schreibtisch liegen gelassenen Handy. Nick hielt es bereits in die Höhe. Philip eilte hinüber und stellte sich anschließend an das Fenster zum Garten, bevor er das Gespräch eines Freundes aus der Heimat entgegennahm. Nach dem Ende des Telefonats schlenderte Philip zurück an seinen Schreibtisch, um die Notizen einzugeben, die er auf einen zerknitterten Zettel gekritzelt hatte. Beruhigt meldete er sich auf seinem Laptop bei Outlook an, beantwortete ein paar Mails und drehte sich anschließend zu Nick um, doch der hing in sich zusammengesunken in seinem Sessel und starrte halb dösend, halb lesend ungerührt in sein Buch.

Stan dagegen saß energisch gerade, ungefähr wie eine Dressurreiterin bei den Olympischen Spielen, und musterte Nick gegenüber mit leichter Verachtung.

Ein »PIEP, PIEP!« holte Nick, Hugo von Payens sowie dessen acht Kameraden aus Jerusalem und damit aus dem Buch zurück. Nick legte sein Buch beiseite, schob den Mauspfeil über seine Bildschirme und presste für zehn Sekunden seine Nase an die Scheibe. Und tatsächlich: Das lärmende Tuten stammte von seiner in den DAX-Chart eingezeichneten Signallinie, welche vom Markt gerade überschritten wurde.

»Willkommen bei Papa!«, salutierte Nick gähnend. Stan schaute kurz auf und bedachte Nick mit fragenden Blicken. »Philip, schau mal her!« Nick zeigte auf den bestehenden Abwärtstrend des DAX-Futures, der in der letzten halben Stunde, nach einem vorangegangenen 80-Punkte-Ritt gen Süden, wieder nach oben abgeschwenkt war und jetzt gerade etwas über fünfzig Prozent der vorherigen Abwärtsbewegung korrigiert hatte. Nick liebte diese Trades, bei denen er sich innerhalb einer weit fortgeschrittenen Korrektur in die Gegenrichtung positionierte. Seinen Stopp setzte er dazu auf den letzten *Punkt 3* der lokalen Korrektur – beziehungsweise bei kleinen, nur auf dem Tickchart sichtbaren Trends sogar auf den vorletzten – und wartete dann auf die zügige Wiederaufnahme der Trendrichtung. Nick war sich selbstverständlich vollkommen im Klaren drüber, dass der Handel eines Trends – sei es am *Punkt 2* oder wie aktuell innerhalb der fortgeschrittenen Korrektur eröffnet – zahlreiche negativ ausgestoppte Trades zur Folge haben konnte und nur wenige Einstiege im Nachgang wirklich saubere Trendverläufe erlebten. Dennoch: Trotz der, durch durchdachte Setups bereits optimierten, unabwendbar geringen Trefferquote war Nick sich der hohen Gewinnerwartung dieses Handelsstils bewusst und daher gerne zu mehreren Anläufen bereit.

Nick öffnete das Ordermenü. »Perfektion ist alles ...« Er stellte die Orderanzahl auf zehn Kontrakte ein. »Nun noch ein Gruß an die Götter!« Nick nickte zum Spaß gen Himmel.

Stan schielte über seinen Bildschirmen hinweg. »Ein Gruß an die G-Ö-T-T-E-R?«

»Ja. Weil Perfektion im Trendhandel unerreichbar ist!«, meinte Nick, immer noch nach oben blickend, und jagte seine Market-Order zur Positionseröffnung hinaus auf den Datenhighway. »Und fertig ist die Symphonie!«

Order Filled

Sell FDAX 10@6878 id=7294168

Stan kam nun angeschlichen und schaute über Nicks Schulter auf den Chart. »Cool! Gehst du long?«

Nick drehte sich um. »Bambino, wieso *long*?«

»Boaaahhh! Der Markt geht doch rauf!«

Nick erhob sich und forderte Stan auf, sich auf den jetzt freien Stuhl zu setzen und noch mal ganz genau hinzuschauen.

»Ups. Wir kommen von oben …?«, murmelte Stan mehr zu sich selbst als zu den anderen beiden.

»Mhm!«

»Und du gehst jetzt *blind* short?«, wollte Stan wissen. »Ich sehe da gar keinen Umkehrstab!?«

Nick erinnerte ihn daran, dass *Umkehrstäbe* ebenso wie *Innenstäbe* nur für den Bewegungshandel wichtig waren, nicht hingegen für diesen Trade, da es sich hier um die Fortführung des gesamten Trends handelte. Während dieser Worte stieg der Markt um weitere neun Punkte an, und Nicks Positionsfenster quittierte dies für den gerade eröffneten Trade mit einem Buchverlust von 2.250 Euro.

Stan feixte ironisch. Scheinbar war seine zuvor geäußerte Ansicht, der Markt würde steigen, doch nicht *sooo* schlecht.

Nick bemerkte jedoch gelangweilt: »Meinetwegen kann das Ding sogar noch weiter bis knapp an den letzten *Punkt 3* klettern«, knipste unter den verdutzten Blicken Stans seine Bildschirme aus, machte es sich auf seinem Stuhl bequem und nahm sein Buch wieder zur Hand.

»Wir hassen das Sitzen vor den Bildschirmen, aber wir lieben das Trading. Was soll man da machen?«, übersetzte Philip Nicks Geste für Stan. Philip hätte auch sagen können: »Wir machen lieber nichts und sind glücklich, als dass wir etwas machen, das wir nicht mögen.«

Nun doch irgendwie beeindruckt, schlenderte Stan zu seinem Arbeitsplatz zurück, schloss seinen letzten Trade und nahm sich dabei vor, ebenfalls den Abwärtstrend im DAX-Future zu handeln. *Wenn Nick sogar seinen Schirm ausmacht, ist er sich seiner Sache anscheinend ja hundertprozentig sicher.* Stan betrachtete den Chart noch einmal prüfend. »Ihr habt Recht, super Trend«, murmelte er und ging auf 6881 zwei Kontrakte short. Stolz begutachtete er seinen Trade und machte es sich vor den Bildschirmen bequem. »Yeap, ich bin auch beim Trend dabei.«

Stan hatte seine letzten Worte lauter ausgesprochen, als ihm bewusst war, und Nick schaute kurz von seinem Buch auf. *»Wow,* du tradest auch den *Trend?* Das ist ja hoch interessant.« *Endlich wieder mal was Lustiges,* dachte er. »Und du willst direkt davor sitzen bleiben? Ja, wie geil ist das denn …« Nick bedachte Stan mit einem ungläubigen Blick, knautschte einen Notizzettel aus seinem Buch zusammen und warf diesen über die Schulter hinter sich – zielsicher einen Meter neben den Papierkorb. Nick wusste, dass der Trendhandel – trotz seiner kinderleichten Handhabung: Verlustbegrenzungsstopp an *Punkt 3* und den immer brav nachziehen und so … – für den Bambino dennoch aus *emotionaler* Sicht noch viel zu früh war. »Ich hab Respekt vor Männern, die ihr Bestes geben. Die nicht nur rumjammern, sondern kämpfen.« Er hob den Daumen in die Luft und blätterte seine Buchseite um.

Es war offensichtlich, dass Nicks Ironie bei Stan nicht ankam, daher dolmetschte Philip erneut: »Stan, tu dir einen Gefallen, und mach deine Bildschirme aus! Du handelst schließlich den T-R-E-N-D.« Philip und Nick wechselten einen Blick. Beide wussten, was der jeweils andere dachte.

Stan wollte gerade antworten, als er vom Verlauf der aktuellen Periode in den Bann gezogen wurde: Seine Position war gerade zwölf Punkte nach vorn geschleudert worden. Stan fühlte sich prächtig, und da er vom effektiven Trendhandel noch immer viel zu geringe Kenntnisse besaß, war er, wie immer zu Beginn eines Trades, auch dieses Mal bereit, solch einen Anfang köstlich zu finden.

Name	Position	Traded	P/L Points	P/L	Time (MEZ)	Last Quote	Bid	Ask
FDAX	-2 K	6881	+12	+ 600 EUR	11:40:12	6869	6869,0	6869,5

Die mit ihrem sinnlosen Wir-machen-einen-auf-Langeweile-Geblubber! Ein wahrer Mann bleibt davor sitzen!

Was Nick betraf, so las er weiter in seinem Buch, derweil der Markt innerhalb Stans Einstiegsperiode in dessen 10-Minuten-Chart weiter abfiel und damit nun knapp zwanzig Punkte vor dem letzten lokalen Tiefpunkt des Trends, dem *Punkt 2,* stand. Stan stieß einen lauten Pfiff aus, worauf Nick ohne jegliche Gemütsregung und ohne auch nur den Blick von den Seiten zu heben, Stan aufforderte, endlich die Bildschirme auszumachen. Statt die alberne Periodenshow zu verfolgen, wäre Stan wesentlich besser beraten, seine Zeit mit einem Spaziergang, einem Anruf bei seiner Freundin, sinnlosem oder sinnreichem Shopping, einem Nickerchen, dem Zählen der Käfer an der Hauswand, mit einem Buch, einem Video oder mit Rasenmähen zu verbringen. »Oder hol für uns alle lecker Kuchen!«

Stan winkte angesäuert ab. *Essen holen? Grrr …* »Ich bleib hier und tu mein Bestes!«

»Dein *Bestes*?« Nick schüttelte, ohne aufzublicken, ungläubig den Kopf. *Nicht zu fassen, der Kerl.* »Denkt wohl, wir sind in einem Laden für Herrenoberbekleidung? ›*Sein Bestes* … ‹«, grunzte Nick in sich hinein. »Mach die Kiste aus!«, wiederholte Nick, sich gleichsam über den Eifer, mit dem Stan seine Observation des Trends zum Besten gab, belustigend, und gab, die kurze, aus grüblerischer Unschlüssigkeit Stans entstehende Pause nutzend, seinem Zweifel Ausdruck, ob die Nähe zum Markt, sei es in ihren Absichten, sei es in der Praxis, im Trendhandel überhaupt vonnöten sei.

Stan weigerte sich trotzdem. Was sich, seiner Meinung nach, auch direkt im Anschluss als goldrichtig erwies, denn plötzlich ruckelte die aktuelle Periode verdächtig. Unter seinen aufmerksamen Blicken fing der Markt plötzlich an zu steigen. Der Durchbruch durch die 6829, den *Punkt 2*, rückte damit scheinbar in weite Ferne. Stan starrte die Periode an und merkte, wie sein Lächeln langsam einfror.

Mist!

Klar, das war bestimmt nur ein Bluff mit dem Trend-Dingsda. Hab ja gleich gesagt, dass es rauf geht! Aber mir glaubt hier ja keiner!

Stan drehte seine Position vorausschauend von *short* auf *long* und nahm das kleine verbleibende Plus von sechs Punkten noch dankend mit. Vor seinem inneren Auge sah er, wie ihm John die Wir-traden-einen-Trend-Medaille vom Hals riss, um ihm anschließend die in Stans Augen weit geachtetere Den-Trendwechsel-super-vorweggenommen-Medaille umzuhängen.

... 6875; ... 6874; ... 6872; ... 6872

Nur zwölf Minuten später wurde Stans glorreiches inneres Bild der Würdigung seiner Verdienste um das Traden durch ein gänzlich anderes ersetzt: John riss Stan wutentbrannt die Den-Trendwechsel-super-vorweggenommen-Medaille vom Hals und ersetzte sie gleichzeitig gegen die größte und schäbigste Haben-wir-uns-mal-wieder-total-vom-Chart-verarschen-lassen-Medaille. Der Markt stand vier Punkte vor dem lokalen Tiefpunkt und damit der Bestätigung der Fortsetzung des Trends.

Stan machte mit schweißfeuchten Händen einen Situationscheck: Kursbewegung des Marktes seit Positionseröffnung: 48 Punkte. Sein Ergebnis des letzten abgeschlossenen Trades: sechs Punkte Plus, aktuelle Position: 42 Punkte Minus. Problem: *Habe die besch... Long-Position immer noch offen. Lösung: erneute Positionsdrehung. Scheinbar will der Markt wirklich nach unten. F-U-C-K!*

Wie dem auch sei, log Stan sich dies mit einem verspannten Achselzucken schön, wenn einem alles, was man später weiß, bereits zum richtigen Zeitpunkt einfallen würde, dann gäbe es mit Sicherheit sowohl keine Fehltrades als auch kein einziges Unglück mehr in der Welt.

Order Filled

Sell FDAX 4@6833 id=7321168

Verstohlen schaute Stan auf die Uhr: Knapp fünfzig Minuten waren seit seinem ersten Einstieg in den Trend vergangen und sein gerade eingegangener Short-Trade ... *das gibt's doch nicht!* ... lag schon wieder einige Punkte im Minus.

»Alles klar?«, fragte Philip, der aus Stans Körperhaltung schloss, dass dieser sich grauenvoll fühlte.

»Ja, ja!«, log Stan lapidar und heftete seinen Blick wieder auf den Bildschirm. Plötzlich schoss der Markt mit einem gewaltigen Rutsch unter den *Punkt 2*, und Stan fühlte sich, als würde er vor Freude jeden Moment in Tränen ausbrechen.

Name	Position	Traded	P/L Points	P/L	Time (MEZ)	Last Quote	Bid	Ask
FDAX	-2 K	6833	+14	+ 700 EUR	12:30:07	6819	6819,0	6819,5

Doch dann stutzte Stan. *Wäre doch blöd, wenn das jetzt erneut schief geht. Besser diesmal einen Stopp …?! Aber, das ist doch …*

Wahnsinn.

W-A-H-N-S-I-N-N!

In diesem großen Trend zu sitzen …, und ich muss den Stopp Tausende Euro weit weg oben an den neu entstandenen Punkt 3 setzen? Gibt es denn keine Fluchtmöglichkeit in der Nähe? Stan hatte plötzlich das überwältigende Bedürfnis, mit jemandem zu sprechen. Jemand Beruhigendem. Jemand Sicherem.

Nick erhaschte zufällig Stans hilfesuchenden Blick, und ihm gelang es, Stans mentales Chaos unbeabsichtigterweise noch etwas zu verstärken. »Na, Bambino, hast du Spaß beim Trendhandel?«

Ausgerechnet Nick. Nö, lieber ersticke ich, als dass ich vor ihm eine Schwäche zugebe … »Yeap. Alles bes…« Stan kam nicht dazu, seinen Satz zu beenden, sah er doch gerade, dass der Markt plötzlich scharf anstieg und anscheinend den *Punkt 2* doch nicht nachhaltig knacken würde. *Am abwärtsgerichteten Punkt 2 eine steigende Periode?* Eben dachte Stan noch, er hätte das System mit dem Trendhandel kapiert, und dann so was. Der Markt stieg weiter an und rutschte wieder nach oben zurück über die 6829, den *Punkt 2*.

Name	Position	Traded	P/L Points	P/L	Time (MEZ)	Last Quote	Bid	Ask
FDAX	-2 K	6833	+1	+ 500 EUR	12:32:12	6832	6832,0	6832,5

Stan lugte zu Philip und Nick hinüber, welche sich mittlerweile herzlich lachend Fotos auf Philips Laptop betrachteten, und zog seinen Stopp geschwind hinunter auf die 6848. *Drecksmarkt! F-A-L-L!* Stan wurde das Gefühl nicht los, dass dieser Trendhandel offensichtlich ein einziges großes Missverständnis war. Sozusagen eine gigantische, von Nick und Philip angezettelte *Truman-Show*. Der Markt schien weiter ansteigen zu wollen, und um das Erreichen seiner Stopp-Order zu umgehen, nahm Stan in stiller Vorwegnahme der Notwendigkeit das kleine Minus von fünf Punkten pro Kontrakt mit, löschte anschließend seine Stopp-Order und redete sich zum wiederholten Mal ein, auf den erneuten Rückzug des Marktes optimal reagiert zu haben. Stan fing nun sogar an, heimlich dafür zu beten, dass der

Trend gebrochen würde. Schließlich galt es, besser zu sein als Nick, und das ging nur, wenn der »längst fällige« Trendwechsel endlich eintrat und Nicks goldene Zahlen sich in ein negatives Ergebnis verwandeln würden. Stan überlegte, ob er es einfach noch mal wagen sollte, long in den Markt reinzugehen. *Eine Überlegung wert wäre das allemal* … Als der Markt jedoch vier weitere Perioden später den *Punkt 2* weit hinter sich gelassen hatte und dem unteren Bildschirmrand zusteuerte, nahm Stan den Marktverlauf nur noch als Halluzination zur Kenntnis, aber nicht mehr als Tatsache.

Was ist das nur für ein Gott, der so was zulässt?

Vergeblich versuchte Stan, seine vorhandenen Gedankenflüge über seine Theorie aufrechtzuerhalten, mit der er beweisen wollte, dass der Abwärtstrend kein Abwärtstrend war, dass das alles gerade ein verlogenes Marktverhalten war, was sich nur in einer Lüge sonnte, und dass dies nun mal die ganze Wahrheit war. Aber vergebens! Ohne dass Stan positioniert war, fiel der Markt weiter und weiter. Stan hätte seinen Rechner am liebsten mit einem Stein zerhauen. Er warf einen Blick auf die Uhr. 14 Uhr. *Waaas? Erst? Das darf doch nicht wahr sein! Diese Qualen halte ich nie im Leben noch den ganzen restlichen Tag durch! Auf keinen Fall!*

Stan beäugte Nick und Philip, die beiden durchtrainierten Langeweileprinzen. Nick hatte die Kaltschnäuzigkeit besessen, in der vergangenen Viertelstunde sogar Desserts holen zu gehen! Jetzt saßen die beiden da, steckten die Köpfe über irgendwelchen Urlaubsfotos zusammen und schaufelten *kow neeo ma muang* – jenen leckeren süßen, klebrigen Reis mit Mangostücken – in sich hinein. Und an beiden war, im Gegensatz zu Stan, weit und breit nicht der Hauch einer Schweißperle zu entdecken.

Ich hasse sie.

Nein, ich hasse A-L-L-E Trader.

In Stan keimte eine Idee: Wie wäre es, diese Höllenmaschine vielleicht doch einfach mal auszumachen und so zu tun, als wollte er kurz verschnaufen oder einen Schluck Wasser trinken gehen? *Es würde bestimmt niemandem auffallen, wenn ich nicht zurückkomme. Das wäre doch ein würdevoller Rückzug!* Vorsichtig näherte er den Zeiger seiner Maus dem Button mit der Aufschrift »Programm schließen«. *Soll ich den Trend wirklich einfach aufgeben und abhauen?*

Nein, ausgeschlossen! Stan hatte plötzlich Angst davor, womöglich für einen Hochstapler gehalten zu werden, sollten ihn die anderen beiden dabei beobachten. Für einen dieser Händler, die erst eine große Klappe haben und in einem Trendtrade dann doch nach zehn Minuten schon mental zusammenklappen. *Mann, ist das entwürdigend!* Dabei hieß es doch immer, Trading würde das Wohlbefinden verbessern und das Selbstbewusstsein steigern, ja, geradezu euphorisch stimmen. *Von wegen!*

»Na, wo steht der Markt?«, fragte Philip, dem Stans Grübeln bei einem Seitenblick aufgefallen war. Philip hätte nicht einmal ein besonderer Kenner solcher Szenen sein müssen, um festzustellen, dass Stan ordentlichen Mist zusammengehandelt hatte. »Weit unter dem *Punkt 2*«, erwiderte Stan. »Auf der 6804«, fügte er noch hinzu und gab sich den Anschein einer Zerstreutheit, die Philip ihm aber nicht abkaufte.

Philip beobachtete Stan daher weiter aus den Augenwinkeln. »Na, da funkelt's aber ganz ordentlich bei dir!«, sagte er wie nebenbei.

»Mhm«, knurrte Stan leise, schaute reichlich sparsam aus seinem blauen, hochgekrempelten Hemd und erkannte, dass es Zeit für einen erneuten kurzen Situationscheck war: Kursbewegung des Marktes seit erster Positionseröffnung in dem Markt: 77 Punkte. Sein Ergebnis: realisierte 41 Punkte Minus, offene Position: keine. Problem: *Drecksmarkt fällt weiter. Von einem Trendbruch weit und breit kein Anzeichen.*

Stan rang sich dazu durch, erneut eine Position zu eröffnen, und mit eisernem Willen und zusammengeballten Fäusten erlebte er, wie diese erneute Short-Position, trotz verspäteten Einstiegs und zwischenzeitlich zwei kleinen ansteigenden Perioden, nun endlich beruhigende Zahlen auswarf.

Name	Position	Traded	P/L Points	P/L	Time (MEZ)	Last Quote	Bid	Ask
FDAX	-2 K	6802	+12	+ 600 EUR	14:24:41	6790	6790,0	6791,0

Verstand Philip Stans Anspannung recht, so unterlag Stan bei seinem angedachten Trendhandel noch viel zu sehr der Negativität seiner angriffslustigen Kampfposition. Philip erinnerte sich, dass auch er damals vom »Nicht-permanent-anwesend-Sein« seelisch nicht leben konnte und das Gewicht seines ganzen Daseins und sein Recht auf Anwesenheit als Trader in die Waagschale warf. Einen Trade einfach unbeobachtet zu lassen, war als angehender Trader für ihn kein Lebensinhalt. Deswegen erkannte sich Philip in Stan wieder: Unter Zuhilfenahme seiner Augen und seines von ihm immer angenommenen Fingerspitzengefühls hatte auch er beim Trendhandel damals gegenüber Hofner die merkwürdigsten, unverständlichsten, in keiner Form nachvollziehbaren, um nicht zu sagen, die abstrusesten Zusammenhänge entdeckt.

Während Nick die benutzten Teller in die Küche hinübertrug, kramte Philip sein Tagebuch aus seiner Ledertasche und vervollständigte seinen letzten Eintrag über Stan:

> *Stan sieht das, was er sehen will, und nicht das, was er sehen soll. Er stellt willkürliche Zusammenhänge her zwischen dem Trendverlauf, der Anordnung von Eröffnungs- und Schlusskursen, dem Trendverlauf, dem Aussehen der Kerzenkörper, deren Zuordnung untereinander, dem Verhalten ihres Entstehens, ihrer Größe, ihrer Art, sich*

zu formen, sowie zwischen der Schnelligkeit oder Langsamkeit ihrer Kursschübe. Für Stan fließen im Trendhandel Wesentliches und Unwesentliches wie in einem dichten Nebel ineinander, überlappen sich Perioden und Dojis, Umkehrstäbe und Innenstäbe, kleine und große lokale Hoch- und Tiefpunkte, Tageshochs und -tiefs, Pivotpunkte und Fibonacciverhältnisse sowie Candlestickformationen – demzufolge ist die Gefahr eines Irrtums für Stan umso stärker. Er kann während des Trendhandels den »inneren« optisch noch nicht so scharf vom »äußeren Verlauf« trennen. Er muss also lernen, die äußeren Zwänge einer einzelnen Periode besser von seinen inneren Intentionen getrennt zu halten, und verstehen, dass einem die Gewöhnung an den Verlauf einzelner Perioden im Trendhandel absolut nicht weiterhilft.

Philip legte seinen Stift beiseite, dachte aber weiter über Stan nach: Der Handel eines Trends war, unabhängig von dessen Größe, in seinem rein fachlichen Ablauf das an sich Harmloseste, was es im Trading gab. Stans zwanghafte Begeisterung und Faszination für jede einzelne Periode wie auch die permanenten Kursveränderungen war allerdings schon regelrecht beunruhigend. Die fehlende Beschränkung auf das absolut Wesentliche, nämlich allein die lokalen Hoch- und Tiefpunkte, versetzte Stan in den paradiesischen Zustand, den aktuell laufenden Markt mit einer fast kindlichen, leidenschaftlichen Anschauung, mit sowohl der Lust auf als auch dem Zwang zu sekündlichen Entdeckungen, betrachten zu dürfen – *welch glückliche Verantwortungslosigkeit!*

Nicks Worte rissen Philip aus seinen Gedanken. Nun stünde Stan der schwierigste Teil im Trendhandel bevor, sagte Nick, nachdem er kurzzeitig seinen Chart betrachtet und seinen Stopp nachgezogen hatte. Philip tauschte mit Nick erneut einen Blick. Ein paar Mal wollten beide ansetzen, um mit Stan über die nun zu erwartende *deutliche* Korrektur zu reden, schwiegen dann aber doch lieber. Es war, als wären die beiden nonverbal übereingekommen, dass Worte an dieser Stelle nicht sonderlich hilfreich waren. Stan musste es selbst, einmal mehr, am eigenen Leib erleben.

In diesem Zusammenhang musste Philip an frühere Dialoge zwischen Hofner und ihm zum Schluss vieler Handelswochen denken. Hofner hatte häufig gesagt: »Du hörst die Hälfte von dem, was ich sage. Du begreifst die Hälfte vom dem, was du gehört hast. Du behältst die Hälfte von dem, was du begriffen hast, und du nutzt die Hälfte von dem, was du behalten hast – also letzten Endes herzlich wenig.« Und Philip hatte, statt die Anregung aufzunehmen, erwidert: »Dann hilf mir doch mehr.« Was Hofner konterte mit: »Wenn ich dir zu sehr helfe, gehst du nicht mehr auf die geistige Jagd und wirst einer dieser unselbstständigen Sozialfälle: Du tradest und scheiterst, tradest weiter und scheiterst weiter, der Alkoholkonsum steigt, und das so lange, bis du entweder freiwillig zum Psychiater gehst oder man dich dazu abholen kommt.«

Beide lugten zu Stan, wie er total ausgelaugt vor seinen Bildschirmen kauerte. Sie bedauerten ihn beide und wussten, dass er lange brauchen würde, um sich im Trendhandel aus den Klauen seines permanenten Observationsbedürfnisses befreien zu können. Ob dies Wochen, Monate oder Jahre in Anspruch nehmen würde, würde sich erst in der Zukunft herausstellen. Erst danach könnte er fortan die Momente heiterer Gelassenheit auskosten, in denen er fähig sein würde, die Märkte in aller Ruhe und mit dem gebührenden Abstand, also nur hin und wieder, zu betrachten. Erst dann würde er *wirklich* Trendhandel betreiben können; fernab von Charts und trotz der jederzeit vorhandenen Möglichkeit, jede einzelne Periode des Trends vorherzusagen, die aber schlussendlich doch nur sein körperliches Selbst quälte.

Der Markt lief, unbemerkt von Stan – er hatte die Funktion nicht aktiviert –, einige Punkte unter die zweite Pivotunterstützung, um sich dann in eine leicht ansteigende Korrekturphase zu begeben. Philip und Nick bedienten sich gerne Pivotlinien in ihrer Standarddefinition als zulässiges Hilfsmittel. Aber nicht um an diesen Positionen zu eröffnen, sondern um bei Intraday-Trades, die bereits *sehr weit* ins Plus gelaufen waren, im Einzelfall Positionsteilungen an diesen Linien vorzunehmen.

Stan sah wiederholt einen Gewinn, jetzt den der weit unter dem *Punkt 2* eröffneten Position, dahinschmelzen und stutzte. »Hallo? Geht's noch? Was, bitte, soll denn jetzt diese Nummer?«, knurrte Stan los, bevor er wütend den Stopp weiter heranzog. Ihm war zwar schon klar, dass es eine Korrektur geben musste, aber diese live mitzuerleben, bedeutete für ihn eine nur schwer zu ertragende Belastung, denn: Ausgestoppt wurde er zwar nicht, aber weiter in Positions- und damit Trendrichtung lief der Markt auch nicht. Stan beäugte den Chart, traute der ganzen Sache nicht so recht und entschied daher zwanzig Minuten später, dass es sich dabei momentan um so eine Art *Sinnlos-seitwärts-rumdümpel-Phase* der Korrektur handeln musste. Da er sich an deren oberen Ende aber auch nicht *sinnlos* ausstoppen lassen wollte, nahm er seinen Stopp kurzerhand wieder ein paar Punkte zurück.

Zeitgleich entschloss sich Philip dazu, Jani, einem Händler des im ersten Stock befindlichen Handelsbüros, einen Besuch abzustatten. Philip wollte *Hallo* sagen.

Nick warf einen kurzen Blick auf seine Charts, entdeckte keinerlei Anzeichen, welche sein Eingreifen erforderlich machten, und entschied sich, mitzukommen. Beim Hinausgehen beobachtete Philip nochmals kurz aus der Entfernung, wie Stan erneut mit einer scheinbar echt fiesen Periode kämpfte, die ihn jeden Moment erneut aus der Bahn zu schießen drohte, denn: Stan starrte seinen Chart mit vorgeschobenem Kopf an. Die roten Flecken um seine Augen hatten sich scheinbar vergrößert und wirkten wie aufgemalt. Philip hatte so etwas bisher noch nicht gesehen. Er merkte aber auch, dass Stan, wenn auch schon schweißüberströmt, standhaft blieb.

Philip dankte dem Himmel, dass er durch Stans permanenten und zu gleichen Teilen bewundernden wie ängstlichen Blick auf den rasanten Kursstrom daran erinnert wurde, wie grotesk und gleichzeitig tragisch es tatsächlich war, einen Trend *live* vor dem Chart sitzend zu handeln und dass das Dasein eines solchen Live-Trendhändlers nur unwesentlich angenehmer war als fünf Jahre Zwangsarbeit im Bergwerk. Auf der Treppe nach unten fragte er Nick aus Interesse, ob dieser zu Beginn auch eine derart harte Schule durchlaufen hätte, um den rechten Schliff in Sachen *Nähe* und *Abwesenheit* zu den Kursen zu bekommen, und ob er das Ganze irgendwie schneller kapiert hätte als andere.

»... ich hatte nicht nur große Probleme damit, zwischen *beidem* zu unterscheiden, sondern es ist mir noch dazu extrem schwer gefallen, Abwesenheit überhaupt in meinen Arbeits- und Lebensalltag zu integrieren. Damit meine ich natürlich *klug angewendete* Abwesenheit«, antwortete Nick und bestätigte in seinen weiteren Worten, dass das Geheimnis des Erfolges mit Trendtrades neben dem richtigen Setup vielmehr in der Fähigkeit liegen würde, je nach gehandelter Trendgröße – statt nach dem klassischen Muster: verquere Blicke auf den Chart ohne Pause, Verwirrung und Auflösung des Ganzen mit mehreren Knalleffekten auf dem Konto – mal mehr, mal weniger Abwesenheit aushalten zu können.

Seine eigenen Anfänge vor Augen, konnte Philip nur beipflichtend nicken und musste schmunzeln, denn Hofner hatte Recht gehabt. Er hatte Philip genau das vermittelt, was er versprochen hatte: Gelassenheit und Ruhe, oder wie er es gerne ausdrückte, *inneres Gleichgewicht*. Aber um welchen Preis? Den Preis der Langeweile im Handel. Ob Stan je an diesem Punkt ankommen würde?

Beide begrüßten Jani, einen großen, gut aussehenden Vierziger, bei dem Philip immer das Gefühl hatte, er würde mit einem General sprechen. Jani machte auf Philip den Eindruck eines jener Menschen, die ihrem Auftreten nach gut und gerne im Außenministerium sitzen könnten, wenn sie denn wollten. Er trug klassisch geschnittene Anzüge, lächelte, hatte einen schwarzen Haarschopf und legte eine Selbstsicherheit an den Tag, um die ihn mancher Politiker beneidet hätte. Jani meinte, die Zukunft des Tradings liege in Computerprogrammen: »Diese wissen zwar auch nicht, wo der Markt hinsteuert und wie der Markt dorthin gekommen ist, aber deren Qualifikation besteht einfach darin, dass sie mehrere Märkte zeitgleich, emotionslos und mit unterschiedlichsten Setups bearbeiten können.« Jani verkörperte damit den intellektuellen, mathematischen Tradertyp. Mit seinem Fachwissen um die Zahlenakrobatik seiner mechanischen Handelssysteme würde er auch ebenso gut in den Vorlesungssaal einer Uni passen. Auf der anderen Seite besaß er in seiner Freizeit oder im Kreise guter Freunde den Ruf eines Spaßvogels. Auch jetzt funkelten seine Augen fröhlich.

Nach der Begrüßungszeremonie erkundigte sich Jani nach Stan und erfuhr, dass dieser einen Trend handelte und vor dem Bildschirm klebte. »Wie originell!«, kommentierte Jani dies.

Nick und Philip schilderten das Problem, und Jani gab daraufhin von selbst zum Besten, wie er als Anfänger den Trendhandel erlebt hatte. Und siehe da, auch für ihn war ein erfolgreicher Trendhandel nur dann – mehr oder weniger deutlich – zustande gekommen, wenn ein unvorhersehbares Ereignis, ein plötzlicher Termin oder gar ein Stromausfall über den Trade hereingebrochen war. Denn nur dann wurde das ebenso aktive wie streng beobachtende Wesen Janis mit einem Mal in eine Art stilles Wesen mit Zwangsabstinenz verwandelt, gepaart mit der Verwunderung, dass diese Trades oftmals die besten Ergebnisse einfuhren.

Jani hielt das Problem für interessant, und alle drei gelangten nach einem kurzen Gespräch gemeinsam zu der Erkenntnis, dass Stan entsprechend seiner aktuellen fachlichen Kenntnisse noch nicht so sehr auf das achtete, was der Marktverlauf durch seine Anatomie überhaupt hergeben konnte, sondern eher versuchte, sich durch das optische Aussehen der einzelnen Perioden die für ihn verräterischen Stilelemente einzuverleiben. Mithilfe damit einhergehender, seltsam verkrampfter Gedankengänge und eines, durch Ironie des Chartverlaufs, verfremdeten Bauchgefühls versuchte Stan, durch viel zu wildes Interpretieren den Trend in seiner an sich *einfachen* Gesamtheit zu verstehen. Dabei war er ständig auf die Entdeckung eines Umkehrpunktes im Trend ausgerichtet, dem es aus seiner Sicht auszuweichen galt, um dann – ausgehend von diesem überaus seichten Gelände seiner Gedanken – jede einzelne Periode in Bezug auf Charakter und Verlauf als möglichen Wendepunkt und beginnenden Trendwechsel zu enträtseln. Auf diese Weise, sprich: jedem Kursgezappel Wichtigkeit zu unterstellen, dachte Stan, sich und sein Konto zu beschützen. Gleichwohl täuschte er sich leider gerade in dem, was er als etwas Gutes wahrnahm. Während er sich durch die Beobachtung der augenblicklichen Periode im Besitz der Kontrolle wähnte und gleichzeitig an die Lust der augenblicklichen Periode klammerte, hielt genau hierdurch – wie sich bisher gezeigt hatte und immer wieder zeigen würde – unter dem Deckmantel der *optischen Täuschungen* das Böse auf seinem Konto Einzug.

Alle drei Händler wussten aus eigener Erfahrung, dass der Widerstand gegen das Unterlassen der optischen Begleitung eines Trendhandels schwer zu brechen, die Abscheu vor einem möglichen Kontrollverlust nicht ohne Weiteres zu überwinden war. Die zwingende Neugier für den aktuellen Kurs, die von einem Live-Chart ausgehende Ansteckungskraft und das Schutzempfinden gegenüber der Position verdrängte, dass dies erst gelingen konnte, nachdem der Trader erkannt hatte, dass er sein Orientierungsbedürfnis gegen ein Zerstreuungsbedürfnis vertauschen musste.

Während Nick, Philip und Jani weiter über die Märkte redeten, krabbelte der Markt eine Etage über ihnen in ganz leichten und unsauberen Schritten immer näher an Stans Stopp heran. »Jetzt bringe ich die Scheißbörse um!«, presste Stan zwischen schmalen Lippen hervor. Aber was Stan im Anschluss tat, brachte nur ihn selbst um: Er verlor total die Nerven, zog innerlich eine imaginäre Pumpgun und ballerte los. In der Wirklichkeit schloss er dabei, ohne jegliche weitere Chartbetrachtung, seine beiden offenen Short-Kontrakte. Ergebnis: sechs Punkte Minus. Danach folgten noch zwei weitere Minustrades, einer long, der andere daraufhin erneut short. Aber Stan war sich keines Handelns bewusst. Er tradete nicht, sondern er *ließ* sich traden. Es war ihm, als wären ihm beide Trades aus Schwäche passiert. Nicht er wollte diese Trades eingehen, sondern diese Trades wollten von ihm eingegangen werden, ohne dass er dies bemerkt hätte. Er fühlte sich, als wäre sein überlegter Wille mit einem mächtigen, wortlosen, aus seinem tiefsten Innern stammenden Befehl in einen unguten Widerstreit geraten und dabei unterlegen. Wie in Trance stand Stan auf, ging zum Fenster, öffnete es und atmete tief ein.

Der Trend BRINGT MICH UM.

Das ist doch sicher nicht normal, oder?

Die zwar warme, aber wegen der Mischung der unterschiedlichsten Gerüche die Sinne belebende Bangkoker Luft ließ ihn binnen einer Viertelstunde ein Stück weit runterkommen. Immer noch leicht in Trance, hörte er Nick und Philip wieder zurückkommen und mit ihm sprechen. Stan verstand nicht alles, aber immerhin die Satzfetzen »Korrektur vorbei« und »weiter geht's«. In Höchstgeschwindigkeit schloss Stan das Fenster und eilte zurück an seinen Platz.

W-A-S ?

Herzlichen Glückwunsch!

Ich Idiot, da hat sich meine Geduld ja wieder mal voll ausgezahlt!

Stan wollte plötzlich einfach nur nach Hause. Zurück in sein Bett und sich irgendwelchen Tagträumen hingeben! Stattdessen musste er sich mit diesem Drecksmarkt herumschlagen. *Ich muss.* Der Markt stand kurz vor dem Durchbruch durch den vorangegangenen *Punkt 2* und Stans Konto hatte noch keinen Cent zugelegt. Im Gegenteil. Das Einzige, was zahlenmäßig wirklich zugelegt hatte, waren die roten Flecken unter Stans Augen!

Stan knallte im weiter fallenden DAX-Future *market* zwei Short-Kontrakte ins System, legte den Stopp aus lauter Frust an das obere Ende seines Charts und ließ sich mit dem Gefühl tiefer Kränkung und Entwürdigung auf seinen Sitz fallen. Seine Augen brannten, sein ganzes Gesicht war rot angelaufen.

Ich hasse den Chart.

Ich hasse alle Charts. Ich hasse, hasse, hasse sie.

Dieser ganzer Trendscheiß ist anscheinend ein Werkzeug des Teufels ...

*

Vor den dunklen Fensterhöhlen des Büros zeigte sich vom hereinbrechenden Abend Bangkoks nur noch bleierne Schwärze, als gegen 19 Uhr Ortszeit alle außer Philip und Nick das Büro verlassen hatten. Stan hatte seinen Trendhandel überstanden und nach seiner letzten Positionseröffnung den folgenden Kursrutsch unter den neuen *Punkt 2* ohne weitere Zwischenfälle miterlebt. Was allerdings weniger seiner Disziplin als vielmehr Kims letztem Urlaubsvideo zuzuschreiben war, welches sie den Jungs mit allen Episoden ausführlich vorgespielt hatte. Es war eine Bestätigung für Philip, zu sehen, dass Stan durch die Ablenkung offenbar innerlich wohler zumute war als während des Observierens seiner Positionen. Im weiteren Verlauf dieses Trendtrades bildete sich zwar ein neues Tief, aber der Markt stieg zurück über sein lokales Hoch und beendete den Trend. Sowohl Stans als auch Nicks Position wurden ausgestoppt. Bei Stan mit einem Ergebnis von 67 Punkten Minus. Nick hingegen hatte 57 Punkte Plus, zuzüglich fünfzig gelesenen Buchseiten, konnte Kims letzte Urlaubsreise nahezu lückenlos nacherzählen und war in den Genuss leckeren Kuchens gekommen. Zum anderen, und das war viel wichtiger, war er entspannt genug, jeden neuen Trend zu handeln; und seine 57 Pluspunkte konnte er nun gelassen zur Bezahlung kommender Fehltrades einsetzen, denn: Wer wusste das schon, vielleicht waren ja die nächsten vier, fünf Trades Verlierer? Aber das war ja eine der großen Gerechtigkeiten der Börsenwelt: Absolut niemand kannte die Reihenfolge, in welcher Plus- und Minustrades auftraten ...

Nick räumte seine Bücher in die Schreibtischschublade. Nur die Tastatur blieb verwaist auf der kleinen Bühne zurück, während Philip die Jalousien vor den Fenstern schloss. »Und jetzt«, sagte Nick, als er die Tür hinter sich zuzog und den Schlüssel umdrehte, »gehen wir erst mal was essen. Ich bin halb verhungert …« So beschlossen Nick und Philip, ein kleines Restaurant in der Nähe aufzusuchen. Damit ging eine alte Tradition einher, welche sich Trader auf der ganzen Welt, so spät es auch sein mochte, nicht nehmen ließen, nämlich am Schluss des Handelstages im Kreise der Kollegen irgendwo einzukehren, um der Börsen und Charts zu gedenken, die diesen Tag ermöglicht hatten.

Die Hitze außerhalb der klimatisierten Räume war wirklich mörderisch, und schon nach den wenigen Metern zum Wagen war Philip schweißgebadet.

Nick kurbelte das Fahrerfenster herunter und ließ, lässig wie ein Zwanzigjähriger, der seiner Angebeteten imponieren will, den Arm heraus-baumeln. Philip stieg ein und sofort ruckte der Wagen an.

Nick steuerte den Daimler mit Geschick durch den Linksverkehr der, wie immer verstopften, Soi Wattana Road hinunter. Mit der einen Hand eine Zigarette rauchend, während er mit der anderen virtuos sämtliche Handgriffe tätigte, die der Wagen beziehungsweise der Verkehr ihm abverlangte. Gelegentlich verrenkte er sich auf schier unglaubliche Art, wenn er mit der linken Hand den Blinker auf der rechten Seite des Lenkrads bediente. Wenn er dies tat oder von einem Gang in den anderen schaltete, musste er das Lenkrad sich selbst überlassen, denn es kam anscheinend nicht infrage, dass die rechte Hand zu etwas anderem benutzt wurde, als in regelmäßigen Abständen die Zigarette zum Mund zu führen. Wie Philip an den Lenkern anderer Fahrzeuge beobachten konnte, schien dies der hier übliche Fahrstil zu sein.

Kurz darauf ließen sich die beiden Händler in die Bambusstühle eines Restaurants fallen. Der Sternenhimmel schien durch die großen, offenen Schiebefenster. Der uralten Jukebox entströmte westliche Popmusik der Achtzigerjahre, begleitet vom Zischen einer Espressomaschine, welche Milch für Cappuccini aufschäumte. Das Lokal hatte Nick vor geraumer Zeit entdeckt, und nun saßen die beiden an Nicks Lieblingstisch, an dem er schon etliche Male mit sich selbst oder mit Freunden abends über Gott und die Welt philosophiert hatte.

Nick unterbrach ihr Gespräch, um einem Lied zu lauschen und mitzusummen. »Mmmh, das war mal eines meiner Lieblingslieder«, sagte er, ihre Unterhaltung wieder aufnehmend. »Erinnert mich an meine erste große Liebe«, fügte er mit einem kleinen Augenzwinkern hinzu. Dann kam das Gespräch auf Stan und in Stans Intensität des Tradens erkannten sich beide selbst wieder. »Angesichts seiner Sturheit sind Stan bis jetzt ja allzu schlimme Depressionen erspart geblieben«, begann Nick und zupfte an seinem engen schwarzen T-Shirt herum. »Aber trotzdem hat er es irgendwie schwer. Mit verbissenem Eifer rafft er jeden Trade zusammen, obgleich seine Trades eher über die Überlegenheit des *Rumdillerns* als über die Klugheit Bände sprechen.«

Philip erinnerte sich bei Nicks Worten an seinen letzten Tagebucheintrag, nachdem Stan das Büro verlassen hatte:

> *Stans Verhalten beim Trendhandel zeigt, dass er auf beeindruckende Art und Weise fest entschlossen ist, zwei Gegebenheiten auf eine Reihe zu bringen, die von ihm als voneinander getrennt empfunden werden: Zeiteinheiten und Trends. Die Schuld hieran ist seinem offensichtlich fehlenden Verständnis über Entstehungs- und Funktionsweise eines Charts zuzuschreiben. Solange Stan weiter stur jede einzelne Periode einer Zeiteinheit anstarrt, ohne dass er sich in übergeordnete und vor allem in untergeordnete Trendverläufe hineinzudenken und zu wenig mit den Zeiteinheiten als solchen zu spielen vermag, wird er weiterhin, durch ansonsten leicht vermeidbare Trades, tagtäglich Geld in die Börse pumpen. Also ist es zu einem guten Teil den scheinbaren optischen Missverständnissen geschuldet, dass Stan, von seinem Recht auf skrupellosen Umgang mit dem Trading auf diese dumme Art und Weise Gebrauch machend, sein Tradingkonto in eine emotional belastete Müllkippe verwandelt. Zurückhaltung ist halt der bessere Teil von Tapferkeit!*

Nick und Philip wussten, dass es nichts bringen würde, Stan über Gebühr zu drängen. Philip nahm sich vor, in den kommenden Tagen hierüber mit John oder, falls möglich, mit Hofner zu sprechen. Sich in seinem Stuhl vorbeugend, betrachtete er die braunen Slipper an seinen Füßen und gestand: »Dieser Zwang, keinen Bar unbeobachtet zu lassen, hat bei mir am Anfang auch dermaßen tief drin gesessen, dass in meinem damaligen Dasein überhaupt kein Platz mehr blieb für solche Nichtigkeiten wie Hobbys, Lesen, lange Beziehungen oder Ähnliches.«

Nick schmunzelte und nickte, denn auch ihm hatte damals jede Geduld für Tätigkeiten, die nichts mit einem Chart zu tun hatten, gefehlt – er analysierte, orakelte und betrachtete nur allzu gerne. Seine ersten Börsenjahre über war er, was Hobbys betraf, nahezu verarmt gewesen. Was ihn antrieb, war der zähe Wille, so viel wie möglich Chartverläufe vorherzusagen und binnen weniger Trades so weit zu kommen, nie mehr arm werden zu können. Beide einigten sich darauf, dass die ersten Tradingjahre und deren Armut an positiven Trades freilich auch manche Vorteile für die beiden mit sich gebracht hatten. Nicht zuletzt deswegen wurden die beiden hierdurch seelisch vorzüglich gegen Rückschläge gewappnet und konnten ihren Geist schärfen, der früher in Krisensituationen zu leicht klein beigegeben hatte.

Im weiteren Gespräch kamen die beiden vom Hundertsten ins Tausendste und landeten schließlich bei einem, mit Handelsregeln gar nichts gemein habenden, aber dennoch ungemein wichtigen Thema: bei ihrer Beziehung zum *Geld.* Da jeder der beiden im Laufe der Zeit ganz eigene und bestimmte Glaubenssätze über das »liebe Geld« entwickelt hatte und diese die Beziehungen zu Plus- und Minustrades eindeutig beeinflussten, standen plötzlich folgende beiden Fragen im Raum: Gehörte ein *erfolgreicher* Händler eher zu jenen Menschen, die sagten: »Geld interessiert mich eigentlich nicht«, oder aber gelangte er zu dem Ergebnis: »Zu viel Geld verdirbt den Charakter und macht nicht glücklich«? Philip und Nick hatten über die Jahre erfahren, dass bei jedem Händler – ob nun sparsam oder seinen Profit sofort wieder ausgebend oder niemals genug davon bekommend – der Umgang mit dem »lieben Geld« viel über die Persönlichkeit des Traders verriet.

Der Kellner, ein kleiner und bereits etwas älterer Thai mit einem verschmitzten Lächeln auf dem Gesicht, trat an den Tisch und servierte das Essen. Grünes Curry mit Hühnchenfleisch und Auberginen, gebratenen Fisch mit Knoblauch und Pfeffer sowie eine Schüssel mit dampfendem Reis. Nick rieb sich in freudiger Erwartung des anstehenden Genusses die Hände, griff zu seinen Essstäbchen und schnappte sich ein Stückchen Fisch.

Nachdem beide ihren Hunger gestillt hatten, orderte Philip noch zwei Bier, und die beiden Händler lehnten sich in ihren Stühlen zurück.

Während des Essens hatte Nick über seine eigenen Anfänge nachgedacht. So wie gerade der Bambino, hatte auch er sein Geld auf dem Handelskonto tatsächlich als ein fast schon persönliches Wesen aufgefasst, zu dem er eine ausgesprochene Beziehung unterhielt: in Nicks Fall sogar eine schon qualvolle. Vielleicht konnte man »das geliebte Geld« mit Ehrfurcht und Entgegenkommen gewinnen, aber Nick war dafür zu Beginn zu gleichgültig und zu naiv gewesen und hatte es sich daraufhin vollständig mit ihm verdorben. Nick seufzte. »Sch…, ich ließ die Dollars kommen und gehen, wie es gerade im Chart kam und ging. Als ich dann merkte, dass das Geld anfing, eine immer feindlichere Gesinnung mir gegenüber einzunehmen, hat mich das irgendwie in noch sinnlosere Trades gelockt. 110.000 Dollar habe ich so innerhalb von vier Monaten platt gemacht. Woraus folgende Erkenntnis gewachsen ist: Verkauf deine Haut so überlegt wie nur irgend möglich und so gut, wie es nur geht, denn *dein* Geld gibt es nur *einmal.«*

Das Gedankenspiel, ein Handelskonto oder einen Chart als ein Wesen zu betrachten, mit dem man eine glückliche, verkorkste, leidenschaftliche oder nüchterne Beziehung führen konnte, fanden beide hoch interessant. Jeder Trader, unabhängig davon, ob zu Beginn armer Schlucker, Gerade-so-über-die-Runden-Kommender, wohlhabend oder gar reich, hatte seine ganz eigene Beziehungsgeschichte mit dem unsichtbaren und geheimnisvollen, häufig herbeigesehnten, manchmal verfluchten Lebenspartner namens *Geld* – der sich, scheinbar unerklärlichen Gesetzmäßigkeiten folgend, mal rar machte, mal überraschend potent auftauchte und immer wieder Druck auf sie ausübte.

Nick und Philip hatten im Laufe ihrer Karrieren gelernt, dass die bloße Erwähnung der Worte »Dollar« oder »Euro« bei ihnen Sorgenfalten auf der Stirn, sehnsüchtiges Augenverdrehen, verächtliches Grinsen oder eine stolz geschwellte Brust provozierte, Triumphgefühle weckte oder Versagens- und Verarmungsängste schüren konnte – je nach gefühltem Reifegrad und innerer Einstellung zum Thema *Geld*. Der Kontostand ließ keinen Trader kalt, egal, wie viel oder wenig er zur Verfügung hatte – ob fünftausend oder fünfzig Millionen. Die digitalen Dollars und Euros waren emotional hoch aufgeladen, standen sie doch gerade bei privaten Tradern für Sicherheit, Anerkennung, Macht, Lebensqualität, Autonomie, Wahlfreiheit, Erfolg und Kontrolle über die eigenen Lebensbedingungen. In einer Gesellschaft wie der heutigen, in der fast alle fast alles nur noch über Geld abwickelten, konnte es sich niemand – und erst recht kein Trader – mehr leisten, kein Verhältnis zu dem Stoff zu haben, aus dem Transaktionen bestanden. Der Satz »Geld interessiert mich nicht« bedeutete im innersten Kern: »Ich interessiere mich nicht für meine Lebensgrundlage.«

»In der Art und Weise, wie ich damals mit meinem Geld umgegangen bin, kamen – im Nachhinein betrachtet – meine ganzen, bis dahin aufgehäuften, lebensgeschichtlichen Konflikte zum Ausdruck«, äußerte Nick nachdenklich. »Da Geld – jetzt mal ganz allgemein gesprochen – nur durch andere Menschen zu uns fließt, kann man doch sagen, dass alle Probleme mit Geld im Kern Beziehungsprobleme sind.« Nick sprach damit an, dass ihm in seinen Anfängen dieser Zusammenhang kaum bewusst war, weil Profit und Verlust von ihm nur als abstrakte Zahlen auf dem Kontoauszug wahrgenommen wurden und weil durch Trading als auch Onlinebanking, Kartenzahlung und Internetshopping ihm sein haptischer, sein sinnlicher Bezug zum Geld mehr und mehr verloren ging. »Und jetzt stell dir mal vor, der individuelle Umgang mit den Finanzen wäre ein Spiegel, der die Licht- und Schattenseiten des Betreffenden und seine Konflikte mit sich selbst und anderen reflektiert ... Was hätte da noch Positives rauskommen sollen oder können?«

Philip gab ihm Recht und erzählte Nick von seiner Begegnung und dem Telefonat mit Ecki am Tag vor dem Abflug[2]. Da war er doch: der lebende Beweis dafür, dass es für den souveränen Umgang mit Geld nicht ausreichte, über Regelwerke und Börsenkurse Bescheid zu wissen und/oder im Privaten Haushaltsbücher zu führen. Das Wissen über das einfache Einmaleins der Börse und darüber, wie Zins und Zinseszins funktionierten, konnte zwar davor schützen, sich heillos zu verschulden, wie auch das Wissen um Regelwerke ein Verständnis von Marktzusammenhängen aufzeigen konnte, aber: Philips Erlebnisse mit Ecki und dessen Umgang mit seinen Verlusten zeigten klar, dass das Erfassen von etwaigen tradingtechnischen Gesetzmäßigkeiten noch keine Garantie für einen glücklichen Umgang mit denselben bildete.

[2] siehe Der HÄNDLER Band I

»Kompetenz als Trader verlangt unter anderem, jene emotionale Fähigkeit, oder nennen wir es: Selbsterkenntnis, auszuhalten, wie das Thema *Geld*, unabhängig und losgelöst von einem laufenden Trade, in den eigenen Gefühlshaushalt eingreift«, äußerte Philip unter der aufmerksamen Miene Nicks.

Beide schlürften an ihrem Bier und kamen zu dem Schluss, dass ihre zu Beginn ihrer Handelskarrieren chronisch überzogenen Girokonten wie auch ihr Gefühl, finanziell permanent zu kurz zu kommen, eigentlich nicht im mangelnden Wissen über Chart & Co. wurzelten. Bei Philip lag das wohl eher an einem fast zwanghaften Hang zum Geiz, bei Nick dagegen an übertriebenen Verarmungsängsten. Die tollsten Handelsregeln und Kniffe nutzten anscheinend so lange nichts, so lange ein Trader ein schlechtes oder ambivalentes Verhältnis zu Geld hatte. Im kurzfristigen Trading war dies sogar noch viel ausgeprägter. Ein entscheidender Schlüssel zu einem generell souveränen Umgang eines Traders mit Geld lag, Philips Ansicht nach, offensichtlich in der Erkundung der eigenen verinnerlichten Glaubenssätze über Geld und der damit verbundenen Gefühle. Philip bezeichnete dies wie folgt: »Es gibt nicht nur einen *Handelsstil*, sondern dazu gehört auch die Reflexion über den eigenen privaten *Geldstil.*«

Nick ergänzte Philips eben geäußerte Gedanken, indem er einige klassische, jedem bekannte Sprichwörter zum Thema *Geld* zitierte: »Beim Geld hört die Freundschaft auf«, »Geld macht nicht glücklich, aber es beruhigt die Nerven«, »Ich kann ganz schlecht mit Geld umgehen« oder: »Geld ist nicht meine Welt«, »Spare in der Zeit, dann hast du in der Not«, »Schulden halten wach« und fügte hinzu, dass man in jedem Kontoeröffnungsformular spaßeshalber so eine Spalte einfügen sollte, in welche der Tradinganfänger eintragen muss, welche persönliche Überzeugung er zum Thema *Geld* vertrat. »Sollte da diese kollektive Spruchweisheit auftauchen, ›Geld verdirbt den Charakter‹, dann wird es wohl auf lange Sicht nichts werden mit dem Trading«, beeumelte sich Nick vor Lachen.

Philip lächelte hierzu nur verkniffen und erklärte anschließend, dass dummerweise genau *diese* Botschaft ihm von seinen Großeltern tagtäglich, ja sogar noch auf dem Sterbebett, als wichtige Lebensweisheit mit auf den Lebensweg gegeben worden war. Philip unterbrach sich kurz, um seine Gedanken zu sammeln, und bemerkte nachdenklich: »Die Erfahrung zeigt also: Auch ich habe mindestens eine Geldbotschaft verinnerlicht, die in der Kindheit für mich prägend war und an der ich mich im Erwachsenenalter bewusst oder unbewusst lange orientiert habe oder gar immer noch orientiere.«

»Du meinst, was dir als Kind von deinen Eltern oder Großeltern beigebracht wurde oder du dir abgeschaut hast, hat dein eigenes Geldverhalten beeinflusst?«, fragte Nick und zündete sich eine Zigarette an.

»Jetzt nicht mehr oder nicht mehr so arg. Aber früher war das für mich absolut richtig.«

Nick schaute auf die Straße, sog an seiner Zigarette. Der Lärm dreier Tuk-Tuks und eines vorbeifahrenden Kleinbusses vermischten sich mit den aus den Geschäften und Garküchen strömenden Klängen. »Aber …«, meinte Nick kurz und wartete, bis das letzte Tuk-Tuk knatternd um die Ecke eines kleinen Friseursalons gebogen war, »… neben dem, was Großeltern oder Eltern über das Geld sagen, ist auch wichtig, was sie verschweigen.«

Philip verstand nicht auf Anhieb, und Nick erklärte, dass beispielsweise in seiner Familie Geld schon immer ein absolutes Tabuthema war und noch ist. So etwas konnte generell nur zwei Gründe haben: entweder weil zu viel oder zu wenig da war oder ist. In Nicks Elternhaus war davon zu wenig da gewesen, und damit wurde das, was seine Eltern ihm an Erklärungen vorenthalten wollten, viel stärker vermittelt als das, was sie tatsächlich dazu mitteilten.

Philip stierte dem Rauch von Nicks Zigarette nach. »Das heißt, es geht um das Vorhandensein gegensätzlicher Gefühle, die langfristig weiterwirken.« Mit einem tiefen Seufzer erwähnte Philip seine eigene Kindheit. Er hatte zwar auch Taschengeld bekommen, aber später fiel ihm auf, dass seine Eltern damit Doppelbotschaften verknüpften. Sie hatten versprochen: »Du kriegst jede Woche ein paar Mark, und damit darfst du machen, was du willst.« Wenn Philip aber tatsächlich mit einer riesigen Eistüte oder einem Matchbox-Auto strahlend nach Hause kam, hieß es: »Gib doch das Geld nicht für so einen Quatsch aus!«

Beim Taschengeld begannen also bereits die Widersprüche zwischen den über Geld geäußerten Ansichten und der tatsächlich gelebten Praxis. Was sich im Übrigen recht leicht beweisen ließ, man musste einen Trader nur nach seinen ersten Gelderinnerungen fragen. Fast immer spielte das Taschengeld dabei eine zentrale Rolle. Wer hat es verteilt? Wie wurde die Höhe begründet? Waren Auflagen damit verbunden? Mitunter traten Widersprüchlichkeiten im ersten Umgang mit Geld auf, welche die Eltern möglicherweise gar nicht selbst bemerkten; diese waren damit womöglich prägender als das, was die Eltern sprachlich in der Gelderziehung vermittelten. »Also«, sinnierte Philip, »gibt es, grob gesagt, für einen Trader demnach nur zwei Möglichkeiten, auf den von den Eltern geprägten Geldstil zu reagieren: Man will auf keinen Fall so knauserig, verschwenderisch, materialistisch oder sicherheitsfixiert werden wie Mami oder Papi und tut alles, um sich von dem, was diese vorgelebt haben, abzugrenzen. Oder man übernimmt den Geldstil der Eltern, weil er sich bewährt hat, und macht es später genauso.«

Nick, der Philips Worten aufmerksam gelauscht hatte, nahm einen weiteren tiefen Zug, blies den Rauch Richtung Straße und strich sich dabei über die Stirn. »Hm, bestimmt gibt es zwischen totaler Ablehnung und kritikfreier Kopie noch viele andere Varianten, aber so irgendwie wird es schon sein.« Auch er erinnerte sich an seine eigene Kindheit, und da in seiner Familie jeder Pfennig zweimal umgedreht werden musste, tagte der Familienrat oft nächtelang und plante dabei minutiös die Aufteilung des Haushaltsbudgets. Als Kind hatte er sich oft geschämt, dass er aufgrund dieses Geldmangels bei vielen Freizeitaktivitäten seiner Freunde nicht mithalten konnte, und sich geschworen, später niemals im Mangel leben zu müssen. Seit er ein erfahrener Händler war, konnte er endlich den ersehnten krassen Gegenentwurf leben. Es fiel ihm zwar nach wie vor äußerst schwer, über sein Geld zu sprechen, aber es war stets da. Nick hatte über die Jahre des aktiven Handelns für sich ein Klima des Überflusses geschaffen und schöpfte immer aus dem Vollen.

Philip brachte, als krassen Gegenpart zu Nicks Geldstil, das Gespräch auf Arnold, einen befreundeten Händler, der sich nach Mallorca zurückgezogen hatte. Arnold traktierte seine Frau und die beiden Töchter, indem er von ihnen Rechenschaft über jeden Cent forderte und sie ständig kontrollierte, da er, im Gegensatz zu Nick, in seiner Kindheit die in der Familie vorhandene Geldknappheit als engen Zusammenhalt, als stabilisierend und gemeinschaftsfördernd erlebt hatte. Da Arnold mit der Geldbotschaft seiner Herkunftsfamilie also ein angenehmes Gefühl verband, trat er in seiner eigenen Familie ebenfalls als Kleinkrämer und Buchhalter auf, obwohl er als Fondsmanager mehr als hervorragend verdiente und daher keinerlei Notwendigkeit existierte, buchstäblich jeden Cent zu kontrollieren.

In diesem Zusammenhang erinnerte sich Philip an eine besondere Situation mit Hofner. Über den Lärm der schwatzenden und gestikulierenden Menge vom Nachbartisch hinweg, erzählte er Nick von jenem super Handelstag, an dem er, mit einem einzigen disziplinierten Trendtrade im Euro-Dollar, mehr verdient hatte als seine Eltern zusammen in einem halben Jahr tagtäglicher harter Arbeit. Hofner hatte Philips unausgesprochene Gewissensbisse erkannt, ihn angesprochen und es auf den Punkt gebracht: »Das Motiv, die Eltern finanziell nicht überflügeln zu wollen oder zu dürfen, taucht in Händlerkreisen nahezu regelmäßig auf. Viele Trader, die aus dem finanziellen Rahmen, den die Eltern gesteckt hatten, herausgewachsen sind, oder aber mit ihren Handelsregeln eigentlich die Möglichkeit dazu hätten, deutlich mehr zu verdienen, quälen sich mit einem inneren Verbot und haben ein Problem damit, ihr Herkunftsmilieu zu verlassen und sich mehr Wohlstand zu erlauben.« Hofner hatte es mal wieder genau auf den Punkt gebracht, indem er sagte, um ein dauerhaft gutes Verhältnis zu Geld und Trading zu entwickeln, sei viel Arbeit fernab von Regelwerken nötig, denn solche nicht gelösten oder unausgesprochenen Probleme wie beispielsweise *Geld* und die *eigene Herkunft* kosteten den Tradinganfänger wertvolle Energie. Geld gelte auf der einen Seite als sichtbarer Beweis dafür, dass man leistungsfähig sei und sich auf dem Markt positionieren könne. Gelänge dieser Nachweis nur schlecht oder gar nicht, fühle man sich als Versager. Auf der anderen Seite stünde nur allzu oft der Aspekt – verbunden mit der finanziellen Herkunft des Einzelnen –, mit einem einzigen Tastendruck mehr Geld zu verdienen, als die Eltern mühsam Monat für Monat erarbeitet hatten, um den Sprössling großzuziehen. Dieser Gedanke hatte auch Philip in den ersten Jahren nach so manchem Handelstag heftigst gequält und erschüttert. Während Kindheit und Jugend hieß das Leistungsideal: »Ich arbeite für mein Geld.« Wie konnte er seinen Eltern da mit stolzer Brust die Devise »Mein Geld arbeitet für mich« vermitteln? Philip war in diesem Loyalitätskonflikt lange Zeit gefangen und hatte unbewusst Strategien entwickelt, um sein Geld, damit es nicht sichtbar wurde, zu vernichten.

Philip erörterte mit Nick die klassischen Grundmuster, auf die sich, nach Hofners Ansicht, viele Probleme angehender Händler zurückführen ließen: »Ich habe es nicht verdient, Geld zu haben, und erst recht nicht, dieses zu genießen« oder: »Ich bin nicht gut genug, um genügend Geld zu verdienen und im Wohlstand zu leben« sowie der extreme Gegensatz: »Ich habe es ja wirklich mehr als verdient, aber die böse, böse Welt, die anderen, das Leben oder die Charts lassen es nicht zu, dass ich Erfolg habe und zu Geld komme.« Nach Ansicht Hofners existierte dementsprechend keine echte Trennlinie zwischen Geld- und Tradingproblemen.

Beiden Händlern wurde durch das Gespräch in dieser Nacht einmal mehr klar, dass sich beide damals als private Tradinganfänger die eine Frage zu wenig beziehungsweise eigentlich gar nicht gestellt hatten: »Börsenhandel kann nur ein Mittel zum Zweck sein. Welcher Zweck ist es bei mir?« Beide hatten zu Beginn gleichermaßen nicht begriffen, dass das Verhältnis zum Geld sowohl extrem überhöht als auch tabuisiert sein konnte. Kurzum: dass Trading wie Geld hoch emotional besetzt und belastet waren und beide noch keine realistische Einstellung dazu besaßen. Diese gewannen sie erst, als sie anfingen, beide Themen zu entzaubern und, vor allem: hin und wieder mal offen darüber zu sprechen und – gerade in ihrem privaten Bereich – dem Geld die Rolle zuzuweisen, die es hat und auch haben sollte: *nur* ein Mittel zur Lebensbewältigung zu sein. Nicht mehr und nicht weniger. So wie die Liebe eine Kunst ist, die es zu lernen gilt, offenbart sich auch der Umgang mit Geld im Trading als ständiger Lernprozess.

Nick zeigte dezent auf eine süße, einer zierlichen Porzellanpuppe gleichenden Thaifrau drei Tische weiter: perfekte reine Haut, perfekte lange Wimpern, perfekte rosa Wangen. »Darin muss wohl der Grund liegen, warum sich so wenig Frauen dazu entscheiden, Händlerinnen zu werden: Mädchen werden noch immer mehr zur Bescheidenheit erzogen und für

Sparsamkeit gelobt. Auf der weiblichen Werteskala rangieren, anders als oftmals bei uns, Beziehungen ganz oben, und Frauen fürchten Geld daher als Beziehungskiller und geben sich lieber mit weniger zufrieden, um die Harmonie nicht zu gefährden.«

»Also müssen wir Männer ran«, vollendete Philip den Gedanken, kratzte sich nachdenklich am Kopf und starrte weit hinaus in die Dunkelheit. Mittlerweile war es spät geworden, was sich am nachlassenden Geräuschpegel der vorher so lärmenden Umgebung bemerkbar machte. Viele Tische waren mittlerweile leer und Philip guckte auf seine Uhr. »In Deutschland läuft gerade das Sandmännchen«, scherzte er, und beide verstanden, dass es Zeit war.

Nick legte dreihundert Bath auf den Tisch: »Das geht auf mich.«

Aufgekratzt und gleichzeitig erschöpft, traten beide schweigsam und den jeweils eigenen Gedanken um die angesprochenen Themen nachhängend, ihren Heimweg an. Und das Wunder geschah: Am nächsten Straßeneck bekam Philip ein freies Taxi … Um diese Uhrzeit!

*

Der Frühstückssaal war bis auf ganz wenige Frühaufsteher leer, und das Büffet quoll über von all den Nahrungsmitteln, mit der jeder noch so exotische Geschmack befriedigt werden konnte. Gestern hatte sich Philip beim Frühstück lediglich mit einer Tasse Tee begnügt. Die ihm in den Gliedern steckende Zeitverschiebung ließ ihn morgens nicht so recht in die Gänge kommen. Heute jedoch wollte Philip den Überfluss, der da geboten wurde, bis zur Neige auskosten. Kaum hatte er den Saal betreten, kam ihm ein junger Thai entgegen, führte ihn an einen Zweiertisch und rückte ihm den Stuhl zurecht.

Eine Stunde später hatte sich Philip systematisch durch das überreiche Angebot gearbeitet und nur die Sparte mit den thailändischen Frühstücksgenüssen ausgelassen, als da waren kalter Reis mit Gemüse, verschiedene Suppen und Sojasoße. Er quittierte die Rechnung und ging zu den Lifts hinüber, aus denen jetzt die Vorhut der Langschläfer drängte, um sich über das Büffet herzumachen.

Vor Jahren noch hätte Philip sofort nach dem Aufstehen die neuesten Kurse seiner offenen Positionen abgefragt, sein Handy eingeschaltet und umgehend im Büro oder bei Freunden angerufen. Mittlerweile störte ihn seine kurzzeitige Unwissenheit überhaupt nicht mehr. Nicht, dass ihm der

Markt oder offene Positionen egal waren – nein, natürlich nicht! Aber für was denn, außer genau zu diesem Zweck, gab es diese Orderart: den *Stopp*. Setz den Stopp, und du kannst machen, was du willst. Egal was, egal wo. Sogar ein ausgedehntes Frühstück in Bangkok genießen. Einzige zwingende Voraussetzung: Die Ausrichtung des Trades musste mit der Dauer der Abwesenheit harmonieren.

Nach diesem zeitigen Frühstück schlenderte Philip noch durch die umliegenden Gassen und konnte verstehen, dass das Epizentrum des weltbewegenden Umbruchs in Richtung Globalisierung, sozusagen der diesen Umbruch antreibende Motor, in Asien lag. Durch Handel, Kriege und Reisen standen die Menschen zwar schon immer miteinander in Verbindung, aber inzwischen waren die globalen Verflechtungen derart komplex, dass sie einem undurchdringlichen Dschungel glichen. In seinem gestrigen Gespräch mit John hatte dieser seinem Bedauern Ausdruck verliehen, dass die wirtschaftliche Globalisierung in Asien der politischen und sozialen mit solch großen Schritten vorauseilte, jedoch im selben Atemzug hinzugefügt, dass diese Entwicklung mit geradezu beängstigender Verlässlichkeit im Wesentlichen von drei Faktoren beeinflusst würde: Zum einen fließe das Geld dorthin, wo es am meisten zu verdienen gab, und verschwinde wieder, wenn die Margen sanken. Zum anderen strebten Unternehmen nach Marktanteilen, um ihr Ansehen in der Welt zu mehren und sich zukünftige Gewinne zu sichern, und schlussendlich waren Unternehmen durch neue Medien oder schnelle Transportwege zunehmend weniger an bestimmte Orte gebunden.

Durch sein Leben in Thailand und seine regelmäßigen Reisen durch Asien hatte John das Gefühl erworben, dass dieser Kontinent auf diese neuen Herausforderungen bestens eingestellt war. Die Asiaten hatten aus der Not eine Tugend gemacht und ein feines Gespür für *die* Strömungen entwickelt, von denen sie abhängig waren. Sie lernten zu akzeptieren, dass Globalisierung zwar von Menschen erzeugt, doch von niemandem erfunden wurde. Ebenso wie kein einzelner Trader für den Verlauf der Börse verantwortlich zeichnete, hatte auch kein einzelner Mensch den »Bauplan« der Globalisierung entworfen. Beides war aus der Verflechtung vieler Absichten entstanden. Mit einer gewissen Erleichterung stellten die Asiaten deshalb fest, dass selbst die mächtigsten Länder der Erde die Globalisierung höchstens beeinflussen, nicht aber steuern oder gar kontrollieren konnten.

Nach Johns Auffassung funktionierte Asien gemäß einem eigenen Geheimrezept. Wollte man wissen, wie sich die Welt zukünftig verändern würde, müsste man dieses Rezept zu entschlüsseln versuchen. Grundvoraussetzung hierfür müsste sein, sich in die Lage der Asiaten, vor allem die der Chinesen, hineinzuversetzen, deren gesamtes Trachten darauf abzielte, die Differenz zwischen Anspruch und Wirklichkeit zu verringern. Der größte Fehler, der einem hierbei unterlaufen könnte, wäre folgender: anzunehmen, dass alle Länder und Menschen in derselben Weise »ticken«. Zu viele Unternehmer und Unternehmen glaubten indessen, dass alles, was in ihrem jeweiligen Land funktionierte, auch richtig und gut für Asien sei. Dabei »tickte« und »steuerte« dieser Kontinent gänzlich anders. »Pauschal formuliert, funktionieren die *Globalisierung* und das *Trading* nach denselben Prinzipien«, hatte John erklärt. »Weil alle gleichzeitig agieren, aber unterschiedliche Ziele verfolgen, stören sie sich gegenseitig. Man muss also deshalb die eigenen Ideen und Handlungen ständig korrigieren.« John hatte damit angesprochen, dass die Asiaten ihre Handlungen ganz anders beurteilen als Amerikaner oder Europäer. Was schließlich auch ihr gutes Recht war und ist. »Es handelt mithin gewissermaßen niemand außer Konkurrenz. Weder als Börsenhändler noch als Unternehmer. Als Konsequenz hieraus ergibt sich, dass Unternehmer und Unternehmen verschiedenster Erdteile wie auch wir Trader durch die Konfrontation mit anderen Marktteilnehmern lernen können, wie haltbar und allgemeingültig die jeweils eigenen Werte und Maßstäbe sind«, hatte John abschließend konstatiert.

Nach zwei Stunden war es für Philip an der Zeit, die verstopften Straßen und engen Gassen zu verlassen, da Nick in gut einer Viertelstunde am Hoteleingang vorfahren würde. Im Hotel zurück, ließ sich Philip in einem Sessel plumpsen, von dem aus er den Eingang des Hotels gut übersehen konnte, und wartete geduldig auf seinen Kollegen. Kurz darauf betrat selbiger die Lobby. Philip stand auf und schlängelte sich durch eine Gruppe von Neuankömmlingen, in deren übermüdeten Gesichtern deutlich die Spuren eines Langstreckenfluges geschrieben standen, hinüber zu Nick. Nach einer kurzen Begrüßung verließen beide das Hotel und schlenderten zu Nicks Wagen.

Ungefähr zur gleichen Zeit – das Thermometer zeigte momentan noch akzeptable 27 Grad – schlüpfte Stan nach einem Kaffee in der Soi Nana Road ins Taxi, fuhr ins Büro und begab sich nach einem Luftkuss in Richtung Kim an seinen Platz.

14:00 Uhr Ortszeit. Pünktlich eröffnete der Handel des DAX-Futures in Frankfurt. Bereits wenige Minuten später hatte Stan die erste Entscheidung für einen Trade in diesem Markt getroffen.

Order Filled.
Sell FDAX 2@6750 id=8161168

Die ersten Minuten in seinem Short-Trade liefen richtig gut. Stans Rhythmus schien im selben Takt zu schlagen wie derjenige des Marktes. Stan fühlte sich toll. So ein bisschen wie Rocky, nur halt ohne Musik. Schade, dass er keinen mp3-Player zur Hand hatte.

Neun Minuten später. Die neue Periode seines 10-Minuten-Charts, bei welchem er davon ausging, dass dieser weiter in Richtung 6700 führte, begann sich ebenfalls rot zu präsentieren. In der zweiten Minute dieser Periode hatte Stan allerdings das Gefühl, dass der Markt für seinen momentanen Rocky-Trainingszustand zu schnell laufe.

... 6745; ... 6742; ... 6739; ... 6734

Wo drosselte man nur das Tempo?

Dennoch: Die Sonnenstrahlen per se hätten vielleicht bereits ausgereicht, aber allein die Tatsache, dass Stan tatsächlich gleich zu Beginn einen riesigen positiven Trade am Laufen hatte, erhöhte seine Laune immens. Bis er direkt hinter sich zwei ihm wohlbekannte Stimmen hörte.

»Hey!«, wurde er von Nick und Philip begrüßt.

Stan riss seinen Kopf herum. »Hallo, ihr beiden.«

Philip klopfte ihm im Vorbeigehen von hinten auf die rechte Schulter. »Gleich zur Markteröffnung am Traden? Ist ja klasse.« Nachdem Philip seine Sachen an seinem Arbeitsplatz abgelegt hatte, kehrte er zu Stan zurück und schaute auf dessen Bildschirme und die offene Position.

Name	Position	Traded	P/L Points	P/L	Time (MEZ)	Last Quote	Bid	Ask
FDAX	-2 K	6750	+12	+ 600 EUR	08:07:13	6738	6738,0	6738,5

»Warum nimmst du nicht noch *mehr* Kontrakte? Dein Konto gibt es doch her, oder?«

»Okay!«

Was als teils witzige, hauptsächlich aber ironisch gemeinte Fangfrage den Start der morgigen Konversation einleiten sollte, wurde von Stan als Hinweis aufgefasst und so dankbar wie prompt direkt in die Tat umgesetzt. Schneller als Philip zwinkern konnte, sah er die Bestätigung.

Order Filled.

Sell FDAX 2@6837 id=8263741

Was sagt man dazu?, dachte Philip. *Am besten nichts.*

»Hast du Zeit? Setz dich doch!«, meinte Stan. Schließlich lag er vorn, und ein – wenn auch kleines – applaudierendes Publikum konnte nicht schaden.

Philip dachte kurz nach und gelangte zu dem Entschluss, diesen Trade mit Stan gemeinsam zu verfolgen. »Klar, warum nicht.« Philip nahm seine Sonnenbrille ab, holte sich einen Tee und setzte sich verkehrt herum auf einen von Stan herbeigeholten Stuhl. Wie hieß es doch in den reißerischen Reportagen im Fernsehen immer: Es sollte ein ganz normaler Tag werden, doch es wurde die Hölle pur!

Wenige Augenblicke, nachdem Philip dieser voreiligen Einladung gefolgt war und Platz genommen hatte, fühlte Stan sich bereits wie Bruce Willis in

»Stirb langsam«. *Spannung pur!* Der DAX-Future rauschte wie ein ICE, mit Stan als vierfachem Short-Passagier an Bord, gen Süden.

Philip rührte geruhsam seinen Tee um und fragte, ohne aufzuschauen und so beiläufig wie möglich: »Sag mal, wo gehst du eigentlich raus?«

Stan blieb eine Antwort schuldig. *Unfassbar. Der DAX geht irre ab und Philip denkt ans Aussteigen? Jetzt, wo endlich mal Geld verdient wird?*

... 6724; ... 6720; ... 6715; ... 6712

»Guck doch mal, die ganzen Spinner drehen durch!«, keuchte Stan vor Freude, als er den ausgewiesenen Profit seiner, durch den Nachkauf im Einstandspreis gemittelten, Position erblickte.

Name	Position	Traded	P/L Points	P/L	Time (MEZ)	Last Quote	Bid	Ask
FDAX	-4 K	6743,5	+30	+ 3000 EUR	08:15:02	6713,5	6713,5	6714,0

Die Situation war für Stan so unfassbar, da er sich gleichzeitig davor fürchtete, dem süßen Traum vom Monstertrade würde, wie gewohnt, ein trauriges Erwachen folgen.

... 6713; ... 6715; ... 6711; ... 6708

Selbstverständlich tradete Stan nicht so, wie das durchschnittliche Trader tun würden! Vielmehr praktizierte er ein spezielles, von ihm selbst entwickeltes Kamikaze-Trading. »Das Trading ist schon geil!«, schwärmte er, als der DAX-Future auf dem 10-Minuten-Chart die 6700 passierte und sein Profit auf stolze 4.350 Euro wuchs. Er konnte die anerkennenden bis neidischen Blicke der anderen förmlich schon auf sich spüren.

»Wo ist dein Stopp?«, fragte Philip, nun deutlicher werdend.

»Stopp?! Ich habe den Finger am Abzug!«, grinste Stan und wackelte kurz mit der rechten Hand, wodurch der Mauszeiger auf dem Bildschirm hin und her sauste.

Das wird schwieriger werden als erwartet, dachte Philip und setzte daher zu einem zweiten Versuch an. »Was denkst du, *wie* der Markt fällt?«, fragte Philip und betrachtete Stan von der Seite. Er registrierte einen begeisterten Trader mit substanzlos flammender Gier. Es war immer wieder der Wahnsinn, welche geheimnisvollen Fähigkeiten ein Chart besaß. Philip fragte Stan nochmals, ob er sich Gedanken über das *Wie* gemacht hätte.

Nach etlichen Sekunden erwiderte Stan: »Ähm ... wie meinst du das?« Stan war viel zu abgelenkt von dem gerade eben festzustellenden Schrumpfen seines Punktgewinns, als dass er sich Gedanken über die mangelnde Schlagfertigkeit seiner Antwort gemacht hätte. Sein Herz pochte plötzlich so heftig, dass er das Gefühl bekam, es würde ihm gleich bei den Ohren herausquellen.

»Hallo?! Guten Morgen! *Trend, Bewegung* oder *Ausbruch ...?*«, sagte Philip halb gelangweilt, halb verärgert. Das war doch schließlich alles schon einige Male durchgesprochen worden.

Durch Philips Stichworte war Stan jetzt klar, worauf Philip hinaus wollte, und er antwortete beiläufig, das Ziel dieses Trades sei *Handel der Bewegung*. Trendhandel, so Stan, sei nach dem gestrigen Desaster heute nicht sein Ding.

»Okay.« Philip wusste, dass Stans Antwort – so wie früher seine Antworten gegenüber Hofner – nicht wirklich ernsthaft gegeben wurde, sondern nur, um den Fragesteller ruhig zu stellen. Stan stand einfach viel zu sehr im Bann des zappelnden Kursverlaufs. Er zog die Augenbrauen hoch und deutete mit einem leichten Kopfnicken, locker geöffneter Hand und nach oben zeigender Handfläche in die ungefähre Richtung des Charts, was bedeuten sollte, dass er immer noch keinen passenden Stopp im System erkennen konnte. Mit einem stillen Seufzer platzierte Stan einen Stopp auf die 6748, dem Hoch des letzten abgeschlossenen Bars. Mit einem Lächeln nahm Philip die Differenz von fünfzig Punkten zwischen dem Stoppkurs und dem aktuellen Marktstand wahr und dachte an seine, in seinem Tagebuch eingetragenen, letzten Anmerkungen zu Stan. Philip nahm sich vor, zu prüfen, ob bei diesem Trade mit Ausrichtung *Handel der Bewegung* das bei Stan beobachtete fehlende Verständnis für den Verlauf der Zeiteinheiten ebenso zum Tragen kam wie beim vergangenen Handel des Trends.

»Jetzt raus?!«, schlug Philip vor, als der Markt innerhalb weniger Sekunden weitere dreißig Punkte abrutschte.

»W-A-S …?«

»Der erste Teilverkauf.« Philip deutete auf den Gewinn. »Wäre doch nicht schlecht …«

»Häh?« Stan ließ den Bildschirm nicht aus den Augen.

»Teilgewinne realisieren?!«

»Ja … ja, gleich!« Stan war wie hypnotisiert. Der ICE kannte kein Halten und er saß in der richtigen Richtung. *Teilgewinne, so ein Quatsch*! Die nachfolgenden Worte Philips erreichten Stans Ohren nur undeutlich. Sie wurden von den Geräuschen des ICE übertönt.

»Und W-A-N-N soll das sein?« Philip guckte Stan an. Der schien nicht zugehört zu haben oder nicht ansprechbar zu sein, und plötzlich kreisten Philips Gedanken um die Trägheit während des Handels: Ein Außenstehender könnte meinen, dass Tradinganfänger Theater spielten oder mentalen Ritualen anhingen, die sie verpflichteten, immer erst nach einer kurzen Pause, sozusagen zeitverzögert, zu antworten und zu reagieren. Manchmal konnte man sich daran anpassen, aber manchmal war diese Trägheit einfach nicht auszuhalten.

Nur ein erfahrener Händler kam dahinter, dass Tradinganfänger diese Pausen brauchten. Warum? Vielleicht dachten sie so langsam, so schwer und mühevoll, während der Chart live auf sie niederprasselte? Es war, als würden die Gedanken um den Chart von einer Maschine hervorgebracht, die man zuvor anwerfen und in Gang kurbeln musste. Diese Zeitverzögerungen rührten daher, dass in einem Tradinganfänger vor einem Chart ungefähr dasselbe passierte wie in einem Computer bei einem Programmupdate. Genau wie beim Programmupdate der Prozessor nahezu seine gesamte Leistungskapazität für die Abarbeitung des Updates zur Verfügung stellte und währenddessen sämtliche sonstigen eingehenden Systemanfragen immer nur in kleinsten Bröckchen zur Verarbeitung zuließ, war das Gehirn des Tradinganfängers durch die Verarbeitung des andauernden optischen Updates – also die sich ständig verändernde Entwicklung der aktuellen Periode – in seiner Kapazität so gut wie vollkommen ausgelastet. Weitere Anfragen nach Systemressourcen wie beispielsweise durch akustische Fragen wurden lediglich in kleinen Zwischenblocks abgearbeitet, sodass die zwischen dem Hören, Verstehen und Beantworten vergehende Zeit dem Fragesteller unangenehm lang anmutete. Erfahrene Händler wussten außerdem, warum Tradinganfänger sich in der Regel ärgerten und häufig unwirsch reagierten, wenn durch Außenstehende während ihres Tradings Fragen an sie gerichtet wurden: Dies rührte her von der Differenz der vom Tradinganfänger als überlebensnotwendig eingestuften korrekten Verarbeitung des andauernden optischen Updates und der im Vergleich dazu relativen Unwichtigkeit der als periphere Systemanfragen und damit als unnötig bewerteten Beanspruchung anderweitig dringend benötigter Verarbeitungskapazität durch an ihn gerichtete Fragestellungen oder sonstige Ablenkungen.

Philip erkannte, dass Stans Augen sich in einer fixen und für alles außerhalb blinden Einstellung festgefressen hatten, und Stan war bereits völlig in der Welt dieses Charts gefangen, während er spöttisch nachdenklich »Wow, Wow, WOW« ausstieß und, mit scharfem s-Laut: »Sieh an, sieh an, SIEH AN!«

... 6678; ... 6677; ... 6675; ... 6676

»Da, es gehen noch ein paar Punkte ...« Stan war plötzlich wieder im Hier und Jetzt und zeigte auf den rasant fallenden Chart. »Wirst sehen!«, prophezeite er, und sein Gesicht glühte vor vorweggenommenem Triumph.

Genau diese Einstellung in Verbindung mit einem Tunnelblick auf den aktuellen Kurs würde in wenigen Minuten ein mentales Desaster zur Folge haben, wusste Philip aus eigener Erfahrung nur zu gut abzuschätzen und fragte Stan daher: »Warum zögerst du nach einem solchen Kursrutsch, die Position zu halbieren? Du musst sie ja nicht ganz schließen, nur halbieren, und bist anschließend ja immer noch im Markt.« Philip hätte die Position nach diesem enormen Kursrutsch – es fand *selbst* auf dem Tickchart nicht mal die klitzekleinste Korrektur statt – schon längst in die laufende Bewegung hinein halbiert. Nach diesem Kursverlauf war sehr bald mit einer größeren Korrektur zu rechnen.

Schön, dachte sich Stan, als der Future mit einem Schlag auf 6656 stand, da lass ich endlich mal Gewinne laufen und dann kommt so ein Spruch daher. *Unfassbar!* Stan wandte seine Aufmerksamkeit wieder dem aktuellen Bar zu. »G-l-e-e-e-i-c-h. Nur noch ein paar Punkte«, meinte er, Philip beruhigen zu müssen.

Zehn Sekunden später:

Name	Position	Traded	P/L Points	P/L	Time (MEZ)	Last Quote	Bid	Ask
FDAX	-4 K	6743,5	+82	+8200 EUR	08:26:12	6661,5	6661,5	6662,5

Zwanzig Sekunden später:

Name	Position	Traded	P/L Points	P/L	Time (MEZ)	Last Quote	Bid	Ask
FDAX	-4 K	6743,5	+71	+7100 EUR	08:26:32	6672,5	6672,0	6672,5

Vierzig Sekunden später:

Name	Position	Traded	P/L Points	P/L	Time (MEZ)	Last Quote	Bid	Ask
FDAX	-4 K	6743,5	+65	+6500 EUR	08:27:12	6678,5	6678,5	6679,0

Eine Minute später:

Name	Position	Traded	P/L Points	P/L	Time (MEZ)	Last Quote	Bid	Ask
FDAX	-4 K	6743,5	+59	+5900 EUR	08:28:12	6684,5	6685,0	6685,5

Philip wusste genau, was Stan gerade dachte: *Ich will den Tiefkurs noch mal sehen. Wenn ich rausgehe, dann Minimum mit dem Plus, das ich eben schon mal hatte …* Dieser Gedanke vom »*Raus ja, aber erst zu einem noch besseren Kurs*« war fast immer der Auslöser eines großen Durcheinanders. So entstand der Albtraum derjenigen Trader, die unbedingt noch mit dem letzten Punkt einen Zweikampf austragen mussten. »Einen Punkt, nur noch einen Punkt …«, lautete deren Mantra, aber dann kam nur zu häufig eben nicht jener herbeigebetene Punkt, sondern der Markt schlug in die andere Richtung um. Im Kopf an diesem Fixpunkt verankert, sah man starr vor Schreck und mit Blei in den Armen zu, wie der Gewinn Punkt für Punkt, Euro für Euro, Dollar für Dollar dahinschmolz.

»Du willst die *56* noch mal sehen, stimmt's?«, fragte Philip.

Ist ja gruselig, dachte Stan. *Woher weiß er … ach egal …*

Name	Position	Traded	P/L Points	P/L	Time (MEZ)	Last Quote	Bid	Ask
FDAX	-4 K	6743,5	+50	+5000 EUR	08:28:22	6693,5	6693,5	6694,5

… Komm! Komm! Komm!

Name	Position	Traded	P/L Points	P/L	Time (MEZ)	Last Quote	Bid	Ask
FDAX	-4 K	6743,5	+45	+4500 EUR	08:28:27	6698,5	6698,5	6699,0

… Oh nein. Bitte. Neeein. Nicht noch weiter steigen! N-I-C-H-T!

Der Markt stand bei 6698, und Stan hatte vor Anspannung vollkommen vergessen, dass seine rechte Hand auf der Maus lag. Der DAX überquerte die 6700 und zog weiter steil nach oben in Richtung von Stans Stopp, der auf dem Hochkurs der vorangegangenen Periode lag.

Name	Position	Traded	P/L Points	P/L	Time (MEZ)	Last Quote	Bid	Ask
FDAX	-4 K	6743,5	+42	+4200 EUR	08:28:40	6701,5	6701,5	6702,5

… *Oh Mann, wäre ich nur vorhin raus. F-U-C-K!*

Name	Position	Traded	P/L Points	P/L	Time (MEZ)	Last Quote	Bid	Ask
FDAX	-4 K	6743,5	+38	+3800 EUR	08:28:59	6705,5	6705,5	6706,5

… *Oh, ich A-R-S-C-H!*

»FUCK. Scheiße …, ich meine …, in Wirklichkeit meine ich: Was macht der Markt denn da?«, stammelte Stan, und während er noch so stammelte, schoss ihm das Blut in den Kopf. Er glaubte förmlich, fühlen zu können, wie gerade lauter Adern und Gefäße und andere bedeutende Dinge in seinem Gehirn zerplatzten. Was aber nicht so schlimm war, da es ja scheinbar sowieso nicht mehr richtig funktionierte.

Diese Gratisvorstellung beantwortete ungewollt die Vermutung, die Philip mit der zuvor angedachten Prüfung von Stans Verständnis bereits ins Auge gefasst hatte: Stan besaß keinerlei durchdachte Vorstellung vom Ablauf des reinen Tickcharts, aus dessen Ursprung der vor ihm ablaufende 10-Minuten-Chart und mit diesem die Idee, *Bewegung* zu handeln, entsprangen. Der DAX-Future beschleunigte, und Philip wusste, dass Stan bei diesem Kursverlauf nie im Leben – und wenn doch, dann nur unter enormer mentaler Anstrengung – die fehlende eine Minute bis zum Periodenende und damit dem ersehnten wie notwendigen Nachziehen des Stopps durchhalten würde. Obwohl Stan sich richtig anstrengte, konnte er kaum Schritt halten. Er prustete und schnaubte und gab stilistisch nicht gerade die beste Figur ab. Stan fühlte sich ungefähr um eine Stunde gealtert, als sein Blick auf die Uhr ihm verriet, dass erst die Hälfte der einen Minute geschafft war und er seinen Stopp immer noch nicht nachziehen konnte. Aufgrund seines fehlenden Verständnisses um die Zeiteinheiten beziehungsweise deren Ursprung kam Stan überhaupt nicht auf die Idee, sich einen kleinen Aufwärtstrend im Tickchart vorzustellen, in welchen sich Philip trotz der Darstellung eines 10-Minuten-Charts jedoch deutlich hineindenken konnte.

Philip erkannte den stechenden Schmerz in Stans Augen und dass er sich bei diesem Trade definitiv noch nicht einen einzigen Augenblick ernsthaft mit der Frage: *Wie darf der Markt verlaufen?* beschäftigt hatte, obwohl er deren Bedeutung kennen sollte. Philip rührte gelassen in seiner Tasse und fragte Stan, ob bei ihm alles okay wäre; dabei schaute er auf den großen

Flachbildschirm an einer der seitlichen Bürowände. Der Ton war abgestellt, aber die Textzeilen am unteren Bildschirmrand versorgten die Trader des Büros, die dies wünschten, den ganzen Tag über stumm mit aktuellen Nachrichten von CNBC.

»Wieso?«, fragte Stan, so kleinlaut wie misstrauisch, zurück. »Was soll denn sein?«

»Du bist krebsrot im Gesicht!«

»Ich … ich werde immer rot beim Traden!« Stan versuchte sich an einem Lächeln, was indes eher eine Grimasse wurde, aber der nervöse Unterton in Stans Stimme entging Philip ebenfalls nicht.

»Sicher?«

»Sicher!«, bekräftigte Stan.

»Wenn du meinst. Was sagt du eigentlich zum *Yen*?«, erkundigte sich Philip und wollte damit für Ablenkung sorgen.

Stan hatte keine Ahnung. Schließlich hatte er den Yen heute noch nicht angeschaut. Aufgrund seiner, fast zwangsläufigen, Fokussierung auf einen einzelnen Markt entgingen ihm die Verläufe der anderen Märkte. Weil er aber trotz seiner mangelnden Kenntnisse ein echter Trader sein wollte, entgegnete er: »Ich glaube, der sieht ganz gut aus.«

»So, so …«

Noch nie hatte Stan sich auf das Ende einer Periode so gefreut wie jetzt. Der Markt war in der letzten Minute wieder um zwölf Punkte gefallen, und Stan würde endlich die Möglichkeit bekommen, seinen Stopp nachzuziehen.

Hätte ich die Position doch nur vorhin geschlossen …

Mein Gewinn ist um mehr als die Hälfte geschrumpft! Wieso nur bin ich nicht früher raus?

»Sicher, dass alles okay ist bei dir, Stan?«

»Alles … herrlich.«

»Supi. Biste bereit?«

»Bereit? Zu was?«

»I-n-n-e-n-s-t-ä-b-e.«

Stan atmete tief durch, um Kraft für seine Frage zu sammeln. »Wann … wann wird das sein, nur so grob?«

»Jetzt!«

Als Stan das Wort »jetzt« vernahm, hörte er auf, auf den Chart zu schielen, und schaute Philip direkt ins Gesicht. »Ja, schon … aber …« Stan starrte wieder auf den Monitor. »Das ist irgendwie gerade total unpassend …«

»Was mach…«, unterbrach ihn Philip, brach dann aber selbst mitten im Wort ab und riss ungläubig die Augen auf, als er Stans Finger sich auf die Tastatur senken und die Stopporder, statt auf das Hoch der Vorperiode vor dem Außenstab, *mitten* in die Chartlandschaft legen sah. »Wir haben I-N-N-E-N-S-T-Ä-B-E. Schließlich handelst du die *Bewegung.*« Philip sprach damit jenes Zusammenspiel, jene Phase an, in der alle gerade auftretenden Bars mit ihren Schlusskursen innerhalb der Spanne eines bestimmten vorhergehenden Bar lagen. Dieser, das Zusammenspiel einleitende, Bar wurde *Außenstab* genannt. Die folgenden Bars nannte man *Innenstäbe,* solange diese Bars diese eine, gerade genannte, spezielle Bedingung erfüllten. Obwohl Innenstäbe sowohl auf Tagesbasis als auch innerhalb eines Handelstages den Handel zu zwei Drittel begleiten, sollte dieses Zusammenspiel nicht mit einer Seitwärtsphase oder einer Tradingrange verwechselt werden. Dennoch galt es, der Lage dieser Bars zueinander besondere Aufmerksamkeit zu schenken.

Stotternd begründete Stan seinen jetzigen wahllos platzierten Stopp damit, dass aufgrund des *enormen* Abstandes zwischen dem Stopp, wenn man ihn *richtig* setzte, und dem aktuellen Kurs es doch viel besser wäre, den Stopp einfach mittig in die letzte Periodenspanne zu positionieren. »So hätte ich meinen Gewinn etwas abgesichert und wäre trotzdem noch im Markt!« *Sch... Innenstab-Geblubber!*

»Mehr fällt dir zu der aktuellen Situation nicht ein?« Philip hatte zwar *vollstes* Verständnis für Stans Zwiespalt, wollte aber durch sein Nachhaken prüfen, ob Stan nicht doch in der Lage war, eine *fachliche Alternative* vorzulegen. Doch Stan schüttelte den Kopf, woraufhin sich bei Philip Enttäuschung breitmachte. Okay, dachte Philip, dann halt erst einige Griffe auf die heiße Herdplatte und zu einem späteren Zeitpunkt die Lektionen...

Als Stan erkannte, dass von Philip keine Unterstützung zu erwarten war, und ihm die stattdessen offensichtliche Ungeduld, mit der Philip seine Stoppsetzung hinterfragte, nicht entging, gab er seine unglückliche Idee verloren. Mit Armen aus Blei wollte Stan, des bemerkenswert locker laufenden DAX ungeachtet, den Stopp zurückziehen. Er hätte seine Mausbewegungen gerne beschleunigt, doch es ging nicht. Es war wie in einem Alptraum, in dem man nicht von der Stelle kam. Er kämpfte und arbeitete und bemühte sich, holte tief Luft und schnaufte und nahm Anlauf und wurde doch immer langsamer. Stan brauchte geschlagene zwanzig Sekunden, um den Stopp zurückzunehmen. Das lag daran, dass er zum einen kaum noch klar denken konnte, zum anderen ums Verrecken nicht wusste, wieso er Philips Anregung nicht gefolgt war und zumindest einen Teil des Gewinns mitgenommen hatte. Der Stopp lag nun am Hoch der Eröffnungsperiode des heutigen Tages und damit 62 Punkte vom aktuellen Kurs entfernt. Vorhin noch 8.000 Euro Profit, die durch Positionsteilung zum Teil hätten realisiert werden können und damit mehr als jeder normal laufende Trade gebracht hätten, und nun ein Stopp ... – der laut Stan *sooo weit weg.*

Philip nahm sein Notizbuch zur Hand, blätterte auf die To-do-Liste mit der Überschrift *Stan* und schrieb: ... *unbedingt mit ihm über den Dreiklang von Trend – Optik – Zeiteinheiten reden.*

Wenige Minuten später, noch innerhalb der ersten *Innenstabperiode*, wurde es Stan eiskalt. Er saß vor den Monitoren, still, frustriert und anscheinend trotz seines tagtäglichen Umgangs mit den Zeiteinheiten aus diesen überhaupt nicht schlau geworden, und musste mitansehen, wie der Markt über den Eröffnungskurs hinweg sauste, seine Position mit insgesamt 700 Euro Minus ausstoppte und anschließend weitere Tageshochs markierte.

Philip merkte, wie Stan das Blut aus dem Gesicht wich. »Alles okay, Stan?« Stan antwortete weder noch rührte er sich. Es war nur Stans Kopf, der nickte, nicht er, dann lehnte er sich zurück und betrachtete abwechselnd den Chart und dann Philip, wobei er schnell blinzelte und einen ganz unerklärlichen Gesichtsausdruck trug. Am liebsten würde er sich jetzt entweder schwallweise übergeben oder verenden. Wäre eigentlich auch eine schöne Spielshow eines dieser privaten Krawallfernsehprogramme: *Trade oder stirb!* Aber Stan war nicht wirklich zum Lachen zumute, sondern vielmehr danach, sich an Philips buntgestreiftes Hemd zu werfen und loszuheulen. Hemmungslos, wie ein Siebenjähriger, dessen Hund im Gartenteich ertrunken war und der gerade zum ersten Mal begriffen hatte, dass eben nicht immer alles wieder gut werden würde. Aber Stan kämpfte stumm mit sich und behielt die Kontrolle, während Philip neben ihm lauerte und ihn so Anteil nehmend wie grimmig betrachtete. Denn das war es ja, was man, und zwar aus zahlreichen Gründen, beim Traden vor allem lernen musste: Demut und Geduld! Aber um das zu erreichen, musste Stan unter anderem begreifen, was es eigentlich bedeutete, Bewegungen unter *Beachtung von Innenstäben zu handeln.* Nur dann würde er erkennen können, dass bei diesem Trade der Fehler nicht in der *Beachtung* der Innenstäbe lag, sondern das optische Verwirrspiel der Zeiteinheiten der Trugschluss war.

Mit dem eben von Stan durchlebten Bewegungshandel hatte Philip in seiner Sammlung einen weiteren Beweis für die *optische Verwirrung*, die durch die Verwendung von Charts und Zeiteinheiten, hier wie auch beim Trendhandel, auftreten konnte. Philip entschied sich, seinen To-do-Liste-Eintrag zum Thema *Stan* zu erweitern:

> *Vorteilhafter scheint es zu sein, Stan noch ein paar Tage im Hinblick auf die Auswirkungen seiner letzten Trades zu beobachten und erst dann über den Dreiklang zu sprechen und damit zu beginnen, konkrete Abhilfe zu schaffen. Zum anderen muss ich zu einem späteren Zeitpunkt unbedingt mit Stan über einen weiteren wichtigen Dreiklang sprechen: Handelsstil & zeitliche Nähe zum Markt & Risiko- und Geldmanagement. Aber alles zu seiner Zeit!*

*

So vergingen einige Handelstage, an denen Philip Stans Trading weiter unter die Lupe nahm. Dabei musste er immer wieder feststellen, dass Stans angespanntes und überspanntes Betrachten der Charts ihn bei jedem Trade komplett überwältigte. Die Augen – eines in Sachen Trading im Grunde ziemlich verwirrendes menschliches Organ, das, einer Hundeschnauze gleich, alles betastete, aber eigentlich Disziplin, Ruhe und Gelassenheit ausstrahlen sollte. Während dieser Handelstage fühlte Philip sich an eine, wieder einmal Bestätigung findende, Vermutung Hofners erinnert, dass anscheinend *jeder* Tradinganfänger eine Art Schallverstärker für das kleine Glück und Unglück in sich trug.

Abends dann, wenn alle Rechner heruntergefahren waren, die Bildschirme nur noch die verblassenden Nachtschatten der Perioden zeigten, sich vom Geflacker der Charts erholten und Stans Körper vor Glückshormonen bebte oder aber sich wie erfroren, wie versteinert, anfühlte, schien es Philip, als könnte er Stans Herz förmlich schlagen hören: hektisch und bedrohlich unrhythmisch.

Eine neue Woche begann, und endlich einmal, um die Mittagszeit herum, bedeckte sich der Himmel. Nicht, dass es dadurch frischer geworden wäre, aber die offene, unbarmherzige Glut der Sonne, die seit Philips Ankunft geherrscht hatte, wich einer stickigen Schwüle, und ein schwächlicher Regen benetzte Bangkok und so auch das Nationalmuseum, in dem Philip gerade seinen Kulturhunger stillte. Während er den legendären Phra Phuttha Sihing musterte, eine üppig vergoldete Buddhastatue, klingelte sein Handy.

»Hallo, Philip! Grüße aus Deutschland …« Es war Hofner, der sich nach Philips Befinden erkundigte. Sie hatten sich etwa zehn Minuten unterhalten, und Philip erklärte Hofner gerade die von ihm bei Stan erkannten Probleme im Trend- und Bewegungshandel, als der Akku seines Handys den Geist aufgab. Das war mal wieder typisch: Globale Kommunikation mangels Saft unterbrochen. Philip ließ das bis zur nächsten Aufladung nutzlose Teil in seine Tasche gleiten und setzte in aller Ruhe seinen Rundgang durchs Museum fort. Nach etlichen weiteren Buddhastatuen, königlichen Bestattungswagen und zahlreichen Pavillons fühlte er sich völlig klebrig vor Schweiß und ziemlich erschöpft. Philip begab sich zurück Richtung Büro. Das schwülheiße Klima machte aber nicht nur Philip schwer zu schaffen, sogar die Straßenköter rührten sich nicht. Japsend und um die Wette hechelnd, lagen sie im Schatten, zu erschöpft, um zu kläffen.

Selbst im Büro ließ die schwüle Hitze des Flussdeltas des Chao Phraya auf den Gesichtern der Trader kleine Schweißperlen auftreten. Doch sie verbrachten gelassen die Stunden hinter ihren Bildschirmen und Tastaturen, in denen sie in das Refugium aus Charts und Zahlen verschwanden, bekleidet mit T-Shirts und im nie enden wollenden Wettstreit mit unzähligen anderen Tradern in ähnlichen Etablissements.

Philip begutachtete gerade den Inhalt des Kühlschranks, als er vom Piepsen seines soeben wieder einsatzbereit gewordenen Handys unterbrochen wurde. Eine SMS von Hofner, die ihm nur kurz mitteilte, dass eine E-Mail an ihn unterwegs war. Philip setzte sich, klappte sein Laptop auf und ging online …

FACHTEIL

DER HÄNDLER

E-MAIL: hofner@yahoo.de
Heute, 09:15 Uhr MEZ
Betreff: Zeiteinheiten und die Versteckspiele von *Bewegung* und *Korrektur*

Hallo Philip,

schade, dass wir vorhin unterbrochen wurden. Aber da an den deutschen Märkten gerade tote Hose herrscht und ich ohnehin während des Tradings viel Zeit habe, anbei ein paar Zeilen. Zu unserem Sorgenkind Stan will ich dir Folgendes mitteilen:

Wie du zu Recht im heutigen Telefonat festgestellt hast, präsentieren die neuen Handelsplattformen mit den unzähligen bunten Knöpfchen, verschachtelten Untermenüs, modernen Indikatoren und sonstigem Klimbim Stan eine sehr komplexe und irgendwie verwirrende Welt. Stan kann sich aufgrund der schnell voranschreitenden Technik und der immer volatileren Märkte daher unmöglich einen häuslichen, Pantoffel tragenden, eher trägen Trader vorstellen, der ohne all das auskommt. Es wundert mich daher kein bisschen, dass unser Bambino – wie du damals auch – in seinem Handelsprogramm ständig auf die Suche nach den tollsten Tricks und Klicks geht und dabei über so allerhand Probleme stolpert.

Es freut mich zu hören, dass du bei ihm schon erstes Problembewusstsein beobachtest und er dich mit vielen seiner noch ungeklärten Fragen konfrontiert. Die bisher von dir berichteten *vier* großen Fragen Stans will ich hier noch mal, genau wie seine *beiden* aktuellen Haupttradingfehler, kurz skizzieren, denn es scheint ein Fazit dazu zu geben. Aber sieh selbst:

Seitdem ich dich damit beauftragt habe, Stan ein wenig unter die Fittiche zu nehmen, hat Stan dich hinsichtlich des *Trendhandels* mehrmals gefragt, welche der *1-2-3s* er aus den unzählig sichtbaren denn auswählen soll. Dabei wird Stan auf seinen Chart gedeutet haben, auf die großen, dann auf die mittleren und zu guter Letzt wiederum auf die vielen kleinen Trends, und, genau wie du damals, wird auch er geseufzt haben: »Welcher ist denn nun bloß der Richtige?«

Außerdem hast du berichtet, dass unser Bambino permanent die Zeiteinheiten seiner sämtlichen Charts ändert. Erst größer, dann kleiner und dann wieder größer. Mal 10-Minuten, mal 7-, dann 20- und 45-Minuten, um dann sofort wieder auf 2-, besser 3-Minuten, zu springen. Dir habe ich in deinen Anfängen genauso irritiert zugeschaut wie du jetzt Stan. Auf meine Fragen nach dem Sinn dieser Änderungen hattest du geantwortet: »Ich weiß noch nicht, welche die beste, die gängigste Zeiteinheit ist. Was ist besser: 10-Minuten oder lieber höhere Zeiteinheiten? Ich habe mal gehört, dass ein 27-Minuten-Chart super sein soll?!«

Diese beiden Fragen lauten in der Übersetzung: »Welches ist denn nun das *signifikante* 1-2-3 und welche ist denn nun die *renditeträchtigste* Zeiteinheit?«, und da erstaunt es mich nicht, dass Stan als Nächstes begonnen hat, dich damit zu löchern, welche über- und untergeordnete Zeiteinheit nun passend zu der von ihm gehandelten Zeiteinheit gehört. Ich habe fast seine Stimme im Ohr: »Ist jetzt der 60- oder doch eher der 35-Minuten-Chart die übergeordnete zu meiner gehandelten 10-Minuten-Zeiteinheit? Oder vielleicht doch besser nur der 15-Minuten-Chart? Und welches ist die beste untergeordnete …? Oh Mann, ich blick' überhaupt nichts mehr!«

Die nächste und vierte quälende Frage drängte sich Stan hinsichtlich des *Bewegungshandels* auf, nachdem er sich in Erwartung eines Megaschubs mehrmals hintereinander an einem *Punkt 2* hat einstoppen lassen, nur, um dann live und traurig dem Ausstoppen seiner Trades auf der Verlustseite beizuwohnen: »Immer diese sch… Fehlausbrüche am *Punkt 2*. Da handelt man schon nur die *Bewegung* und wird nach ein oder zwei Perioden, manchmal sogar noch innerhalb der Einstiegsperiode, wieder ausgestoppt. *Shit!* Wie kann man bloß diese ewigen Fehlausbrüche umgehen …?!«

Darüber hinaus ist er noch nicht gefeit gegen die Versuchung, den Ausgang des aktuell laufenden Bars oder Candles vorwegnehmen zu wollen. »Hilfe, Hilfe, der Markt dreht! Der Candle d-r-e-h-t. Ich muss R-E-A-G-I-E-R-E-N !« Nach deinem Bericht macht unser Bambino das ständig.

Schlussendlich – und wen wundert das bei dem Vorangegangenen – platziert unser Bambino in volatilen Marktphasen, in denen sein Stopp mitunter weit weg vom aktuellen Markt hätte liegen müssen, seinen Stopp, statt überlegt, lieber wahllos in die Chartlandschaft. Motto: »Hauptsache, immer schön nah am Markt!« Und hinterher gibt es Gefluche, weil er aus selbigem sinnlos rausgeschmissen wurde.

Beim Nachdenken über die von dir geschilderten Begebenheiten ist mir aufgefallen, dass bei genauerer Betrachtung all dies ein und denselben Ursprung hat, der aber von Stan bislang lediglich unzureichend verstanden wird. Mein Fazit ist, das will ich an dieser Stelle ausdrücklich betonen, dass sich diese konkreten Fragen und Gegebenheiten, auch wenn es Stan im

Moment noch nicht von selbst ersichtlich sein mag, alle um den Themenkomplex der *Zeiteinheiten* drehen. Um Stan dies begreiflich zu machen, hilft wahrscheinlich am besten, wenn du dir eine Matroschka besorgst und ihm die auf den Schreibtisch stellst. Du erinnerst dich? Diese russischen Holzpuppen, die alle ineinander stecken? Gut. Damit bietest du ihm nämlich die jederzeit greifbare Illustration einer Realität, die sowohl beinhaltet als auch umfasst wird. Genau so ist das nämlich auch mit den Zeiteinheiten. Eine umfasst die andere und wird selbst von einer weiteren umfasst, und so weiter und so fort; es ist prinzipiell vollkommen gleichgültig, wo du dabei beginnst oder aufhörst.

Sobald Stan dieses Konzept beziehungsweise diese Wahrheit wirklich kapiert hat, werden die Fragen und Anfechtungen, denen er derzeit ausgesetzt ist, von ganz alleine aufhören, ihn zu quälen.

Philip, du erinnerst dich: In den ersten Jahren deiner Ausbildung bei uns musste ich dich fast täglich ermahnen: »In jedem Chart steckt ein *optischer Irrglaube.*« Heute hast du mir das durch dein Hineindenken in Stans aktuelle Fehler wieder bestätigt und dein eigenes Fehlverhalten von einst wiederentdeckt: Wenn ich mich recht erinnere, brachte dich ein Großteil deiner damals gesammelten Erfahrungen dazu, rätselhafte Kräfte und Magie am Werk zu vermuten, statt endlich zu erkennen, dass zwischen den *Zeiteinheiten* und deren *Optik* eine direkte Verbindung existierte. In deinem konkreten Fall hieß das, dass du bereits unmittelbar beim ersten Anklicken eines Charts Fehlerquellen erzeugt hast, diese Fehler beim unmittelbaren Trading am Sein erhieltest oder gar verstärkt hast. Deswegen war es notwendig, dein Augenmerk verstärkt auf die visuelle Darstellung von Bewegung und Korrektur zu lenken. Jene Teile eines Charts, die ihn wirklich und wesenhaft machen. Erst in der Folge, mit wachsendem Verständnis dieses Zusammenhangs, konnte dir klar werden, dass die Erzeugung optischer Fehler von dir selbst ausgeht und die allermeisten deiner eingegangenen falschen Trades sowie dein gesamtes anschließendes und meistens unzureichendes Verhalten innerhalb eines Trades direkte Folgen des ersten optischen Fehlers waren. Deren Vermeidung ist es also, was einem Trader – und aktuell nun Stan – am meisten am Herzen liegen muss.

... Sinn dieses Schreibens

In dem Stadium, in dem Stan sich gerade befindet, kannst du mit schnellen Antworten zwar sein Bedürfnis nach Lösungen befriedigen, wirst ihn aber bei falscher Herangehensweise schlecht für seine Zukunft ausrichten. Dasselbe Problem haben beispielsweise Psychotherapeuten: Jeder Patient will nur so wenig Zeit wie möglich opfern, wünscht sich eine

Blitzantwort wie von einem Spielautomaten: Oben wirft man Geld ein und unten kommt eine Lösung für alle Probleme heraus.

Ohne dass ich selbst neben euren Monitoren stehe, kann ich mir trotzdem gut vorstellen, welche Art von Antworten Stan gerne hören würde – sinngemäß wohl solche:

1. »Welcher Trend ist denn nun der signifikante?« – »Aha ... Trends, die Minimum schon 45 Minuten laufen. Supi.«
2. »Welche Zeiteinheit ist denn nun die gängigste?« – »Der 62-Minuten-Chart? So, so, guck an, ich dachte, der 30-Minuten-Chart.«
3. »Welche über- und untergeordnete Zeiteinheit gehört zu meinem 10-Minuten-Chart?« – »Der 33-Minuten- und 4-Minuten-Chart, okay. Danke, Philip, lieb von dir!«
4. »Wie kann ich meine Fehlausbrüche am *Punkt 2* besser umgehen?« – »Ach was ... Am *Punkt 2* erst nach 16:30 Uhr *Bewegung* handeln, die restliche Zeit besser nur *Ausbrüche,* außer donnerstags, dort bereits ab 15:10 Uhr? Super, wäre ich nie drauf gekommen. Danke, dass ich von deinen langjährigen Erfahrungen profitieren darf.«
5. »Wenn der Candle innerhalb seiner Entstehungsphase dreht, was soll ich dann mach...« – »Echt? Ich muss nur warten, bis der Candle 47,4 Prozent seines bisherigen Kerzenkörpers getriggert hat, und dann kann ich den Schlusskurs vorwegnehmen? Geil! Das merk ich mir!«
6. »Ähm, Philip, noch eine Frage wegen der Stopps in volatilen Phasen: Wenn mir der Stopp zu weit weg ist, da kann ich doch sicherlich den Stopp auch einfach ranziehen, oder?« – » ... Ich muss nur sehen, dass ich mindestens 23 Punkte vorne liege? Ja klasse, dann mache ich das. Cool! Vielen, vielen Dank.«

Alle Antworten, die du Stan über das hinaus gibst, was er zu hören erwartet, wird er für ein durchgeknalltes Fachsimpelgeschwätz halten, da aus seiner Sicht – und das ist das Interessante – die Signale *innerhalb des Charts* auftauchen und für ihn deshalb das Thema *Zeiteinheiten* nur das *kleinere* Puzzle innerhalb seines Gesamtbildes darstellt. Von dir habe ich damals an gleicher Stelle zu hören bekommen: »Der Trend- und Bewegungshandel vor und am *Punkt 2* ist eine gute Story mit einer starken Pointe – warum dann irgendwelches Kauderwelsch über Optik? Lasst uns lieber nach höheren Dingen trachten, sag mir einfach nur fix die Antworten und fertig ...« Was du also hören wolltest, waren noch bessere Einstiege oder – wenn es hoch kam – noch tollere Stopplogiken. Kurzum: Auch für dich war der Chart damals nur Beiwerk, nur die Bühne, auf deren Boden das eigentliche Theaterstück – sprich: die Signale – gespielt wird. Deshalb möchte ich dir zur Beantwortung von Stans Fragen einige Tipps mit auf den Weg geben.

… Grundproblem

Wie von dir richtig festgestellt, kann Stan in seinem derzeitigen Kenntnisstand gar nicht anders, als das rein grafische Verhalten von *Bewegung* und *Korrektur* – dies darf nicht mit der markttechnischen Begründung verwechselt werden – und die sich ewig wiederholende Gestalt dieser beiden – sprich: die sich ständig neu bildenden und vergehenden Trends – fehlzuinterpretieren und daher falsch zu bewerten.

Genau wie du früher, glaubt Stan heute, dass er mit einer neuen Zeiteinheit auch einen neuen Chartinhalt zur Verfügung gestellt bekommt. Stan fasst höhere oder tiefere Zeiteinheiten als die von ihm ursprünglich gewählten als eine Art zweites Universum auf – als ein alternatives Raum-Zeit-Kontinuum nach dem Motto: Tagestrader traden den Tageschart, Daytrader den 10-Minten-Chart und Heavy Trader den Tickchart. Nachts im Bett weiß er zwar, dass alle denselben Markt traden, aber vor seinem Chart glaubt er trotzdem, jeder mache sein eigenes Ding und bleibe von den anderen unbeeinflusst. Daher ist für unseren Bambino eine neue Zeiteinheit nicht nur ein anderer, sondern ein auf wundersame Weise *verwandelter*, ein *vollkommen neuer* Chartaufbau.

Durch Stans aufgeworfene Fragen wird offensichtlich, dass er vom wesentlichen Kern des Dreiklangs *Trendaufbau & Zeiteinheiten & visuelle Darstellung* eine völlig falsche Vorstellung besitzt. Stan betrachtet den überlebensnotwendigen Zusammenhang nur oberflächlich, ohne diesem Tiefgang zu verleihen. Warum auch? Für ihn steht dieser Dreiklang – wie bereits erwähnt – in keinem direkten Zusammenhang zum Thema *Ein- und Ausstiegssignal.*

Auch du hast lange Zeit ähnliche Positionen vertreten, hast Ausführungen zu Zeiteinheiten und deren Darstellungsweise als sinnloses Gelaber abgetan, weil: »Es ist doch alles klar: 10-, 60-Minuten-Chart … *laber, laber* …, was soll ich dazu großartig noch lesen?!«, und sahst solche Ausführungen als sinnlose Knechtschaft, mit dem Resultat, dass du die mentalen und monetären Konsequenzen daraufhin deutlich zu spüren bekamst.

Stan ist folglich eine der Grundwahrheiten des Traderdaseins noch unbewusst, die da lautet: »Ein rein optisch arbeitender Trader verfügt über einen natürlichen Hang zur Selbstverarschung!« Möglich, dass Stan zwar die Handelstage der kommenden Monate überleben wird; ein wirklich und vollständig in sich ruhender Trader aber kann er nicht sein, da sein Irrglaube und seine orthodoxe Sichtweise, ein Chart und dessen Zeiteinheiten seien jeweils eigene feste Konstrukte, dies nicht zulassen werden. Er erkennt noch nicht, dass ein Chart, allein durch seinen Aufbau und seine damit verbundene Beschaffenheit, ein optisches Verwirrspiel mit Grenzen und Beschränkungen widerspiegelt. Je nach eingestellter Zeiteinheit und Größe der

Darstellung eines Chart kann es geschehen, dass *Marktverläufe* »verbogen«, »versteckt« oder, noch schlimmer, »aufgeblasen« werden. Ohne dass er es ahnt, wird es für Stan immens wichtig zu verstehen, dass er zu jedem Zeitpunkt – vor und während eines Trades – zu den *Marktverläufen* »durchdringt«. Stan muss es schaffen, den Chart nicht nach seinem Äußeren zu beurteilen – es muss ihm gelingen herauszufinden, was *in* ihm steckt.

... Trader, ein digitaler Zeichenkünstler?

Stan ist nicht nur ein angehender Händler, zumindest in der Welt der technischen Analyse muss er sich stets als eine Art *digitaler Zeichenkünstler* und Architekt verstehen. Er handelt mit seinen Augen, durch sie erfährt er die Charts und die Börsenwelt und baut auf die so gewonnenen Informationen seine Interpretation von Trades auf. Darum ist er – unabhängig von den Parametern eines wie auch immer gearteten Regelwerks – selbst ein Teil dieses Regelwerks.

Infolgedessen lautet die alles überspannende Einsicht, die sich hinter dem Thema *Chart & Zeiteinheiten* verbirgt: Welchen Chart auch immer wir benutzen, gleich, ob zeitbasiert oder auf anderer Basis (beispielsweise Point & Figure), der Chart fungiert bloß als Hilfsmittel, dessen Funktionsweisen nicht nur nicht eingeschränkt sind, sondern sogar willkürlich angewendet werden dürfen. Ja, sogar werden müssen! Stan benötigt folglich ein besonderes optisches Verständnis, um sich von den Zeiteinheiten als dogmatischer Arbeitsgrundlage zu lösen.

Kannst du dich, lieber Philip, noch an meine damaligen Worte erinnern? Falls nicht, frische ich hiermit dein Gedächtnis gerne noch mal auf: »Wenn das Verständnis für die Entstehung eines Charts nicht deine eigene optische Sichtweise heranreifen lässt, dann wirst auch du als Trader nicht heranreifen. Ein – egal wie geartetes – Trading ohne tiefgreifendes Verständnis der Zeiteinheiten ist unvollständig. Ein Teil, herausgenommen aus einem Ganzen.«

Eine Frage: Kennst du Kippbilder, auch Vexierbilder genannt? Eine faszinierende Sache, für Kinder wie für Erwachsene. Nehmen wir beispielsweise nebenstehendes 🗀 Bild 1[2] . Einer sieht nur einen Baum, andere einen Männerkopf, wieder andere eine Mehrzahl von Männerköpfen. Anhand eines so einfachen Bildes wird deutlich, wie sehr wir alle – ob klug oder dumm, ob groß oder

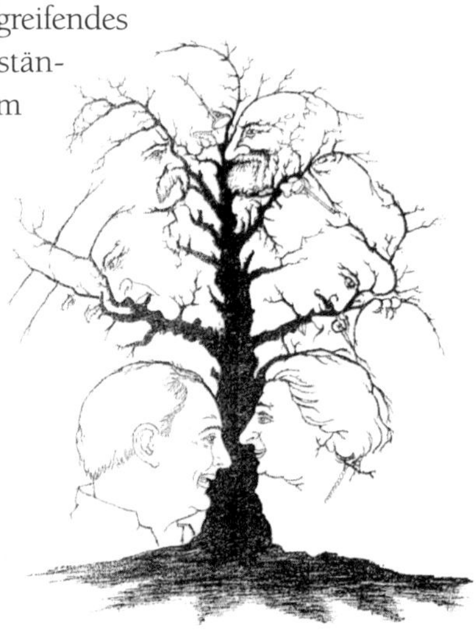

🗀 Bild 1

[2] Bildquelle-Buch: Optische Illusionen von Martin Simon

Knirps, ob reich oder arm, ob langfristiger Anleger oder Heavy Trader, der am Tag tausend Trades durch die Märkte schaukelt – einzig und allein durch Interpretation bestimmen, was wir wahrnehmen.

Stan begreift noch nicht, dass der Börsenhandel genau solch ein Kippbild ist: Während der eine Trader sein komplettes Konto darauf setzt, dass der Markt hier und jetzt steigt, entdeckt ein anderer Trader etwas gänzlich anderes und würde Haus und Hof darauf verwetten, dass gerade ein Crash bis auf die Nulllinie bevorsteht. Und neben der Frage »Wo geht der Markt hin?« reflektiert das ganze Thema *Zeiteinheiten* die grundlegenden Eigenschaften eines Kippbildes. Wie wir gleich merken werden, verleiten genau diese Eigenschaften sehr leicht zur falschen Anwendung, und zwar sowohl in optischer als auch in mentaler Hinsicht.

… Landschaftszeichner sind die besseren Trader

Jeder Trader, der auf einen Chart starrt, betreibt im einfachsten Sinne Optik: Er betrachtet ein Bild. Ein sich bewegendes, dynamisches noch dazu. Als Einführung in die Lösung von Stans Problemen könnte daher ein Landschaftszeichner dienen. Dieser wäre zwar ausnahmsweise mal kein Trader, würde aber einen sehr guten Lehrer zu dem aktuellen Thema abgeben. Ein Landschaftszeichner fällt durch seine besondere Fähigkeit auf: Er vermag die Natur oder die Städte, die er zeichnet, so zu Papier zu bringen, dass wir, sobald wir seine Bilder mit der Wirklichkeit vergleichen, die Stellen wiedererkennen können, an denen sie entstanden. Wenn wir ein Bild in einem Museum betrachten, soll es genau so aussehen, wie wir es in Wirklichkeit sehen würden. Seine Bilder sind also *echte* Abbilder der Wirklichkeit. Andere Zeichner hingegen reizte es dagegen, bei ihren *Abbildern* die Perspektiven zu verschieben. Weltbekannt hierfür ist beispielsweise M. C. Escher. Dieser rückt Fernliegendes in den Vordergrund und schiebt Naheliegendes weit zurück oder er lässt den Betrachter am selben Punkt gleichzeitig Höhe und Tiefe erleben. Kurzum: Er spielt mit dem, was man *Perspektive* nennt. Tipp: Mit Eschers Bildern solltet ihr euch beide unter den Aspekten meiner Ausführungen ruhig mal beschäftigen! Um aber dem Betrachter einen wie auch immer gestalteten räumlichen Eindruck zu verschaffen, müssen beim Zeichnen eines Bildes einige Regeln Beachtung finden.

Ich will dir selbstverständlich hiermit keinen Zeichenkurs geben, und auch ein Trader betrachtet ja kein räumliches Bild, aber – und damit sind wir beim Hauptgedanken dieser Zeilen – jeder uns gegönnte Tradingtag ist im Ergebnis ein intellektuelles Verwirrspiel mit optischen Dimensionen und Perspektiven, welches einem Trader die Gewohnheiten und Grenzen unserer Sinne vor Augen führt. Folglich kann erst die Frage »Was ist *Wirklichkeit* und was ist *Abbild?*« uns davon befreien.

»Was ist die Wirklichkeit eines Charts?« Selbst unser Bambino wird nach einiger Stotterei sicherlich die Antwort liefern können: die Time-&-Sales-Liste. Diese Antwort ist zwar richtig, aber unser kleiner Stotterer hat dazu Folgendes noch nicht begriffen: Alles an einem Chart – seien das nun die Darstellungsweisen von Zeiteinheiten[4], also zum Beispiel ein Tages-oder ein 10-Minuten-Chart, ist lediglich eine *Abbildung* der Wirklichkeit, ein Hilfsmittel, eine Art optische Zusammenfassung sozusagen, und gleicht einem gemalten Bild, welches die wahre Landschaft jedoch nur subsumiert, ihm als dem betrachtenden Trader aber das Gefühl vermittelt, vor Ort anwesend zu sein.

Das heißt, mit Zeichnungen werden aus realen Welten, genau wie aus der Time-&-Sales-Liste durch einen Großteil unserer Charts, – ich nenne es vorab einfach mal – irreale »Scheinwelten«. Das bedeutet in beiden Fällen, dass Merkmale bestimmter Gegebenheiten sowohl in den Bildern als auch in den Charts zwar erhalten bleiben, doch deren Formen so verändert erscheinen können, dass zwischen Wirklichkeit und Abbild auf den ersten Blick kein natürlicher Kontext mehr existiert.

Zurück zu unserem vorhin erwähnten Zeichner Escher: Escher versucht, durch seine Bilder auf unterschiedlichste Weise die *Unendlichkeit* zu erfassen, und gibt dem Betrachter das Gefühl, die Figuren und Objekte würden im Bild verschwinden. Diese Botschaft soll den Betrachter fesseln, ihn mit dem komplexen Thema der *Unendlichkeit* bewusst konfrontieren und – jetzt kommt es – seine *Fantasie* anregen.

Jetzt aber wieder zurück zum Börsenhandel, lieber Philip: Ist es bei Stan nicht auch so, wenn er einen Chart betrachtet? Nur dass Stan sich noch nicht gefragt hat: »Will ich meine *Fantasie* beflügeln und *Kreativität* ausleben oder will ich traden?« Fakt ist jedenfalls eines: Beides zusammen – und damit endet die Ähnlichkeit mit der Malerei – ist im Trading nicht machbar. Genau das ist der Nährboden, aus dem seine sechs Fragen emporsprießen, auch wenn Stan dies noch nicht bewusst ist: Er will trotz der Unendlichkeit der Interpretationsmöglichkeiten eines Charts und der vielfältigen Möglichkeiten einer Chartdarstellung *auf die Schnelle* genau dort einen Anhaltspunkt finden.

Somit scheint, wie du in den kommenden Zeilen noch deutlicher registrieren wirst, der erwähnte Vergleich mit einem Kippbild eine schöne Ausgangsbasis für die »Heilung« für das von dir bei Stan beobachtete Verhalten zu sein. Wäre doch klasse, wenn Stan es schafft, so schnell wie möglich zu erkennen, was Wirklichkeit und was Abbild ist. Denn die technische Analyse im Allgemeinen und die Markttechnik im Speziellen muss stets als der Versuch gelten, hier *beides,* mithin Wirklichkeit und Abbildung, zu denken und damit auch zu sehen.

[4] Siehe Erläuterungen ab Seite 152

Nachfolgend möchte ich dir noch ein paar weitere Tipps zu Stans Fragestellungen geben. Du erhältst diese allerdings in einer etwas anderen Reihenfolge, als du vielleicht erwartest. Du wirst erkennen, dass sich auf diese Art die Antworten sinnvoll ergänzen, da jede neue Antwort die vorangegangene Frage beinhaltet beziehungsweise auf dieser aufbaut. Ich beginne mit den Fragen zum Trendhandel, bevor ich dann auf diejenigen zum Bewegungshandel übergehe.

Trendhandel: »Welche der vielen Trends in meiner Zeiteinheit soll ich denn nun handeln, Himmel-Arsch-und-Zwirn?«

… warum in Feindschaft leben?

Woher rührt eigentlich die Vorstellung, das *richtige* 1-2-3 zu suchen und mit dem Rest der anderen 1-2-3s in ewiger Feindschaft leben zu müssen? Wie in meinen ersten Zeilen bereits erwähnt, hat Stan noch nicht verstanden, dass jeder Chart – genau wie jeder Trade, mit dem der Trend gehandelt werden soll – von vornherein aus einem existenziellen optischen Labyrinth aus Bausteinen ineinander verschachtelter *Bewegungen* und *Korrekturen* aufgebaut ist. Solange Stan sich nicht aus diesem Labyrinth befreit, wird sein Trendhandel über die Qualität des Versuchs, Irrlichter zu erhaschen, nicht hinauskommen. Dazu muss Stan allerdings zuerst kapieren, woraus dieses Gefängnis besteht. Dies wiederum erfordert eine nüchterne Bewertung dessen, was Zeiteinheiten mit den endlos langen Kursstellungen einer Time-&-Sales-Liste anstellen. Sollte Stan dies nicht nachhaltig verstehen, droht er, früher oder später in einer Krise zu versinken. Ihm werden die in den Zeiteinheiten sichtbaren Trends Tag für Tag rätselhafter, ja mitunter geheimnisvoller und schwerer definierbar vorkommen, wenn er nicht von seiner Überzeugung ablassen kann, dass markttechnisch *definierte Trends* stets mit bilderbuchhaften, wenn nicht gar göttlichen Verläufen auf einem Chart zu erscheinen haben.

… kurzer Rückblick

Die markttechnische Grundwahrheit eines Trends schließt – so sie richtig verstanden wird – den naiven Standpunkt aus, dass verschiedene Zeiteinheiten unterschiedliche Inhalte vermitteln. Wie soll das auch gehen? Markttechnischer Handel ist vielmehr eine Feier des Orderbuches und damit des Wissens, dass jede Zeiteinheit ihre Inhalte von der Time-&-Sales-Liste beziehungsweise deren grafischer Abbildung, dem *Tickchart*, geerbt hat und nur die Existenz dieser Time-&-Sales-Liste für das Entstehen von Zeiteinheiten verantwortlich ist, deren kleinste und ursprünglichste Einheit der

Tickchart bildet. Oder anders, treffender ausgedrückt: Da Darstellungen in den Zeitebenen nicht börsenseitig von Haus aus geliefert werden, werden diese vom Computer lediglich entsprechend *»vorgegaukelt«*.

Dieser Grundzusammenhang ist erfahrenen Tradern bei jedem Blick auf einen wie auch immer sich darstellenden Chart im Großen und Ganzen bewusst, wohingegen unser Bambino dies, genau wie du in deinen Anfängen, lieber Philip, noch nicht in seiner Tiefe verinnerlicht hat. Und dadurch, dass er nur *das* bewertet, was optisch visualisiert, also ihm sichtbar ist, legt er den Grundbaustein dafür, dass er, sowohl aktuell als auch in seiner bisherigen wie weiteren Tradinggeschichte, von von der Wirklichkeit ziemlich abweichenden exotischen Interpretationen seiner Charts und damit von den Trendverläufen beeinflusst wird.

Eine *schnelle* Antwort auf Stans Frage: »Welchen Trend nehme ich denn nun jetzt in meiner Zeiteinheit?« müsste dementsprechend lauten: »Nimm doch, welchen auch immer du willst!« Stan muss sich vorab lediglich zwei Fragen stellen: zum einen, ob der ausgesuchte Trend in seinen Ausmaßen zu seinem Portemonnaie passt, denn schlussendlich deklariert die Höhe der letzten Korrektur das Risiko eines bevorstehenden Trendhandels: große Trends beispielsweise 200 bis 500 Punkte, kleine Trends beispielsweise 15 Punkte, was sich natürlich im Verlaufe des Trends ändern kann. Zum anderen muss er klären, ob die Größe des Trends zu der von ihm hier gewidmeten Zeit passt: Große Trends, deren Korrekturen sich über mehrere Stunden, Tage, mitunter Wochen hinziehen können, bedürfen insgesamt einer geringeren Aufmerksamkeit als Minitrends, welche in ihrer Gesamtheit vielleicht knapp eine Stunde andauern und bei denen Korrekturen fast schon in Sekunden messbar ablaufen. Dass bei einem kleineren Trend mithilfe des »großen Radarbildes« vorab die Frage beantwortet werden muss, ob dieser innerhalb des übergeordneten Trends die *Bewegung* signalisiert, damit der anvisierte Trend a) eine lange Lebensdauer und b) durch das hohe Momentum einen sauberen Verlauf aufweist, ist eine der so grundlegenden Überlegungen und Vorgehensweisen, dass du Stan ohne Tipps von mir auf den rechten Pfad führen kannst und daher vermutlich – und nach meiner Einschätzung deiner Fähigkeiten vollkommen zu Recht – ernstlich beleidigt wärest, würde ich über das bereits Gesagte hinaus unsere Zeit verschwenden. Kurzum: Die gesamte Betrachtung setzt dies *generell* voraus.

... was hat denn ein *Trend* mit dem Thema *Zeiteinheiten* zu schaffen?

Also, auf den Punkt gebracht: Stans Fragestellung nach dem auf seiner Zeiteinheit *richtigen* Trend löst sich, sobald er sich über einen sowohl zu seinem Konto als auch zu der von ihm zu opfernden Zeit passenden Trend klar geworden ist, in jenem Moment in Schall und Rauch auf, in dem er nur noch peinlichst genau darauf achtet, ob die optische Darstellung zu dem von ihm definierten Trend passt.

In Bild 2 und Bild 3 hierzu ein Beispiel: Beide skizzieren denselben Ausschnitt eines 60-Minuten-Charts, stellvertretend für alle anderen darüber und darunter liegenden Zeiteinheiten. In Bild 3 habe ich darin nur drei möglicherweise bevorstehende Trends markiert. Wir gehen mal davon aus, dass der Einstieg am Durchbruch durch den *Punkt 2* erfolgt.

Bild 2

Bild 3

Hätte Stan diesen Chartverlauf auf seinem Bildschirm, dann würde euer Gespräch vermutlich ungefähr so ablaufen:

»Ja, welchen der Trends dieses 60-Minuten-Charts nehme ich denn nun? Den großen, blau dargestellten?«

»Okay, darfst du. Diesen zu handeln, bedeutet viel Freizeit, diese wird aber, durch den notwendigen Verlustbegrenzungsstopp am *Punkt 3*, erkauft durch einen eventuellen größeren Griff ins Konto.«

»Aha, also vielleicht lieber den grünen Trend?«

»Okay, den darfst du auch handeln. Diesen zu handeln, bedeutet etwas weniger Freizeit als beim blauen, da die überlebensnotwendigen Korrekturen in schnelleren Abläufen erscheinen werden, im Gegenzug dazu aber auch einen etwas weniger großen Griff ins Konto, wenn der Markt plötzlich gegen dich läuft.«

»Mhm. Also besser den gelben? Der ist schön klein und hat somit ein viel geringeres Risiko. Ich verliere doch *sooo* ungern Geld.«

»S-T-O-P-P, den darfst du *hier* nicht handeln!«

»Also, jetzt verstehe ich gar nichts mehr! Erst heißt es, ich soll mir einen Trend überlegen, den ich handeln will, und dann, nachdem ich die beiden großen wegen des mir zu hohen Risikos aussortiert habe, darf ich den kleinen gelben, wo mir das Risiko besser passt, *hier nicht handeln*? Das heißt also, das ist gar kein Trend? Also haben Trends *doch* was mit den Zeiteinheiten zu tun?! Na, wenn nur die beiden großen Trends übrig bleiben, nehme ich halt den grünen.«

Deine Antwort: »Diesen Trend darfst du auf *diesem* Chart *nicht* handeln!«, wird bei Stan also das klassische Missverständnis erwecken: »Ah, dieser gelbe Trend *gehört nicht* auf meine Zeiteinheit. Daher lasse ich diesen mal besser sein und nehme zähneknirschend den blauen oder den grünen Trend, denn *diese* passen zu meiner Zeiteinheit.« Ob dieser Gedanke richtig oder falsch ist, kann Stan nicht beurteilen, aber er wird deine Worte so deuten, als gäbe es für jede Zeiteinheit *eigene* Trends, was daraufhin eine Suche nach Trends mithilfe der Suche in den verschiedenen Zeiteinheiten verursachen könnte.

Du musst Stan folglich unbedingt verdeutlichen, dass er natürlich auch den gelben, also den kleinen und auf den ersten Blick kaum sichtbaren, Trend handeln darf, er aber im Verlauf dieses Trades mit höchster Wahrscheinlichkeit dem *optischen Verwirrspiel* des Chartaufbaus erliegen wird. Wie würde das angefangene Gespräch also weiter verlaufen?

»Du willst also den gelben Trend handeln?«

»Na klar, da verliere ich nicht so viel, wenn es schiefgeht. Aber ich darf ja nicht, hast du doch gerade eben gesagt.«

»Nö, ich habe nicht gesagt, *du darfst nicht*. Meine Worte lauteten: Du darfst *hier* nicht! Schalte doch mal runter auf 30-, besser noch auf 10-Minuten!«

»Ja, aber ... ich will doch gar keine 10-Minuten-Charts handeln. Du hast doch gesagt, ich soll mir eine Zeit aussuchen, die zu mir passt! Und dauernd an mir rumgemault, dass ich *willkürlich* die Zeiteinheiten wechseln würde. Und was ist das jetzt? Na, auf *dieee* Erklärung bin ja mal sehr gespannt!«

Spätestens hier höre ich dich aufstöhnen und gequält fragen: »Bambino! Junge, was hat denn das Thema *Trend* mit dem Thema *Zeiteinheiten* zu schaffen?«

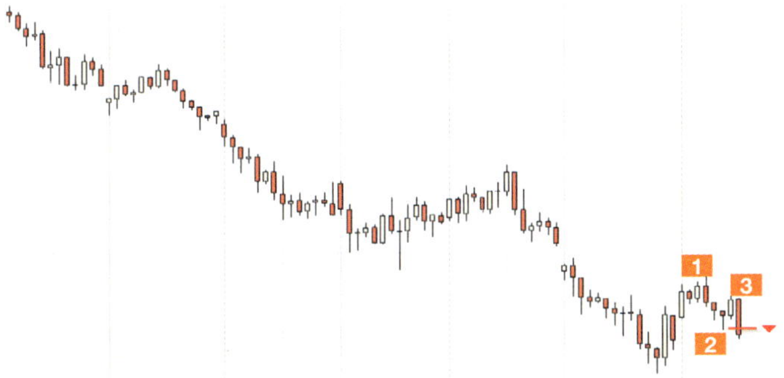

🗀 Bild 4

Damit klarer wird, worauf ich hinaus will, schauen wir uns am besten 🗀 Bild 4 an. Dieses veranschaulicht einen Abwärtstrend, ob auf einer Zeiteinheit von 60- oder 10-Minuten ist hier nicht weiter wichtig, und ein markiertes kleines 1-2-3, das lediglich eine einzige kleine weiße Korrekturperiode aufweist.

Auch du, lieber Philip, hast den Trendhandel lange Zeit *nicht* als Kippbild betrachtet und daraufhin jedes gerade noch so sichtbare 1-2-3 gehandelt, frei nach dem Motto: »Schön *preiswert* ist dieser Trend ja allemal.« Also hast du auch so was wie den in 🗀 Bild 4 markierten Trend gehandelt, und, obwohl es so banal ist, lieber Philip, hast auch du lange Zeit gebraucht, um wirklich zu verinnerlichen, dass der hier markierte kleine, dennoch sichtbare Abwärtstrend in diesem Chartbild eher *zufälligerweise* sichtbar wurde und dementsprechend nicht davon ausgegangen werden darf, dass die Größe solch eines Trends auch *weiterhin* sichtbar bleibt. Das nächste Schema wird uns dies demonstrieren.

… viele Trades werden an der gänzlich falschen Stelle beendet

Betrachten wir nun 🗀 Bild 5: Hier ist, über den Chartverlauf von 🗀 Bild 4, das kleine 1-2-3 durch den weißen Ausschnitt zusätzlich nochmals *deutlich* hervorgehoben. Die drei breiten, rot und grün angedeuteten, Perioden unterstreichen schematisch die Darstellung des weiteren Verlaufs nach einer Positionseröffnung in diesem Chart: zwei fallende und eine stark, sogar über den Einstiegspunkt hinaus, ansteigende Periode. Letztere rutscht selbst über den *Punkt 3* des kleinen markierten Trends und löst den dort wartenden Verlustbegrenzungsstopp aus. Innerhalb der breiten Perioden ist als rote Linie zur Verdeutlichung der tatsächliche Verlauf – ich nenne es mal *Urablauf* – der Time-&-Sales-Liste, sprich: der Tickchart, eingezeichnet. Die Darstellung des kleinen Marktrauschens wurde jedoch geglättet, damit das Gesamtbild klarer hervortritt.

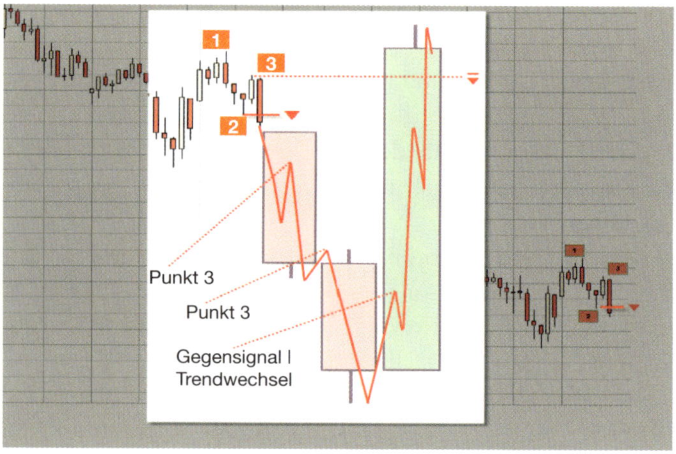

Bild 5

Noch mal: Auch von dir wurden solche kleinen 1-2-3s wie in Bild 4 ständig gehandelt. Gleichwohl, ohne dass du die nachfolgend auftretenden Korrekturen, welche sogar *häufig größer* waren als diejenigen, mittels derer du deinen Einstieg (Korrekturhöhe des 1-2-3) definiert hast, als solche identifiziert hättest. Da der weitere Trendverlauf innerhalb der weiteren, vom Computer nach deinen Vorgaben optisch zusammengefassten, Perioden verschluckt wurde – siehe schematische Candlesticks in Bild 5 –, blieb dieser nicht nur von dir unbemerkt, sondern häufig entstanden sogar Gegensignale – sprich: ein gegenläufiger Trend, der in seiner Deutlichkeit deinem Einstiegs-1-2-3 in nichts nachstand. Auf die durch die beiden oberen gepunkteten Linien angezeigten *Punkte 3* hättest du also deine Stopps nachziehen können und müssen (!) und wärest so mit einem Gewinn- statt mit einem Verlusttrade nach Hause gegangen.

Für unseren Bambino sieht die Welt momentan nicht anders aus: Er handelt für seine betrachtete Zeiteinheit viel zu kleine Trends, starrt auf seinen Chart, bleibt in seinen Positionen kleben und wartet darauf, dass doch »Himmelherrgott, endlich ein sch… neuer *Punkt 3* entsteht«, denn er »will endlich den Stopp auf den nächsten lokalen Korrekturpunkt N-A-C-H-Z-I-E-H-E-N«. Dabei entgeht ihm, dass er bereits *mittendrin* steht. Angesichts seiner ausgestoppten Trendtrades, der langen, schleichenden Schmerzen eines erneut »ach so unglücklichen Verlaufs« mag *diese* Zeiteinheit, auf welcher der Trend für ihn sichtbar und gehandelt wurde, in Stans Augen leicht den Anschein erwecken, *dieser Trend habe versagt*. In seinen Augen war dieser Trend ein undurchschaubarer Betrüger, mit Sorgen und Nöten beladen, in dessen weiterem Verlauf – siehe Schema von Bild 5 – der am markierten *Punkt 3* schlummernde Stopp drei Perioden später seinen schmerzhaften Auftritt bekommt. Mit der Idee des Kippbildes vor Augen betrachtet, sieht dieser Trade indes so aus: Zwischenzeitlich hätte Stan den Stopp bereits zweimal nachziehen können und müssen (!) und den Markt beim Auftreten des Gegensignals (Durchbruch durch das mit der dritten gepunkteten Linie markierte lokale Hoch innerhalb der grünen Periode) verlassen können. Dies ist ihm jedoch, genau wie dir früher, aufgrund der optischen Darstellung *verborgen* geblieben.

Es wird demzufolge dringend notwendig, dass Stan innerhalb des Trendhandels die Zeiteinheiten stets als Kippbilder erachtet. Sollte er einmal das zweite, »das gekippte«, sprich: nicht zusammengefasste Bild gedanklich nicht nachvollziehen können, so hat er im Trading – anders als im ursprünglichen Kippbild aus Bild 1 (Baum und Männerköpfe) – *immer* die Chance, sich ein besseres, ein detaillierteres Bild aufzurufen. Allein muss Stan dazu, statt Charts lediglich zu observieren, die Zeiteinheiten in ihrer wahren Bedeutung nutzen. Die Lösung liegt, wie so häufig im Trading, nur einen Mausklick entfernt.

Damit er das wirklich verinnerlicht, musst du Stan zwingen, mehrere Tage, besser Wochen, seine Trends zwar mit den in der übergeordneten Zeiteinheit fixierten Signalen zu handeln, für die Überwachung seiner Trades jedoch von vornherein nur noch viel kleinere Zeiteinheiten heranzuziehen – genügend geladene Datenhistorie vorausgesetzt. Stan wird lernen, dass er auch so die übergeordneten Trends betrachten und sich gleichzeitig in die Darstellungsweise eines Charts mit zeitlich zusammengefassten Perioden hineindenken kann. Wenn Stan anhand dieser Handelstage zu einer befriedigenden »optischen Sichtweise des Marktes« gelangt, er mithin die Kippbilder mit *einem* Blick erkennen kann, wird ihm über die kommenden Wochen und Monate immer besser bewusst werden, warum wir zwischen dem Funktionellen eines Stopps und der optisch zusammengefassten Chartdarstellung des Marktes im Trendhandel *grundsätzlich* trennen müssen. Sprich: Im Trendhandel kann, nein, *muss* Stan des …fteren in die kleinere Zeiteinheit wechseln, auch wenn er – derzeit noch unbegründeterweise – das Gefühl hat, dann ja nicht mehr *diesen,* sondern einen »irgendwie *anderen«* Trend zu handeln … ☺ An diesem Gedanken hattest du, wenn du ehrlich bist, während deiner Anfänge auch eine ganze Zeit zu knabbern.

Auf den Punkt gebracht: Wir müssen verhindern, dass Stan deswegen »kleine Trends auf hohen Zeiteinheiten« handelt, weil er mit den »kleinen Trends« den *großen Griff* ins Portemonnaie umgehen will, aber durch die Wahl der »hohen« Zeiteinheit zum einen an eine höhere Signalwertigkeit glaubt und zum anderen den ersehnten »Abstand« zum Markt registriert.

Sobald Stan das Schema aus 🗀 Bild 5 verinnerlicht hat, wird er begreifen, weshalb beim Trendhandel keine Wertigkeit im Sinne von *besseren* oder *schlechteren Trends* innerhalb eines Charts existiert. Sofern es unserem Bambino gelingt, der optischen Täuschung *zeitlich* zusammengefasster Charts zu entrinnen, kann er »Ja« zu *jedem* Trend sagen. Natürlich immer vorausgesetzt – aber das ist hier gerade nicht Gegenstand –, dass dieser Trend in sein Gesamtbild passt und Stan damit nicht »Kühlschränke in der Antarktis« (siehe unseren letzten Briefwechsel[5]) verkauft.

Dementsprechend gilt es zusammenfassend zu konstatieren, dass durch das erforderliche Arbeiten *mit* den Zeiteinheiten jeder Trend optisch klar sichtbar gemacht werden kann und dass bei Nichtbeachtung der optischen Kippbilder so mancher Trendhandel in einem *totalen* Desaster enden wird.

Handel der Bewegung: »Immer diese gottverdammten Fehlausbrüche am *Punkt 2* ...«

Hätte ich bei dir damals eine Umfrage zu deiner Nervenzusammenbruchsskala gestartet, hätte *Handel der Bewegung* am *Punkt 2* ganz weit oben rangiert. Ich weiß, du wirst nicht gerne daran erinnert, denn all das brennt immer noch im kleinen Philip-Herzchen. ☺ Genau wie Stan heute, dachtest du damals vor dem *Punkt 2* immer, du gewinnst Minimum einen Oscar oder wirst Börsenpräsident. Wie aber sah das Resultat aus? Tausende Euro minus. *Au Backe!* Einer ist halt immer der Loser – am *Punkt 2* warst das komischerweise ganz oft du –, und von dir war ständig zu hören: »Scheiß-Dreck-Herrgott, schon wieder nur eine Verarsche ...« Aber auch bei dem Erlebnis eines echten Durchbruchs durch irgendeinen, warum auch immer als relevant erachteten, Chartpunkt – wohlgemerkt, keine misslungenen oder gar schrecklichen Verläufe, nur ganz normale *Punkte 2, Tageshoch oder -tiefs, Trendlinien* und *Formationen* mit schönem Schub – warst du so vollkommen angespannt, dass wir dir jedes Mal fast eine Kur beantragt hätten.

Dass man keine Theorien entwickeln soll, bevor man die Fakten kennt, hat bereits Sherlock Holmes seinem Assistenten geraten, als die beiden sich aufmachten, um ihren ersten Fall zu lösen. Und so sind dein damaliges Fehlverhalten am *Punkt 2* und deine damalige Argumentation, ebenso wie die von Stan aufgebrachte Frage »Welcher Trend im Chart ...?«, Beweis genug dafür, dass die Optik einst dich und nun Stan *fest* in ihrem Würgegriff hält.

... die Unberechenbarkeit lokaler Hoch-und Tiefpunkte

Was euch beiden also fehlt beziehungsweise fehlte, dir damals und Stan aktuell, ist die angemessene Einschätzung dessen, was sich bei einem

[5] Siehe Fachteil DER HÄNDLER Band

Durchbruch – oder meinetwegen bei eurem »*vermeintlichen Fehlausbruch*« – durch einen *Punkt 2* eigentlich optisch abspielt. Aus diesem Grund illustriere ich in 🗀 Bild 6 vorab und stellvertretend ein Beispiel für die fehlerhaften Gedanken innerhalb des *Bewegungshandels:*

🗀 Bild 6

Lange Zeit hast du geglaubt, ein nicht über dem *Punkt 2* schließender Bar und/oder eine nach der Durchbruchsperiode entgegengesetzt laufende Periode sei mal wieder ein erneuter *Fehlausbruch* oder ein Einschwenken des Marktes, was sogar einen möglichen Trendbruch nach sich ziehen könnte. Du hast also den *Fehlausbruch* mit dem *Fehlen* der erwarteten Megabewegung am *Punkt 2* gleichgesetzt, und damit repräsentierten der *Fehlausbruch* und ein nachfolgendes Ausstoppen am Tief der Periode, wie in 🗀 Bild 6 bewiesen, für dich mal wieder einen Sonderfall von Gottes Einfluss darauf, wie die Dinge im markttechnischen *Bewegungshandel* funktionieren. Denn nach erfolgter Positionseröffnung am *Punkt 2*, siehe 🗀 Bild 6, wird der Stopp auf die Vorperiode gesetzt, um ihn dann nach Beendigung der Einstiegsperiode auf diese nachzuziehen. Die kommende Periode bremst den Trade bei Unterschreiten des Vorperiodentiefs aus.

»Ohne nachvollziehbaren Grund tut der Drecksmarkt dauernd etwas, was nicht nur unerwartet, sondern auch nicht voraussagbar und mit keinerlei Regeln zu erklären ist … Fuck!«, hast du ständig rumgeflucht, lieber Philip, und wusstest nicht so recht, was du von diesem »sinnlosen Verhalten des Marktes« halten solltest. Deiner Ansicht nach wurde dadurch sämtliches markttechnisch orientierte Trading launenhaft, um nicht zu sagen, unberechenbar. Ein Börsenuniversum, in welches der Zufall andauernd »eben mal kurz reinschaute«, um die markttechnischen Vorgänge am *Punkt 2* so zu verändern, dass du ständig aus dem Markt flogst, reduzierte für dich die

Möglichkeit verantwortlichen und duplizierbaren Handelns. »Wenn mich der Kursverlauf im *Bewegungshandel* sowieso in die Klemme drückt, dann ist es mit einer sinnvollen Stoppversetzung doch vorbei! Oder noch schlimmer – wenn der Handel eines *Punkt 2* immer wieder nicht greift, es aber scheinbar keinen vernünftigen Grund dafür gibt, warum er es einmal doch tut und ein anderes Mal bleiben lässt, wieso soll ich diesen dann überhaupt noch handeln?«, waren deine *viel* zu unüberlegten Worte.

Auch für Stan droht der plötzlich am *Punkt 2 anscheinend* drehende Markt, die Naturgesetze der Markttechnik zu brechen und ihn aus seiner Sicht viel zu oft und ungerechtfertigt am *Punkt 2* auszustoppen (siehe 🗁Bild 6).

… ist der Durchbruch durch den *Punkt 2* etwa auch ein Kippbild?

Nur allzu oft wird vergessen, dass neben den beiden Ansätzen *Handel des Trends* und *Handel des Ausbruchs* die Existenz der dritten Handelsausrichtung *Handel der Bewegung ausschließlich* aus dem Verständnis der Zeiteinheiten und deren Optik resultiert. *Resultieren kann!*

Demzufolge musst du mit Stan etwas Nachsicht üben, denn für ihn heißt *Handel der Bewegung* vorerst nur schemenhaft »Markt, beweg dich! – Stopp nachsetzen. Markt, beweg dich! – Stopp nachsetzen, Markt, beweg dich! – Stopp nachsetzen!« ABER: Der *Handel der Bewegung* fungiert sozusagen als Huldigung an die Zeiteinheiten und erfordert ein hohes Maß an Kenntnissen über dieselben. Obwohl also Stan *nicht* den Trend selbst, sondern allein dessen bevorzugten Bestandteil *Bewegung* handelt, repräsentiert dieser Bestandteil aber immer noch – wenn auch nur auf einer untergeordneteren Zeiteinheit – selbst einen Trend, was unserem Bambino natürlich völlig entgeht. Dieses ernsthafte Verständnis für dieses neuerliche Kippbild, dass nämlich mit jedem Trade *Handel der Bewegung* schlussendlich *immer* nur das optische *Abbild* eines untergeordneten Trendverlaufs gehandelt wird, ist bei Stan – aufgrund seiner zu hohen Aufmerksamkeit für den jeweils laufenden Trade und *trotz* so mancher Lektion hierzu – wohl noch nicht in aller Tiefe angekommen.

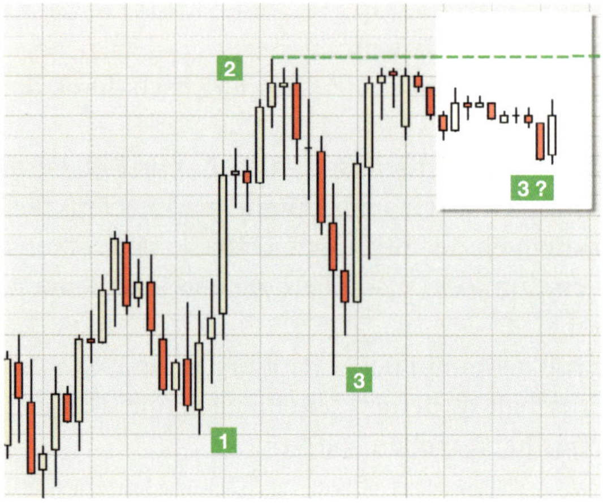

🗁Bild 7

Widmen wir uns zum besseren Verständnis folglich dem Beispiel aus 🗁Bild 7: Präzisiert ist, stellvertretend für alle anderen höher liegenden

Zeiteinheiten, ein Ausschnitt eines 10-Minuten-Charts. Die möglicherweise bevorstehende Fortsetzung des Trends ist grün markiert, mit folgender Ausgangslage: Einstieg am *Punkt 2*.

Da Stan mangels Verständnis um die Time-&-Sales-Liste und deren grafischer Abbildungen zu sehr beliebt, die *Punkte 2* als »holden Knaben im lockigen Haar« und »Röslein zart« zu verklären, ärgert es ihn umso mehr, wenn er kurz nach dem Einstieg (siehe Bild 8) wieder aus dem Markt herauskatapultiert wird – und das, obwohl doch an diesen Stellen der Schub entstehen soll. Bild 8 beleuchtet die Ausgangslage aus Bild 7 ausschnittsweise und um die nachfolgenden Perioden schematisch erweitert. Stan wird demnach am *Punkt 2* eingestoppt – grünes Dreieck. Vorbildlich, und entsprechend der Logik des Bewegungshandels, setzt er seinen Stopp direkt nach der Eröffnung der Position auf die Vorperiode (siehe erste schematische Periode), um dann – sogar noch innerhalb der Einstiegsperiode – vom Marktverlauf auf den Tribünenplatz verwiesen zu werden. »Sch... Markttechnik. Sollte ich nicht vielleicht Indikatoren oder ein anderes Buch zur Hand nehmen?«, hast du ihn bestimmt schon des ...fteren schnauben gehört, nachdem er wütend den weiteren Marktverlauf wahrnehmen musste.

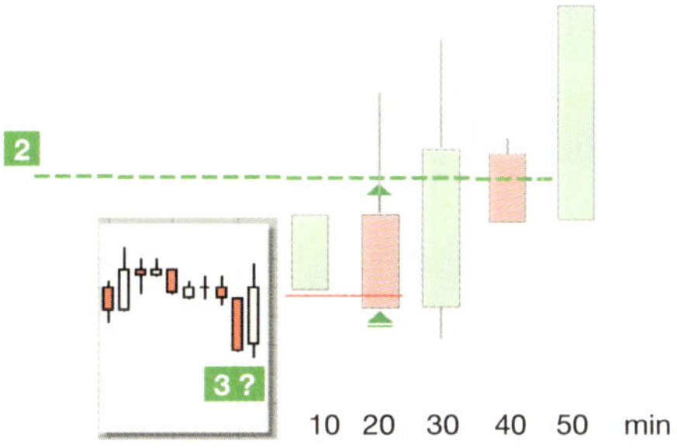

Bild 8

Dass der Bewegungshandel mit Einstieg am *Punkt 2* oder auch in der Korrektur beginnend schwierig ist, wird von niemandem bestritten. Es ist aber wichtig zu erkennen, dass der Marktverlauf der *Bewegung* innerhalb des anvisierten Trends einem Trader nicht böswillig das Leben schwer macht; kein göttlicher Eingriff erfolgt, um einem Trader das Leben zu komplizieren. Da Stan auch hier einfach nur das *zweite* Kippbild fehlt, wird ein Dialog hierzu zwangsläufig so oder ähnlich verlaufen:

»Hey Bambino, wie soll denn der Markt deiner Meinung nach durch den *Punkt 2* laufen?«

»Na, mit einem glatten, sauberen Durchschuss. G-R-Ü-N-E K-E-R-Z-E-N will ich sehen! Dort tummeln sich doch, laut eurem markttechnischen Geblubber, die ganzen Marktteilnehmer mit ihren Orders zur Positionsneueröffnung, den Stopporders zur Positionsschließung und jenen Orders, welche die Positionen drehen.«

»Okay, Bambino, und wie soll denn nun der Verlauf in der Time-&-Sales-Liste aussehen, aus deren Erbschaft in deiner Zeiteinheit schließlich dein angedachter *sauberer Durchschuss* hervorgehen soll?«

»Ähm ... «

»Ah, ja ...«

Wie du einst, übersieht Stan aktuell, dass jeder Durchbruch durch einen *Punkt 2*, oder einen beliebigen anderen relevanten Punkt, schlussendlich immer mit einem untergeordneten Trend einhergehen muss. Folglich wird Stans Erwartungshaltung über den *Punkt 2* auf dem Niveau eines begrenzten, laienhaften Tradinganfängers stattfinden, auf dem allein sich der Begriff *Fehlausbruch* sinnvoll verwenden lässt. Stan stellt sich den Durchbruch am *Punkt 2 grundsätzlich* in Gestalt megagroßer Perioden vor – buchstäblich als das »göttliche Signal im Charthimmel«, dem *nur noch* entweder grüne oder rote Perioden folgen. Darüber vergisst er vor lauter Faszination für den aktuell zappelnden Bar den Ursprung von allem: den eigentlichen Verlauf der Time-&-Sales-Liste beziehungsweise deren grafisches Abbild, den Tickchart (siehe schematische Linie in 🗀 Bild 9).

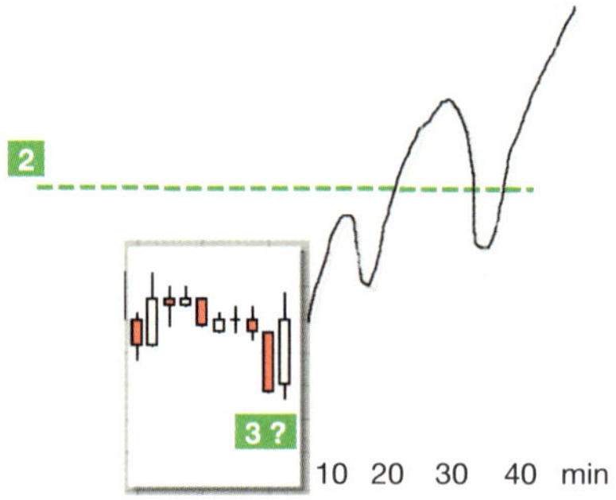

🗀 Bild 9

Dass der Durchbruch durch den *Punkt 2* in sicherlich vielen Trades und bis zu einem gewissen Grad »ein glatter Durchschuss« ist, der sich in großen und sauberen Perioden ausdrückt, bleibt unbestritten. Stan muss sich aber, sofern er das optische Zusammenspiel der Zeiteinheiten verstanden hat, stets daran erinnern, dass es nach einem *Punkt 2* eben nur selten wie in 🗀 Bild 10 schematisiert weitergeht. Dieses Schema symbolisiert tatsächlich nur eine optisch unzulängliche Idealvorstellung jener riesigen und lediglich voranschreitenden Perioden. Stattdessen handelt es sich *auch* bei Darstellungen wie in 🗀 Bild 11 um wunderschöne, saubere (!) Verläufe.

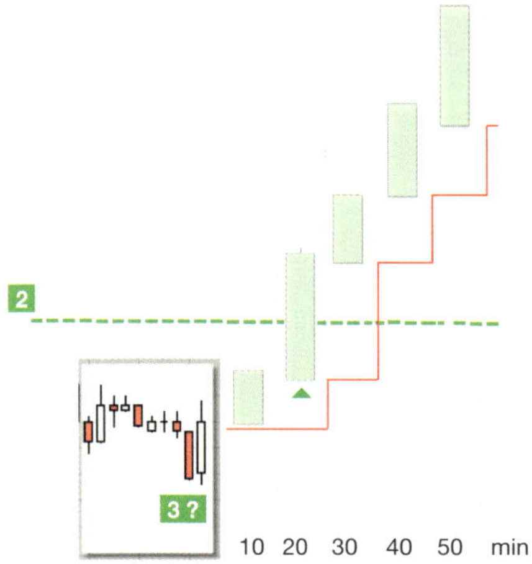

🗀 Bild 10

🗀 Bild 11

Der Durchbruch durch einen *Punkt 2* »lebt« also durch den Verlauf des Tickcharts und »erschafft« auf diese Weise eine Vielfalt optischer Präsentationen, die der Natur eines *Punktes 2* entspricht. Bild 10 und Bild 11 präsentieren ausschnittsweise (Ausgangsbild hierzu ist immer noch Bild 7) zwei unterschiedliche optische Varianten von Durchbrüchen durch einen *Punkt 2* und den *Stoppverlauf* eines entsprechenden Trades. Bild 10 offenbart den heiß ersehnten, Bild 11 hingegen einen zu einem *Fehltrade* führenden Verlauf.

In die Bilder 12 und 13 integriert, folgen nun die von Stan, und damals dir, nicht erkannten Kippbilder des untergeordneten Trendverlaufs und die Erklärung, weshalb in *beiden* Beispielen von einem *sauberen* Verlauf durch *Punkt 2* zu sprechen ist. Zu sprechen sein *muss!*

Bild 10

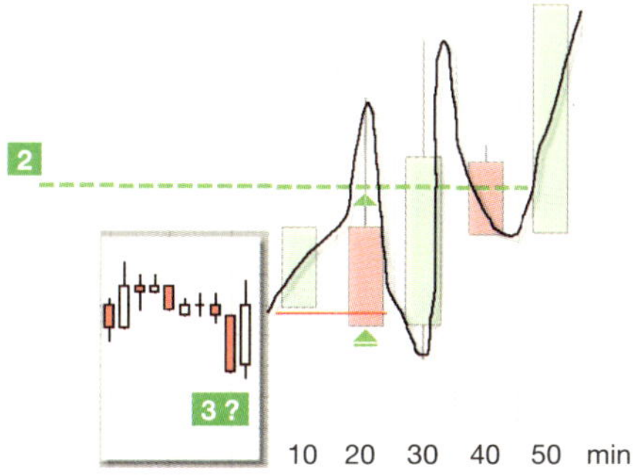

Bild 11

Da es sich nur um Skizzen dreht, hierzu als Hinweis: Die grau gestrichelten senkrechten Linien signalisieren die zeitlichen Abstände der Perioden, in diesem Fall jeweils zehn Minuten. Innerhalb dieser befinden sich per Hand schwarz skizzierte Linien, welche den Tickchartverlauf repräsentieren. Die zeitliche Zusammenfassung des Tickchartverlaufs ergibt den dargestellten Verlauf der Candlesticks. Wie unschwer zu erkennen ist: in beiden Fällen ein *sauberer* Trend – ansteigende Hoch- und Tiefpunkte.

In diesen beiden Bildern wird nun *der* Unterschied zwischen einem Hobbytrader und einem Trader betont: Letzterer besitzt schlichtweg die Fähigkeit, in den unausweichlichen Verlauf von *Bewegung* und *Korrektur* der untergeordneten Marktverläufe und deren Varianten in der zeitlichen *Dauer* und *Größe* beziehungsweise *Höhe* »hineinzusehen«. Ein Unterschied, der beim Gespräch über den Bewegungshandel *immer* beachtet werden muss, will man sich das Kippbild am *Punkt 2* – und somit die jeweilige optische Andersartigkeit oder

Verschiedenheit – bewahren. Denn wer will (oder kann?) schon dem Markt vorschreiben, wie *weit* die Bewegung und wie *tief* die Korrektur und vor allem in welchen *zeitlichen Abläufen* diese zu erfolgen haben ... Wenn Stan hieran zu rütteln versucht, rüttelt er an den Grundmauern der Markttechnik und damit am Aufbau des gesamten Börsenhandels.

Unter diesem Gesichtspunkt betrachtet, müsste so manche Analyse, Seminarkapitel oder Buchzeile schlichtweg verboten werden, welche ihren Lesern oder Teilnehmern das Thema *Fehl*ausbruch nahe bringen wollen. Na ja, aber was soll's ...

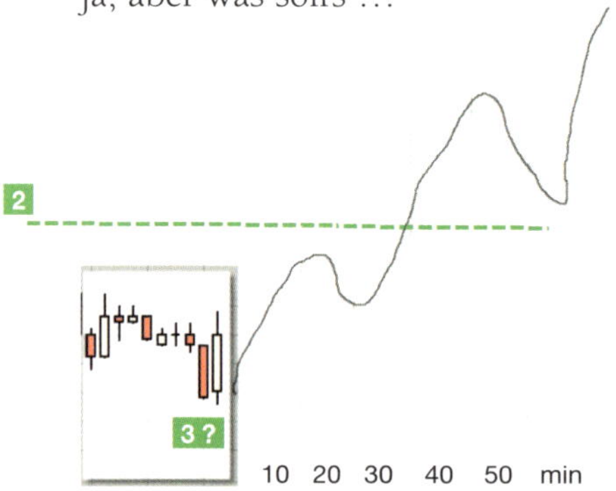

Bild 14

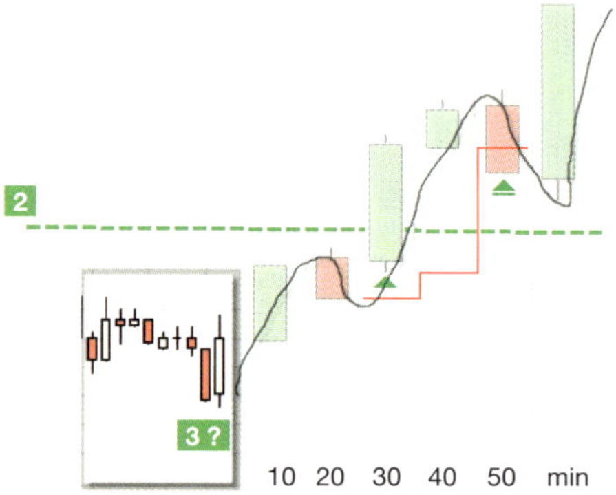

Bild 15

Bild 14 und Bild 15 visualisieren denselben Ausgangspunkt aus Bild 7, aber ein wiederum anderes optisches Bild. Der Trend in seinen Bestandteilen *Bewegung* und *Korrektur* ist bilderbuchmäßig ausgeprägt. Dennoch hebt sich der zeitliche Ablauf hinsichtlich der Größe von Bewegung und Korrektur gegenüber dem aus Bild 13 ab: Der untergeordnete Trend verläuft nicht so volatil, unter anderem daran erkennbar, dass die letzte Korrektur vor Positionseröffnung flacher verläuft. In der vierzigsten Minute findet – bezogen auf die Zeit – nur noch ein geringer Kursanstieg statt, in dessen Konsequenz die Periode nicht an ihrem Hoch schließt und damit den Beginn einer neuen Korrektur einläutet. Die in der Folgeperiode ablaufende Korrektur unterschreitet das Tief der Vorperiode fast sofort und die Position wird nahe am Eröffnungskurs ausgestoppt.

Aber wer ist jetzt an dem »fehlenden Durchschuss« schuld? Der Markt, der – bei genauerer Beleuchtung – in einem Bilderbuchtrend verläuft? Oder der Computer, der die Perioden dummerweise immer genau dann »zerhackt«, wenn es am ungünstigsten für die Stopplogik ist? Oder sind es die Marktteilnehmer, die mit ihren Orders die Bewegungen und Korrekturen zur Unzeit stattfinden lassen? Oder ist es Stan, der meint, dass dem ausgestoppten Trade ein Bündnis, eine geheimnisvolle Verschwörung gegen seine Person zugrunde liegt, und der, statt sofort einen neuen Trade in den Markt zu positionieren, beleidigt schmollt?

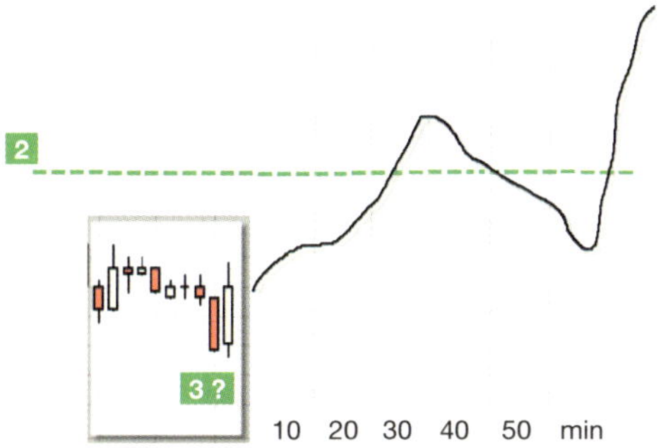

🗀 Bild 16

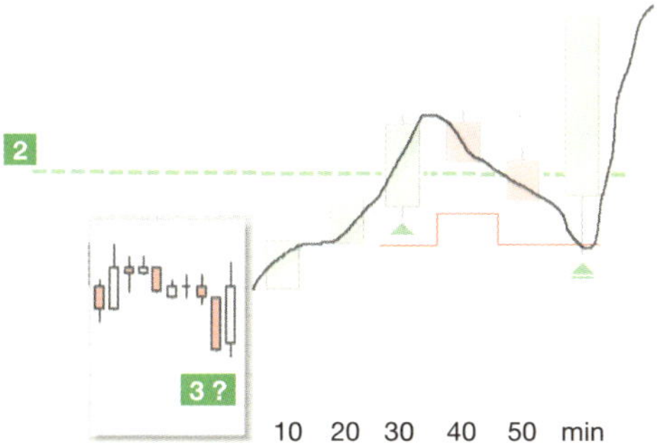

🗀 Bild 17

Auch 🗀 Bild 16 und 🗀 Bild 17 zeigen, dass der in der untergeordneten Zeiteinheit klar und eindeutig verlaufende Trend dem Betrachter in der periodenhaft zusammengefassten Darstellung einen Großteil der Zeit als Gezappel der laufenden Perioden um den Einstiegspunkt herum erscheinen wird. Ich höre deine Worte noch durch den Handelsraum hallen, als wäre es gestern gewesen: »Das gibt's doch nicht: Der Drecksmarkt hat mich schon wieder in den Abgrund gestoßen! Auf genau diesen *Punkt 2* hatte ich gewartet, und so ein geiler Trade hätte das werden können, aber nein …! Da beachte ich schon die Innenstäbe und ziehe meinen Stopp um eine Periode zurück, genau wie es die Markttechnik vorgibt, und es hat mich trotzdem wieder mit minus rausgeschmissen! Was hat dieser sch… Markt nur gegen meine Trades?« Denselben authentischen Klang unüberlegter Worte vernimmst du bestimmt von Stan, wenn er mit *jedem* zappelnden Bar mitfiebert und bei *jedem* Schlusskurs mit dem Schicksal hadert, jedoch keinen Gedanken an die elementaren optischen Verwirrungen hinsichtlich des Verlaufs des tiefer liegenden Trends verschwendet. Es verhält sich damit wie mit dem Wohnzimmerfußboden, auf dem man gedankenlos rumläuft: Man weiß, er befindet sich i-r-g-e-n-d-w-o d-a u-n-t-e-n – aber dass man ihn sich aus der Nähe betrachtet, kommt doch eher selten vor. Wenn die Dielen indes morsch sind, könnte es passieren, dass man unvermittelt durchbricht und ein Stockwerk tiefer ziemlich im Schlamassel sitzt. Man sollte folglich von Zeit zu Zeit mal nach dem Fußboden schauen … ☺

Lass die Schemata ohne begleitende Worte auf Stan einwirken. Er muss sich in aller Ruhe in den untergeordneten Trendverlauf und den zusammengefassten Periodenverlauf hineindenken, um die Verbindung nachzuvollziehen. Vor allem soll er sich mit der zeitlichen Komponente und deren Periodendarstellung beschäftigen: Was wäre, wenn der ganze Marktverlauf des Tickcharts fünf Minuten eher oder später stattgefunden hätte? … ☺ Du weißt, was ich meine? Nämlich: Wie hätten die Bars dann ausgeschaut? Stan muss diese Schemata, stellvertretend für eine Vielzahl von weiteren Varianten, untereinander vergleichen, um zu lernen, dass *alle* einen sauberen

Verlauf widerspiegeln und nur seine, fast schon sträflich, falsche Sichtweise ihm vorgaukelt, ein Periodenchart sehe eben das eine Mal »schön« und ein anderes Mal »nicht so schön« aus.

Interessant werden nun die Schemata in 🗀 Bild18 und 🗀 Bild 19:

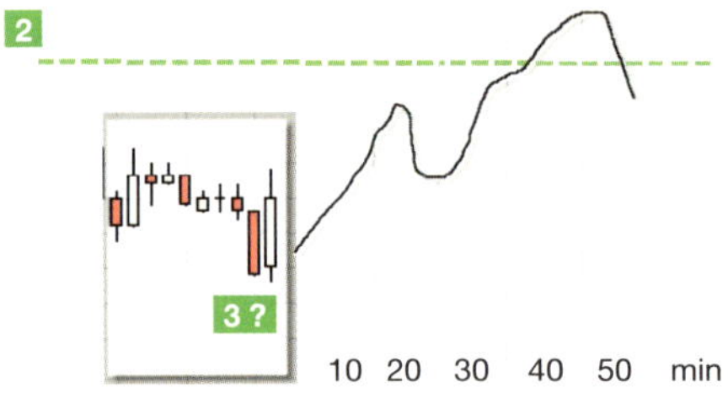

🗀 Bild 18

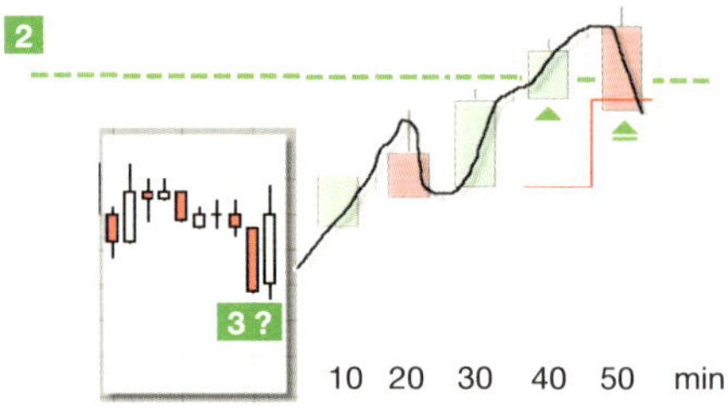

🗀 Bild 19

Der untergeordnete Trend mit seinen Bestandteilen *Bewegung* und *Korrektur* ist auch hier wieder deutlich ausgeprägt. Dennoch differenziert sich der Ablauf hinsichtlich Zeit und Größe gegenüber den 🗀 Bildern 17 oder 🗀 15. Der Positionseröffnung folgt sofort die Korrektur und, da der letzte, aber kleinere, Teil der vorangegangenen Bewegung innerhalb kurzer Zeit geschehen ist, gestaltet sich die Einstiegsperiode sehr klein. Die einsetzende Korrektur rutscht unter das Tief der Einstiegsperiode. Resultat: Der Trade wird ausgestoppt und damit aus dem Markt genommen.

… Ausgestoppt! Wo bleibt der zweite Versuch?

»Toll, schon wieder ausgestoppt!« Es ist schon komisch, dass all das Wissen um die Zeiteinheiten durch einen solchen Minustrade anscheinend irgendwie auf dem Grund der Ostsee landen kann. Gerade bei dir, lieber Philip, musste ich immer wieder beobachten, dass du danach einfach völlig aufgeschmissen warst. Aus lauter Ehrfurcht vor dem Live-Chart ist es dir nicht gelungen, dein erworbenes Wissen *in die Praxis umzusetzen*; dir sind anschließend die simpelsten Zusammenhänge der Zeiteinheiten derart abhanden gekommen, dass du nach einem so ausgestoppten Trade wie 🗀 Bild 19 brav vorgezogen hast: *Kopp in den Sand, bis du damit fertig warst, dir leid zu tun.*

Stan wird, nachdem er diese Schemata durch permanentes Hinterfragen der Darstellungen seiner Live-Charts erprobt und verinnerlicht hat, ebenfalls erkennen, weshalb es immer (!) so wichtig ist, weitere durchdachte Orders zum Einstieg folgen zu lassen, wenn er am *Punkt 2* ausgestoppt wurde. Im Kino kommt die Auflösung auch nicht in den ersten zehn Minuten, und ein Trade am *Punkt 2*, oder analog an einer Trendlinie oder am Tageshoch/-tief, muss für einen Trader mindestens so schön sein wie ein Kinobesuch. ☺ Ganz ehrlich, das eigenständige Aufrappeln ist wichtig. Nach einem ausgestoppten

Trade am *Punkt 2* bewegungslos liegen bleiben, das kann jeder. Okay, liegen bleiben ist zwar für Stans Ego aktuell energiesparend, aber sonst nichts. Mal ehrlich: Da sitzt man in Erwartung eines gescheiten Signals stundenlang vor dem Rechner – Disziplin und ein durchdachtes Einstiegssetup einfach mal vorausgesetzt –, um dann innerhalb weniger darauffolgender Perioden am Tief der vorherigen Periode aus dem Markt genommen zu werden, nur weil die Korrektur des tiefer liegenden Trends »zeitlich blöd« abläuft? Und anschließend sieht man infolge des Frusts enttäuscht und mit eingezogenem Schwanz zu, wie der Markt Punkt für Punkt in die gewünschte Richtung marschiert. Stan entgeht hierbei der Umstand, dass er, bezogen auf den untergeordneten Trend, *lediglich* innerhalb der *lebensnotwendigen* Korrektur ausgestoppt wurde. Sobald er das erkannt und begriffen hat, muss er sich nur noch die Frage stellen, ob er ein Ego-Energiesparprogramm fahren oder ein Trader sein will. Will er Trader sein, muss er, nachdem er den Ringboden geküsst hat, wieder aufstehen, eine neue Stopp-Buy-Order an die markierte Stelle setzen – und weiter geht's. Oder aber er kauft sich mit einem Teil der angedachten Positionsgröße in die Korrektur ein (Limit-Buy Order in Bild 20) und mit dem Rest dann am Hochpunkt des Trends, dem *Punkt 2*, wie in Bild 20 fixiert.

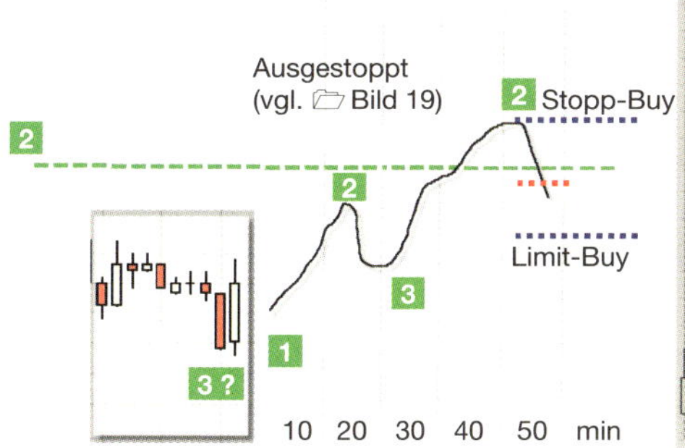

Bild 20

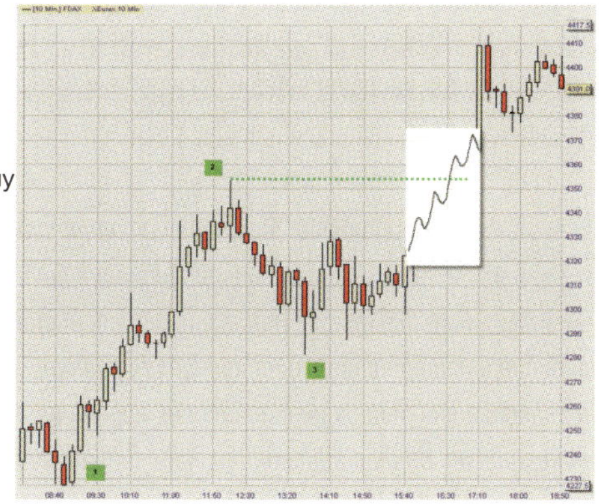

Bild 21

Wenn Stan dieses Kippbild endlich verstanden hat, gib ihm den Tipp mit auf den Weg, den ich dir damals gegeben habe: In der Nähe eines *Punktes 2* – also kurz davor und danach – ist es mitunter von Vorteil, statt der *Bewegung* für den Moment des Durchbruchs den untergeordneten Trend zu handeln, siehe Bild 21. Auf diese Art können für diesen Zeitraum die Perioden und damit auch die *Innenstäbe* komplett vernachlässigt werden. Die Relevanz des Schemas aus Bild 20 vor Augen, hast auch du recht schnell begriffen, für deine Trades mit dem Ziel *Handel der Bewegung* als Angriffspunkt für den Stopp den Weg des geringsten Widerstandes zu wählen. In diesem Kontext muss Stan jedoch dringend checken, dass die Entscheidung, am *Punkt 2* den Markt sozusagen »aufzuklappen« und den Trend zu handeln, innerhalb des halbautomatischen Handels schlecht zu realisieren ist. Für uns als Trader direkt vor dem Chart ein Kinderspiel – aber für die Handelsplattformen eine Hürde. Dieser Kunstgriff muss bei einem *gleichzeitigen Handel mehrerer Märkte* daher außen vor bleiben, denn dies verlangt eine *Nähe zum Markt*, die programmiertechnisch nicht bis ins Detail *befriedigend* verwirklicht werden kann. Aber hierzu wirst du Stan ja noch gesondert einweisen und schulen.

Somit beweist *Punkt 2*, stellvertretend für alle durchdachten Durchbrüche aus etwaigen Linien oder Formationen, dass es gerade dort viele optische Missverständnisse geben kann. Ja, man kann fast sagen, dass sich Missverständnisse nirgends so sehr zu Hause fühlen wie hier. Mit dieser Erkenntnis sollten diese »ach *sooo* schlimmen Fehlausbrüche« am *Punkt 2* für unseren Bambino nicht weiterhin Furcht einflößende und Feigheit hervorrufende, quasi übernatürliche Tradeereignisse sein, die sich vermeintlich durch keines der Gesetze der technischen Analyse erklären lassen. Er muss nur zusehen, dass er sein Sichtfeld hierbei nicht einengt, denn es gilt: Zwischen dem *Bewegungshandel* und dem damit erklärten Ziel, *nicht* den Trend zu handeln, kann so einfach nicht differenziert werden, da beim *Bewegungshandel* in einer tieferen Bedeutungsebene stets von der Anwesenheit eines Trends auszugehen ist. Sollte Stan dies *nicht* verinnerlichen, wird sich das Erleben von *Fehlausbrüchen* in seinem Alltag unvermeidlich fortsetzen …

»Autsch, der aktuelle Candle ist zwar noch nicht fertig, aber … e-r d-r-e-h-t!!!«

Dass der belustigendste optische Fehlgriff Stans – der Versuch der Vorwegnahme des Ausgangs einer Periode – auch von dir beobachtet wurde, verwundert mich im gesamten Kontext deiner Schilderung nicht. Auch bei dir, lieber Philip, gehörte dies lange Zeit und sogar bei allen drei Handelsstilen *Trend-*, *Bewegungs-*und *Ausbruchshandel* zum Alltag. Mit dieser Vorwegnahme hast du genau das unternommen, wovon du dachtest, dass es zur Rettung deines Trades beitragen würde: »Wie, der Markt dreht? Hat der Drecksmarkt meine angedachte Richtung vergessen? Na gut, dann rette ich, was noch zu retten ist …« Im Klartext hieß das, Gebrauch zu machen von der Freiheit, jederzeit reagieren zu können, gepaart mit der Gewissheit, sich sekündlich auf einen Streit mit der aktuell zappelnden Periode einzulassen. Genau denselben Umständen ist es geschuldet, dass Stan sein digitales Spielkasino so faszinierend findet.

Die Fragestellung: »Ab wann kann ich in einer laufenden Periode den Markt vorwegnehmen?« hast du zwar selbst nie so deutlich aufgeworfen und ausgesprochen, dennoch hat man es dir damals angesehen, dass du innerhalb jeder *laufenden* Periode genau *daran* dachtest. Tagtäglich war dies eine beeindruckende Demonstration deiner Entschlossenheit, die Zusammenhänge von Zeiteinheiten und Trends zu ergründen, obwohl diese von dir fälschlicherweise als voneinander getrennte Tatsachen empfunden wurden. Du hast damals, statt es dir leicht zu machen und auch hier einfach das Kippbild zu sehen, lieber auch darüber gegrübelt: »Kippt der Markt? Ist das jetzt der Wendepunkt?«

Obwohl durch die vorherigen Schemata Stans fehlender Grundgedanke bereits dargelegt wurde, will ich dasselbe Problem nochmals unter einem anderen Gesichtspunkt beleuchten: Bild 22 demonstriert schematisch *zwei* nacheinander auftretende, beispielsweise 10-Minuten-Perioden und wie sich diese innerhalb ihres Verlaufs optisch verändern. Die rot gestrichelten Linien veranschaulichen jeweils den Eröffnungskurs der Periode.

Die jeweils 27 einzelnen Perioden stehen, separat betrachtet, stellvertretend für die fortlaufende Veränderung der Entwicklung der gesamten 10-Minuten-Periode, welche Stan am Monitor live verfolgt. So betrachtet, zeigt uns das Schema cirka alle 22 Sekunden jeweils eine Momentaufnahme der sich im Laufe von zehn Minuten entwickelnden Perioden.

Zur Verdeutlichung: Man muss sich einfach vorstellen, man würde nur etwa alle zwanzig Sekunden auf den Monitor blicken. Jedes Mal erhält die sich entwickelnde Periode ein anderes Aussehen:

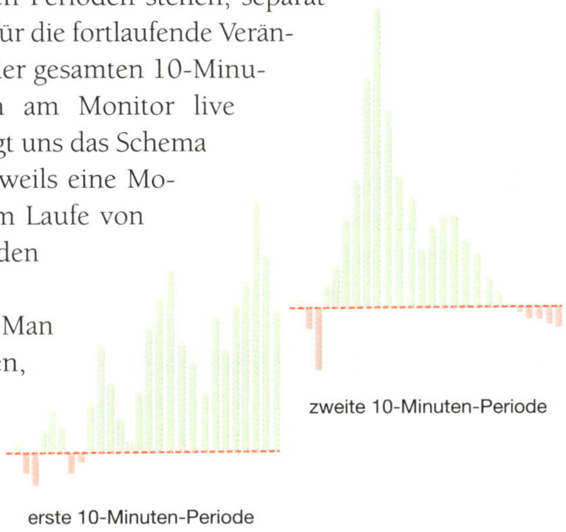

Bild 22

Nach der ersten Minute sieht die Periode tiefrot aus (zweite rote Kerze von links), nach ungefähr einer weiteren Minute verläuft sie dagegen mit leicht nachgebenden Kursen im grünen Bereich (Kerze links neben dem zweiten Block der beiden roten Kerzen) usw., usw. …

Für Stan, der nun live davor sitzt, endet so eine Periode daher nachvollziehbar in unendlich vielen Streits. Kaum dass die Periode, weil sie die optische Zusammenfassung des tiefer liegenden Trendverlaufs verkörpert (siehe hierzu Bild 23), von ihren momentanen Maximalständen abkommt, grübelt Stan sofort über die Richtigkeit seiner Position nach und produziert damit innerhalb einer einzigen Periode eine Legion an Begründungen, warum er sich mal wieder den falschen Trade ausgesucht hat.

Wenn du während nur einer einzigen 10-Minuten-Periode Stans Gedanken über den zappelnden Kursverlauf niederschreiben könntest, du würdest Seiten, nein: Bücher, nein: Bände füllen! Kurzum: In Stans Kopf herrscht völliger *Belagerungszustand*. ☺

Aus diesem Grund ist Stan gefordert, aufzuwachen und sich an die *optische Arbeit* zu machen, denn sein gesunder Menschenverstand gewährt ihm ja nicht nur die Freiheit, den aktuellen Bar ohne Umschweife zu observieren, sondern er sollte ihm vielmehr auch dabei helfen, einmal eine tiefere Zeiteinheit aufzuklappen und den *wahren*, nicht den zusammengefassten, Marktverlauf einfach zu *akzeptieren*. Allein die tiefere Zeiteinheit kann Antworten auf so seltsame Fragen geben wie: »Was macht denn diese sch… Periode n-u-n schon wieder?« Könnte sie reden, sie würde aus Liebe und Anteilnahme laut herausschreien: »Junge, was ich mache, ist doch *nur* gerade eine K-o-r-r-e-k-t-u-r. Was? Du wolltest mit deinem Trade die schnelle *Bewegung* handeln und nur ansteigende Gewinne sehen? Junge, m-a-c-h die Augen auf, wenn du auf deiner Zeiteinheit die *Bewegung* handelst, bedeutet das hinsichtlich meiner Wenigkeit, der tieferen Zeiteinheit, was? So, du weißt das nicht? Ich sag's dir: Du handelst einen Trend! Und was heißt *das?* So, das weißt du auch schon wieder nicht?! Junge, was machst du eigentlich hier?! Na, egal, es heißt: *Bewegung* und *Korrektur!* M-e-r-k dir das, und – Himmelherrgott! – und lebe e-n-d-l-i-c-h damit!«

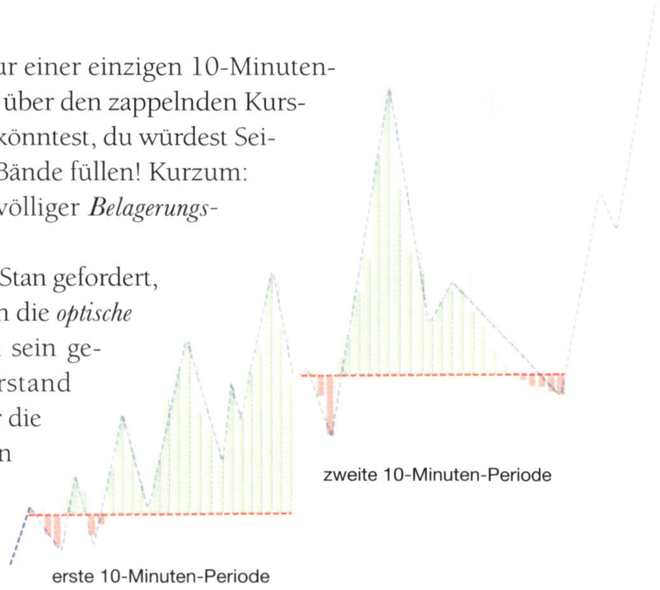

🗁 Bild 23

Stan muss demzufolge also lernen, dass – wie es die letzten Bilder bewiesen haben – auch der *Bewegungshandel* generell als eine Art Kippbild zu verstehen ist und *Bewegungshandel* und *Trendhandel* einander in Wirklichkeit immer recht höflich begegnen. Stan gerät lediglich dann in Schwierigkeiten und muss *sinnlose* Tradingopfer bringen, wenn er durch Tatsachenverdrehung das zweite Kippbild nicht gesehen und »erforscht« hat.

»Welche ist denn nur die richtige Zeiteinheit? Und welche ist die passende über- und untergeordnete Zeiteinheit?«

Der Glaube Stans an einfache und schnelle Antworten auf diese Fragen unterstreicht, trotz aller fachlichen Probleme, welche sich allein durch das Stellen dieser Fragen offenbaren, den lächerlichen Standpunkt einer ausschließlichen Wichtig- und/oder Richtigkeit bestimmter Zeiteinheiten für den Erfolg eines Trades. Neben Stan vertreten viele Trader den Standpunkt, es müsse lediglich *eine*, sozusagen *die* Zeiteinheit geben. Dieser Auffassung nach existiert ausschließlich *eine* Wahrheit, dementsprechend nur *eine* optimale Zeiteinheit. Diese zu suchen, zu erkennen oder zu konstruieren, war lange Zeit auch dein erklärtes Ziel. Und für Stan ist diese Recherche nach der wahren Zeiteinheit momentan ebenfalls eine noch innige Leidenschaft.

Stans Theorie, es herrsche eine Art Rangordnung unter den Zeiteinheiten, repräsentiert eine ganz dem Tradinganfänger vorbehaltene eigene Erfindung, deren Unsinnigkeit man am einfachsten durch das Stellen folgender Gegenfragen und Feststellungen aufzeigen kann: Steht der 30-Minuten-Chart-Trader in der Hierarchie der Trader tiefer oder höher als der 10-Minuten-Chart-Trader, aus dessen Handeln er schließlich die «Nahrung» für seine Trades zieht? Gehören Tickchart-Trader zur Unterschicht, sind sie die Proletarier der Zeiteinheiten, weil sie auf der kleinsten grafischen Darstellung traden? Wohl wahr, es gibt Nahrungsketten in den Trends, doch es ist schwer zu sagen, wer am Ende daraus als Sieger hervorgeht. Genau genommen dürfte es wohl einfacher sein, alles als gigantische Genossenschaft zu betrachten – wobei die Rollen von Arbeiterschaft und Management allerdings vollkommen wechselnd besetzt werden. Mal macht der kleine dem großen, mal der große dem kleinen Trend das Leben zur Hölle.

Stan wird in diesem Zusammenhang, genau wie du früher, einwenden, dass doch immer gesagt werde, die höheren Zeiteinheiten und deren Signale besäßen eine höhere Wertigkeit. Gemeint ist damit jedoch nur, dass die Wertigkeit der Signale ansteigt, nicht aber die Bedeutung der Zeiteinheiten an sich. Um dies in Zukunft besser zu verstehen, muss Stan generell zwei Arten von Signalen unterscheiden lernen, wobei ich Indikatoren hier jetzt mal außer Acht lasse: den reinen Trend – also lokale Hoch- und Tiefpunkte – und Signale, die sich direkt aus der jeweiligen *Optik* einer oder mehrerer Perioden ergeben, folglich Umkehrstäbe, Candlestick-Formationen etc.

Zum Erreichen besserer und schnellerer Einsicht sollte die Frage nach den richtigen Zeiteinheiten aus den jeweiligen Blickwinkeln der drei Handelsausrichtungen *Trend*, *Bewegung* und *Ausbruch* beleuchtet werden.

… Dogmatik der Zeiteinheiten beim Bewegungshandel?

Dass beim Bewegungshandel die Wertigkeit, sprich: die Signifikanz, eines Signals je nach Größe der Zeiteinheit, in der es beobachtet werden kann, variiert, ist einzig und allein der Unterteilung der grafischen Darstellungsweise in die vom Betrachter gewählten zeitlichen Abschnitte geschuldet. Zugrunde liegt zeitbasierten Darstellungen jedoch stets derselbe *Bauplan:* also Eröffnungs-, Hoch-, Tief- und Schlusskurs. Es ist doch wohl offensichtlich, dass die Form eines Charts eher zufällig zustande kommt, als dass wahrhaftig signifikantes Orderverhalten hinterlegt ist, wenn ein Chart dem »Wachstum« einer Periode nur eine, zwei oder drei Minuten »Zeit gibt«. Dies hatte ich im Übrigen gegenüber Stan bereits mehrfach erwähnt. Solltest du also Stan mal mit einem Candlestick-Buch oder sonstiger Literatur erwischen, deren Periodenmuster einen 3-Minuten-Chart benötigt, nimm ihm das Buch weg und werfe es zerrissen in den nächsten Mülleimer! Wenn du Stan Bewegung auf einem 5-Minuten-Chart handeln oder gar Innenstäbe oder Umkehrstäbe auf kleineren Zeiteinheiten als 10-Minuten-Charts suchen siehst, schalte seine Monitore aus! Sobald er sich von der Überraschung erholt hat, stellst du ihm bitte die Frage: »Was denkst du, wie der einzelne Bar aussieht, wenn der Computer diesem noch 20 Sekunden länger Zeit gegeben hätte?« Wenn Stan darauf antwortet: »Na ja, halt genauso?«, schalte die Monitore wieder an, schließe all seine Positionen und drohe ihm an, im Wiederholungsfalle sein Handelskonto für immer zu sperren! Gibt er Widerworte, schicke ihn zum Nachdenken für zwei Wochen in den Zwangsurlaub!

Ein bisschen anders verhält es sich allerdings bei der Frage, welche über- oder untergeordnete Zeiteinheit denn nun zum Bewegungshandel passt. Hier muss Stan für eine angemessene Beantwortung zwischen Ein- und Ausstieg unterscheiden. Beim Einstieg ist die Zeiteinheit irrelevant. Da der Bewegungshandel innerhalb eines Trends stattfindet, dieser wiederum unabhängig von Zeiteinheiten entsteht, spielt die Zeiteinheit, auf welcher der Trend betrachtet wird, für den Tradebeginn – ganz schlicht gesagt – keine Rolle. Anders dagegen beim Ausstieg: Hier geht es ja primär um die Frage einer angemessenen *Stoppversetzung,* und plötzlich macht es einen Unterschied, ob dieser auf einem 10-Minuten- oder 37-Minuten-Chart nachgezogen wird.

Bildlich gesprochen ist beim Bewegungshandel die Wahl der Zeiteinheiten nach unten wie auch nach oben *gedeckelt.* Nach unten, weil in Zeiteinheiten unter 10-Minuten der Bewegungshandel aufgrund der Zufälligkeit der Periodendarstellung keinen wirklichen Sinn ergibt. Da ist es besser, die gesamte Stopplogik inklusive der Beachtung der *Innenstäbe* komplett links liegen zu lassen und stattdessen *gleich* den tiefer liegenden Trend auf dem

Tickchart zu handeln und sich nur auf dessen lokale Hoch- und Tiefpunkte zu konzentrieren. Nach oben wird die Wahl der Zeiteinheiten durch die Deutlichkeit des gehandelten Trends begrenzt. Das heißt, man kann im Bewegungshandel die Zeitperioden maximal so groß zusammenfassen, dass der eigentliche Trend mit seinen Korrekturen immer noch deutlich sichtbar bleibt und nicht von subsumierten Perioden »verschluckt« wird (siehe nochmals 🗀 Bilder 3 und 🗀 5).

… Dogmatik der Zeiteinheiten beim Trendhandel?

Beim Handel des Trends sieht das Ganze nun ein bisschen anders aus. Trends definieren sich ja *nicht* durch die zeitliche Taktung eines Chartprogramms, sondern einzig und allein durch lokale Hoch- und Tiefpunkte. Demzufolge sind Trends, was ihre Entstehung und Definition betrifft, nicht zeiteinheitenabhängig, sondern einzig und allein durch ihre Sichtbarkeit in kleine und große zu unterteilen. Ein Trend von beispielsweise vierzig Punkten mit einigen Korrekturen von jeweils sechs bis sieben Punkten wird auf einem Tageschart genauso wenig erkennbar sein wie auf einem 10-Minuten-Chart, *dennoch* ist er vorhanden und auf dem grafischen Ursprung aller Charts – dem Tickchart – deutlich zu identifizieren. Aus diesem Grund herrscht bei Trends, was deren Darstellung betrifft, keine Rangordnung.

Hinterfragt man die Existenz von Zeiteinheiten indes generell, so erkennt man, dass diese insoweit von Vorteil sind, als dass durch ihre jeweilige Zusammenfassung der geballten Historie besser ins Auge zu sehen ist, sprich: Man kommt mit der Datenflut der Time-&-Sales-Liste besser klar und steht damit letztendlich die Trades mit mehr Abstand zum Marktrauschen durch. Stan dagegen glaubt, in der einen Zeiteinheit bessere oder andere markttechnische Signale wahrnehmen zu können als in einer anderen; beziehungsweise er nimmt an, dort Signale zu sehen, die im Tickchart nicht sichtbar sind oder möglicherweise dort – unterstellt, es ist ausreichend Historie verfügbar – optisch komplett anders aussehen. Für den *Trendhandel* erweist sich die Frage nach *der besten* Zeiteinheit indessen als völlig nebensächlich. Wenn Stan doch unbedingt eine Antwort erhalten muss, kann diese nur lauten: »Nehme einen Tickchart und lade dir zwei Jahre Historie! Da dies datenseitig aber nur selten darstellbar ist, nehme die kleinste mögliche Zeiteinheit und lade die höchstmögliche Anzahl von Historie! Dann skaliere daraus auf einem Bildschirm mit hoher Auflösung einen Chart zusammen!« Dann endlich sind Trends – vom kleinsten bis zum größten – in demselben Chart sichtbar. *Keiner ist versteckt. Keiner ist verbogen. Keiner wird verschluckt.* Zwangsläufig verhindert man auf diese Weise, das fehlende Kippbild aus 🗀 Bild 5 zu übersehen. Damit erübrigt sich die Frage nach der besten Zeiteinheit im Trendhandel, da es nicht *die*

Zeiteinheit mit *den* besten Trends gibt. Vielmehr sieht man die grundsätzlich stets verfügbaren Trends mal deutlicher und mal weniger deutlich. Dies entspricht der Frage eines Briefmarkensammleranfängers »nach der besten Lupe«: Da es schlussendlich bei der Qualitätsprüfung um das zugrunde liegende Briefmarkenmotiv und die vorhandenen Zacken geht, diese sich aber nicht wirklich ändern, gibt es einfach keine »beste« Lupe, sondern nur »Lupen«.

... Dogmatik der Zeiteinheiten beim Ausbruchshandel?

Im *Ausbruchshandel* ist die Frage ebenso völlig nebensächlich, da Stan hier auf die relevanten *Trendpunkte* achten muss, diese allerdings zeiteinheitenunabhängig sind – was ich bereits weiter oben ausgeführt habe und darum hier nicht mehr wiederholen werde. Da allein große, deutlich erkennbare *Punkte 2* für den Ausbruchshandel herangezogen werden sollten, spielt es keine Rolle, ob diese nun im Tickchart oder im 24,5-Minuten-Chart betrachtet werden. Sollte der angedachte *Punkt 2* durch einen Wechsel der Zeiteinheiten plötzlich verschwinden, so war dieser zwangsläufig *zu klein*.

Und dann war da ja noch folgende Luxusfrage: »Hilfe, ich liege weit vorne, wohin nun mit den Stopps?«

Wie aus dem zuvor Gesagten und den zugehörigen Schemata hervorgeht, ist es kein Wunder, dass Stan mit dem Chart auf Kriegsfuß steht, da er die von ihm angedachte Herrschaftsdoktrin der Zeiteinheiten zu wenig beziehungsweise überhaupt hinterfragt. Demzufolge nimmt er sich weiterhin und unbekümmert das Recht heraus, seine Trades zu misshandeln und zu wenig aus dem unerschöpflichen Vorrat der Chartveränderungen zu profitieren, die einzig und allein dazu da sind, seine Trades optimal verwalten zu helfen.

Dessen, was wir bisher ansprachen, sich nicht bewusst, glaubt Stan, im Hinblick auf seine Art, Stopps wahllos nachzuziehen, dies sei in allen möglichen und unmöglichen Situationen legitim; schließlich sichert dies ja einen »bereits vorhandenen Gewinn«.

Wenn man die Sache betrachtet, wie in 🗀 Bild 24 aufgezeigt, dann freut sich Stan auf der einen Seite über den entstandenen Punktgewinn, auf der anderen Seite sabotiert der in Euro oder beliebiger anderer Währung ausgewiesene Profit Stans gesunden Traderverstand, was in der wahllosen Stoppversetzung mitten in die Chartlandschaft hinein seinen Höhepunkt findet. Wäre *Trading* eine Religion, entspräche dies einer Blasphemie. Diese Anwendung wahlloser Stoppsetzung – und ich möchte behaupten, eine verdammt große Anzahl von Tradern tut dies – beruht, wie alles in den

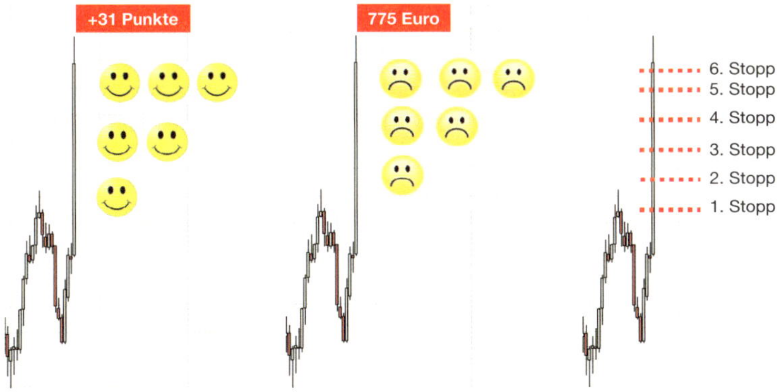

Bild 24

bisherigen Zeilen, auf dem fehlenden Verständnis für die Komplexität von Zeiteinheiten in Verbindung mit dem Thema *Bewegung* und *Korrektur.* Und interessant ist, dass man *genau jene* große Anzahl von Tradern ausrufen hört: »*Zeiteinheiten?* Ja, klar weiß ich, was das ist. *Bewegung* und *Korrektur?* Markt geht rauf, und Markt geht runter, schon klar. Können wir jetzt endlich mal zum eigentlich Wichtigen kommen, nämlich zu den wirklich guten Einstiegen und den geilen Stopplogiken? …«

Konzentriert sich Stan auf einzelne Perioden, handelt er damit zwangsläufig die *Bewegung* – ob er dies an der richtigen oder falschen Stelle tut, sei einfach mal dahingestellt – und trägt dementsprechend die Verantwortung dafür, richtig mit diesen Trades umzugehen. Das heißt, in einer Situation, in der sich der aktuelle Kurs offensichtlich zu weit vom korrekten Stopp entfernt, bringt es die Verantwortung mit sich, den Trade nicht mit einem wahllosen Stopp quasi zu missbrauchen, sondern von den tieferen Zeiteinheiten Gebrauch zu machen. Dort findet er den zugrunde liegenden Trend und muss diesen zur korrekten weiteren Stoppsetzung nutzen; an diesem kann er *ehrenhaft* teilhaben, Gewinn aus ihm ziehen und Vergnügen an ihm finden. Oder anders ausgedrückt und, lieber Philip, um diese Aussage in die Tat umzusetzen, hast auch du einst sehr, sehr lange benötigt: Ob man die *Bewegung* handelt, sprich: sich auf die aktuellen Perioden konzentriert, oder die Zeiteinheit aufklappt und dort den *untergeordneten Trend handelt*, ist im Prinzip das Gleiche. Weil es gerade so schön ist, lege ich noch eine Schippe drauf: Dieser Schluss legt also nahe, dass die erschaffene Welt des *Bewegungshandels* schlussendlich immer nur ein *Trendhandel* bleibt, dessen Korrekturen sich unter dem Thema *Innenstäbe* und deren Beachtung in der Definition des Bewegungshandels niederschlagen. Egal, wie man es dreht: Gräbt man ein bisschen in der optischen Darstellung herum, erkennt man, dass alles auf *Bewegung* und *Korrektur* zurückzuführen ist. Alle Optik besteht letztlich aus diesen beiden – siehe Bild 25: Dort sind dem Tickchart die zugehörigen zeitlichen Intervalle von jeweils 10-Minuten in Gelb und Blau hinterlegt. Diese sind selbstredend unterschiedlich breit, da der zugrunde liegende Tickchart in seiner Darstellungsweise keine zeitliche Komponente aufweist. Diese Zeitintervalle sind außerdem in Form von Bars des zugehörigen 10-Minuten-Charts nochmals schematisch zusammengefasst. Ich bitte *ausdrücklich* darum, zu beachten, dass es sich hier, wie auch bei allen anderen Bildern, um Schemata handelt. Eine hundertprozentige Genauigkeit im Detail ist für die grafische Verdeutlichung der Kernaussagen *nicht* erforderlich.

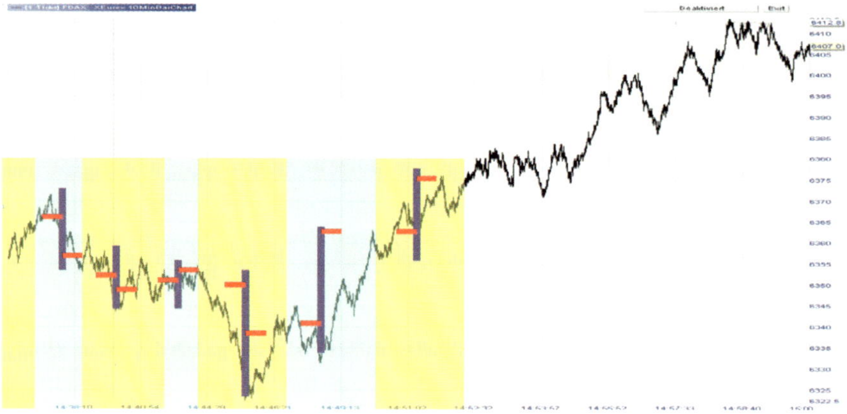

Bild 25

Es muss nicht erwähnt werden, dass zahlreiche Stoppregeln existieren, die schwierig, manche unbeschreiblich, wenige fast unbegreiflich, andere dagegen sehr einfach und dennoch wirkungsvoll, sozusagen fast »allumfassend«, sind. Es wäre indes ein Irrtum, einen Stopp jeglicher Art – vorausgesetzt, dieser bezieht sich auf einzelne Perioden oder den Chartverlauf als solchen – als *starres* Objekt einer Zeiteinheit anzusehen – quasi als ein für alle Ewigkeit feststehendes Ding für sich. Wenn Stan eine wie auch immer geartete Stoppidee *wirklich* verstanden hat, kann er diese auch über die betreffende Zeiteinheit hinaus, wenn ich einmal so sagen darf: abseits vom Hin und Her, vom Fern und Nah, vom Außen und Innen des ursprünglichen Charts, in andere Zeiteinheiten »transformieren«. Denn – richtig verstanden – meint der Stopp im *Bewegungshandel* schlichtweg nämlich nur Folgendes: Die Zusammenfassung der untergeordneten Trends in übergeordnete Perioden bietet dem Händler zum einen mehr Möglichkeiten für eine bewusste *zeitlich definierte Abwesenheit* (!) vom Chartverlauf, zum anderen kann der Computer den Bewegungshandel mit seiner sehr einfachen Definition der Stoppversetzungslogik erheblich einfacher realisieren als die Logiken zur markttechnischen Definition eines Trends.

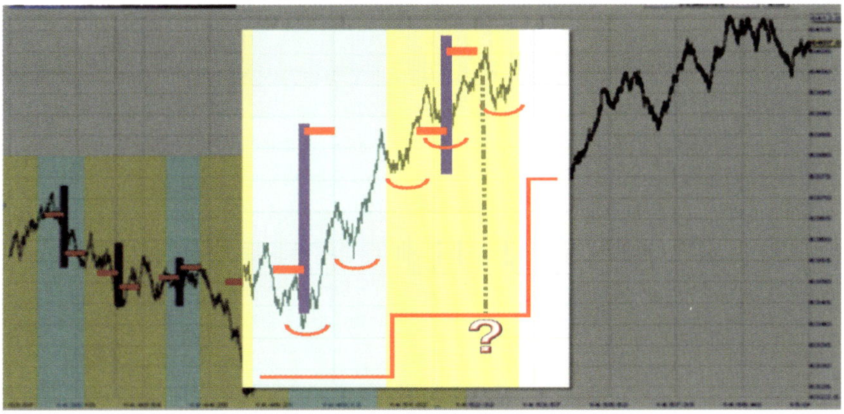

🗁 Bild 26

In 🗁 Bild 26 sind nun die letzten beiden Perioden aus 🗁 Bild 25 hervorgehoben. Die rote horizontale Linie symbolisiert den Stoppverlauf des Bewegungshandels. Solange die erste dargestellte Periode »entsteht«, liegt der Stopp am Tief der hier nicht mit hervorgehobenen Vorperiode. Nach zehn Minuten beginnt die zweite dokumentierte Periode und der Stopp wird auf das neue Tief der gerade abgeschlossenen Periode nachgezogen. Nun gilt es, sich in den durch das Fragezeichen markierten Zeitpunkt hineinzudenken, denn dieser spiegelt gleichzeitig sowohl Stans Problem als auch dessen Lösung wider: Zum fraglichen Zeitpunkt ist der aktuelle Markt, auf den momentan feststehenden Stopp bezogen, weit entfernt (siehe gestrichelte Linie). Dieser Abstand verleitet Stan nun dazu, seine Gewinne fernab jeglicher Stopplogik »zu sichern« und »sicherheitshalber« den Stopp mitten in den Periodenverlauf zu legen. »Puh! Hauptsache nicht mehr sooo weit weg.« Dieses Verhalten wurde schematisch bereits in 🗁 Bild 24 rechts präzisiert. Was Stan fehlt, ist auch hier die Sicht auf das Kippbild: Die gerundeten roten Markierungen in 🗁 Bild 26 zeigen die ansteigenden lokalen Tiefs des untergeordneten Trends. Anstatt Stopps nun wahllos zu setzen, sollte Stan besser den untergeordneten Trend für sich sichtbar darstellen und dann seinen Stopp an das letzte lokale Tief und somit genau *da* hinsetzen, wo der Stopp auch liegen würde, wenn er statt der Bewegung (rote durchgehende Stopplinie) den untergeordneten Trend gehandelt hätte. Hierbei kann es durchaus möglich werden, dass Stan durch den »nahen« Stopp früher aus dem Markt genommen wird als beim eigentlich angedachten Bewegungshandel mit dessen, unter Beachtung von Innenstäben gesetzten, Stopps an den Periodentiefs. Aber: Sollte sich der Markt in einem solchen Fall gleichwohl immer noch innerhalb eines Fünf-Sterne-Setups befinden, offenbart sich die Aufgabe eines *wahren* Traders darin, sich in die optische Darstellung seiner Charts zu versenken, die Macht der optischen Auflösungen der Time-&-Sales-Liste für das eigene Schaffen nutzbar zu machen und sich daher am nächsten *Punkt 2* des untergeordneten Trends in Richtung des ursprünglichen Bewegungshandels wieder einstoppen zu lassen – wie in 🗀 Bild 20 bereits demonstriert. Natürlich ist es auch denkbar, den Trade innerhalb einer fortgeschrittenen Korrektur erneut zu eröffnen.

Indem Stan lernt, ständig zwischen *Bewegungshandel* und *Trendhandel* auf der tieferen Zeiteinheit zu operieren, ist er dem Markt sozusagen viel näher, als er es bei Anwendung nur einer der beiden Verfahren jemals sein könnte. Gib Stan Zeit, er wird es nicht gleich umsetzen! Und obgleich Stan hin und wieder behauptet hat, diese Markttechnik sei keine echte Lehre, da sie nicht konventionell sei, also zu wenig eindeutig »DU MUSST …« verlangt, wird er dennoch in den folgenden Monaten und Jahren den alltäglichen Hintergrund von *Bewegungen* und den ihr folgenden *Korrekturen* sowie deren Ursprung in all seine Überlegungen integrieren lernen.

… Fazit dieses Schreibens

Mögen die Ziele Stans bei jedem Trade verschieden sein, mögen sie mal *Trendhandel*, mal *Handel der Bewegung* oder mal *Ausbruch* heißen, vom Standpunkt der Markttechnik aus läuft alles auf das Gleiche hinaus. Alle drei streben doch danach, in den ihren Vorstellungen angepassten Interessenssphären an einer *tendierenden* Entwicklung des Marktes zu partizipieren. Dies bedeutet, die Entwicklung eines Marktes und eines Trades auf das passende Niveau herabzustufen, um damit jede Bestrebung des Marktes hinsichtlich einer rückläufigen, korrigierenden Marktbewegung nicht zur Erfolglosigkeit des eigenen Trades zu verdammen. Stan soll und muss daher darauf achten, sich zu den markttechnischen Prinzipien des emanzipierten Umgangs mit den Zeiteinheiten zu bekennen und darf sich weder ein wild wucherndes Interpretieren der aktuellen Periode noch eine unpraktische Stoppversetzung erlauben.

Stan muss lernen, die Bestrebungen seiner Stopplogiken nicht zu sabotieren oder mit allerlei Firlefanz zu optimieren und stattdessen seine Gedanken an die Kandare der Beständigkeit der untergeordneten Trends zu legen, wozu die Prinzipien des, lokale Hoch- und Tiefpunkte betonenden, Trendhandels in ihrer Einfachheit bereitwillig Segen spenden werden.

Wichtig ist, dass du Stan hierfür sehr viel Zeit einräumst, um sich diesem Thema zu widmen, denn auch du hast damals meine Einwürfe genau wie unsere ständigen Wortwechsel zu diesem Phänomen einfach beiseite gefegt mit deinem »Gefühl, die kommende Drehung des Marktes förmlich, geradezu deutlich, spüren zu können … « ☺ Nun ja …

… Schlusswort

Die ganzen Schemata und Worte dieses Schreibens belegen, dass wir es als Händler nicht immer vermeiden können, dass der Marktverlauf uns hin und wieder zum Idioten macht, doch können wir diese ausgestoppten Trades auf Gebiete beschränken, in denen sie uns ein gewisses Maß an geschmackvoller Befriedigung *fernab* optischer Täuschungen schenken.

Wenn Stan mit dem Trading erfolgreich sein will, muss er lernen, sich nicht zu sehr von den Zeiteinheiten und den durch sie entstehenden Bars oder Candles beeindrucken zu lassen. Stattdessen sollte er sich so eine Art »optischen Snobismus« aneignen, sonst kommt er in dem Feuer, das ihn wärmen soll, um. Wenn Stan Herzrhythmusstörungen bekommt, nur weil der Markt mal kurz gegen ihn läuft, ist er nicht der Richtige für dieses Business. Wie sonst hätten all die Heerscharen von Berufshändlern das Scheinbare des Tradings, welchem unter anderem die Existenz von Kippbildern im Chartverlauf innewohnt, zu tatsächlichen und beständigen Erfolgen umwandeln können? Nicht, indem sie sich von Zeiteinheiten und deren Wechselspielen gänzlich abwendeten, aber auch nicht, indem sie sich zurücklehnten und das vorüberziehende Schauspiel der Kurse permanent nur aus der Nähe betrachteten.

Ich möchte hier einen Begriff vorschlagen, der diesen großen, dauerhaften und unumstößlichen optischen Fehlerquellen vielleicht am besten Ausdruck verleiht: »Optische Ringsumkontinuität«. Um wahres Wissen zu erlangen, darf Stan nicht davor zurückscheuen, sich die Finger schmutzig zu machen. Er muss sich auf den Weg begeben und hinter die Kulissen all seiner Trades schauen. Wahres Wissen um einen Trade stützt sich nämlich auf das *Hinterfragen* optischer Fehlerquellen; Stan soll sich auf diese Antworten freuen und von ihnen lernen. Bei längerer Anwendung wird er zu einem optischen Geschicklichkeitskünstler heranreifen, dem ein Chart nicht länger Sand in die Augen streuen kann.

Du musst Stan also dazu drängen, von seinem Recht, das ihm das Mandat *Trading* verleiht, nämlich sich die Optik »untertan« zu machen und als Trader ganz allein über die Darstellungsmöglichkeiten seines Rechners zu herrschen, Gebrauch zu machen. Beginnen muss Stan damit, seine Vergangenheit zu durchleuchten, sprich: Er muss seine letzten Trades eben nach genau diesen Fehlerquellen durchforsten. Mal sehen, was dabei herauskommt … ☺

Sonnige Grüße Hofner

*

Nachdem Philip Hofners Mail gelesen hatte, machte er sich daran, eine Antwortmail zu schreiben. Plötzlich änderte er seine Meinung und fuhr seinen Laptop wieder herunter, holte sich eine Cola aus der Küche und genoss nachdenklich das kühle Aroma. Seine Gedanken verfolgten kein spezielles Ziel, außer demjenigen, ein paar Minuten in der Erinnerung an die vergangenen Tage zu schwelgen: Die letzten Handelstage waren sehr volatil gewesen. Der DAX hatte über zehn Prozent abgegeben und damit ausgelöscht, was von den kurzen Korrekturtagen an Kurszuwächsen erreicht worden war. Der Dow Jones war ebenso um die tausend Punkte abgetaucht und hatte die bis dahin als undurchdringlich angesehene Barriere von 10000 Punkten unterschritten. Bei Philip waren, unter anderem, zwei Trades eingestoppt worden. Beide galten dem *Bewegungshandel* auf dem Tageschart. Als Ergebnis hiervon war eine Stoppversetzung jeweils erst nach Handelsschluss beziehungsweise vor Handelsbeginn möglich. Außerdem war er die letzten Tage noch einige Ausbruchstrades eingegangen. Da Philip zum Einstieg ausschließlich die *deutlichen* Punkte in Trendrichtung präferierte, deren *Geburt* jeweils immer weit im Voraus feststand, lagen die Orders hierzu mitunter den ganzen Tag im Markt. Zu guter Letzt waren da auch noch einige Trends auf dem Tickchart handelbar gewesen. Die meisten davon dauerten nur kurz. Zwanzig, vielleicht dreißig Minuten, und diese Trades wurden am *Punkt 3* wieder ausgestoppt, einige mit Minus, einige mit minimalen Punktgewinnen. Einer dieser Trades wurde zwar zu Beginn gleich wieder ausgestoppt, aber kurz darauf mit der darauffolgenden Order zum Wiedereinstieg in Trendrichtung am neu entstandenen *Punkt 2* eingestoppt, dadurch sozusagen fortgesetzt, und war gelaufen und gelaufen und gelaufen.

Philips Gedanken schweiften zurück zu seinen Anfängen als Trader: Wie oft hatte Hofner von einer *goldenen Zeit* gesprochen, die einsetzte, sobald ein Tradinganfänger die Panik der Erkenntnis überwunden hatte, ständig hier und jetzt traden zu müssen. Hofner meinte, das Leben mit dem Trading habe ihn klüger gemacht, ihn sich selbst näher gebracht. Während andere unter den Spielregeln des Tradings litten, hatte er neue Prioritäten setzen gelernt und war stärker geworden. Er hatte gelernt, *Nein* zu sagen zu Aktivitäten, die ihm nicht wichtig waren, und *Ja* zu solchen, auf die es ankam – wie den liebevollen Umgang mit der Familie und Freunden, den Genuss schöner Dinge oder einfach nur den Wechsel der Jahreszeiten. Wie schade, hatte er viele Trader klagen hören, dass sie erst gelernt hatten, zu leben, als ihre Konten von Minustrades bereits durchsiebt waren.

Philip schlenderte den Flur entlang, nahm einen erneuten Schluck und dachte weiter über seine anfänglichen Handelstage nach. Beim Beobachten Stans war ihm noch einmal deutlich klar geworden, wie viel er Hofner zu verdanken hatte. Als welch ein Vorbild er Philip in seiner Zeit der Not und Unkenntnis gedient hatte. Hofner wusste eine Menge über diese Aktionismus-Panik-Phasen, in denen ein Trader von namenlosem Entsetzen überfallen wurde, gegen das weder Argumente noch Rhetorik halfen. Philip hatte hauptsächlich durch Hofners Anregungen herausgefunden, wie er diese Phasen selbstständig überwinden konnte, wenn er, wie dies Gott sei Dank heute nur noch hin und wieder geschah, hiervon heimgesucht wurde: durch Spaziergänge an der frischen Luft, ein paar Liegestütze oder ein heißes Wannenbad. Es wurde also höchste Zeit, Hofner all dies sowohl in Worten als auch Taten zu vergelten.

»Habe ich mich verändert, bin ich klüger geworden?«, fragte sich Philip beim weiteren Nachdenken über Stan. *Bin ich reif für jene von Hofner erwähnte goldene Zeit? Bin ich ein besserer Trader geworden?* Ja, er war seinen Gefühlen beim Trading näher gekommen, als er das früher war, und ja, definitiv war er über die Jahre ein besserer Trader geworden – er war aufmerksamer geworden, aber nicht dem Markt, sondern sich selbst gegenüber. Philip dachte weiter nach und erkannte, dass er nie mehr sagen würde, er wäre *verliebt* in den Handel oder in die Charts, sondern dass er das Trading *endlich* nur noch als Job betrachtete. Sein anfänglicher Irrglaube, sich für den Mittelpunkt des Chartgeschehens zu halten, war über die Jahre allmählich verschwunden, und Philip war hierdurch seinem wahren *Ich* Stück für Stück näher gekommen. Auch der Glaube, am Erleben der Kursveränderungen sei das Wichtigste, *dass* man es erlebe, und am Beobachten der Märkte, *dass* man sie beobachte, fing in den letzten Jahren immer mehr an, Philip als eine große *Naivität* zu erscheinen. Er verstand heute stetig besser: Es ging *nur* um das Erreichen des festgelegten Zieles und nicht um eine Beschäftigungstherapie.

Philip schaute zu Stan hinüber. Eines war sicher: Stan wollte momentan noch nichts davon hören, nicht mit jedem sich auch nur irgendwie anbietenden und daher gelaufenen Trade durch die Welt der Charts fliegen zu müssen. Da gab es noch echten Widerstand! Die heutige Technik ermöglichte es, dass ein Stan einzig und allein mit dem primitiven Klick auf die Maus in seiner Hand eine Wirklichkeit ins Leben rief, die, heutigen Computerspielen ähnlich, von der echten kaum noch zu unterscheiden war. Im Innern dieser Welt besaß Stan eine Mischung aus Allmacht und sofortiger Wunschbefriedigung. Wer wollte schon, nachdem er die ersten Bekanntschaften mit dem Trading gemacht hatte, wieder in die fade, widerspenstige Wirklichkeit zurückkehren? Wo doch die Ticks der Aktien und Futures ein unhörbares Lied sangen, das die Fasern des Körpers zum Schwingen brachte und die

Langeweile des Alltags durch die nie still stehenden, ununterbrochen emporsprudelnden Kursveränderungen wie durch eine Droge scheinbar ausschaltete.

Philip verweilte bei diesem Gedanken, und etwas in seinem tiefsten Inneren brachte ihn zu der Erkenntnis, dass diese Art von Wirklichkeitsflucht damals eine Flucht vor dem »Tradersein« war, eine Flucht vor dem, was er eigentlich mit dem Trading erreichen wollte: *selbstbestimmte Freiheit.* Wäre es legitim, hierzu von sich auf all die anderen Trader zu schließen, bedeutete dies, dass sich ein Trader zwischen Licht und Schatten bewegte, und jede seiner Gesten, jedes seiner erklärenden Worte, sein Lächeln, seine Stimme, schlichtweg sein ganzes Verhalten deutliche Hinweise darauf gaben, dass er auf der einen Seite fast nichts so sehr begehrte wie die Märkte, sich auf der anderen Seite jedoch nicht eingestehen wollte, dass die 24-Stunden-Möglichkeiten der »virtuellen Chartwelt« auch sehr beängstigend sein konnten. Denn sobald ein Trade eröffnet wurde, ereigneten sich interessante Dinge und man nahm 24 Stunden an seinen eigenen Fehlern und an seinen dunklen Seiten teil. Der so durch den Trader selbst heraufbeschworene Druck reichte ohne Weiteres aus, um jederzeit und binnen weniger Augenblicke ein ganzes Konto in die Luft zu jagen – eine Chance auf Wirklichkeitsflucht im Dauerangebot! Demzufolge konnten für jeden Trader aus den meisten Gedanken über Trades, wenn nicht sogar aus allen, Mythen werden – das heißt, sie konnten wirkungsvolles Ausdrucksmittel der innersten Überzeugungen eines Traders dahingehend werden, wie dessen Ansicht nach der Börsenhandel im Kern beschaffen war. Bei Tradern, die diese Gedanken um Trades zum ersten Mal erlebten, weckten sie im Allgemeinen starke Emotionen – und nicht nur, weil sie von Leid erzählten oder den Alptraum des letzten Chartverlaufs ins Gedächtnis zurückriefen. Man sprach auch von der »ungeheuren Kraft« eines Trades und zielte mit einer solchen Aussage auf die Wahrheit über das Trading selbst.

Philip erinnerte sich an das letzte Wochenende. John, Stan und er hatten eine halbe Ewigkeit an einem dieser mit Wasserhyazinthen reichlich bewachsenen Klongs mit ihren verträumten Pfahlhäusern und dem romantischen, halb amphibischen Gemeinschaftsleben gesessen, die Füße ins kühle Nass hängen lassen und gelacht und geredet. John hatte alles erzählt, was er über Bangkok wusste. Einfach alles. Im weiteren Verlauf waren sie fast unvermeidlich auf das Thema *Trading* gestoßen. Stan hatte zugegeben, dass bei dem Gedanken an *Beständigkeit* bei ihm kein rechtes Behagen aufkam. Anschließend hatte er gestanden, dass solche Zusammenstöße wie etwa der törichte Anlass eines ausgestoppten Trades ihm tatsächlich sehr nahe gingen und dass er nur schwer über die von ihm als »ungerechtfertigt« und »ungerecht« empfundenen Minustrades hinwegkam. Sie beschäftigten ihn zu lange und stürzten ihn in ein irritiertes Nachdenken. Stan hatte daher die Frage gestellt: »Bleibt mein Trading letztlich so?«, und damit hinterfragt, ob jede weitere Hoffnung, jemals ein erfolgreicher Trader zu werden, dazu verdammt war, enttäuscht zu werden. Für John war diese Frage nicht unerwartet gekommen, da ihm klar war, dass auf Stans »Welt des Tradings« eine dumpfe Last, eine lauwarme, brütende Stille lag, die durstig nach positiven Trades lechzte. Auch Philip hatte Stans Frage nachempfinden können, hatte doch auch er früher gehofft, von irgendwoher würde irgendeine Befreiung, eine Erlösung, eine stürmische Befriedigung kommen, die sein Konto wieder auf den Anfangsstand bringen und ihn danach endlich die ersehnten monetären Höhenflüge erleben lassen würde. »Minustrades ...«, hatte Johns Antwort auf Stans Frage gelautet, »du kannst ihnen nicht entrinnen. In den ersten Jahren werden sie dich verwirren, da sie anscheinend nicht das repräsentieren, wovon du glaubst oder hoffst, dass es die landläufige Wahrheit über das Trading ist. Mit den Jahren werden sich deine Ansichten jedoch ändern: Aus durch leichtgläubigen, unkritischen und naiven Gebrauch der Börse sinnlosen *Minustrades* werden unabwendbare *Fehltrades* werden, und diese wiederum werden Teil deiner innersten Überzeugung sein, alles richtig gemacht zu haben. Sie werden dir nicht nur nicht mehr wie negative Trades erscheinen, sondern zu offensichtlichen und wahren Kennzeichen der Wirklichkeit deines Tradings mutieren! Irgendwann wirst du erkennen, dass die Fruchtlosigkeit deiner Gedanken über die mögliche Verhinderung von Fehltrades der übergroßen Selbstverständlichkeit und Natürlichkeit dieser Erscheinung zu verdanken ist.« John hatte ihm auf die Schulter geklopft und das Thema mit den Worten beendet: »Momentan ist für dich das Trading noch zu sehr wie einer dieser Filme, wo der Gute vom Bösen kaum zu unterscheiden ist und einer der beiden nur siegt, weil er härter zuschlägt und schneller schießt. Aber keine Angst, ich bringe dir schon noch bei, dass ein einzelner Tradingtag nicht ist wie einer dieser Krimis, bei denen am Schluss alles zufriedenstellend aufgelöst ist.«

Philip nahm den letzten Schluck aus seiner Coladose, warf diese in den Mülleimer und setzte sich wieder hinter seinen Rechner. Gegen 19.30 Uhr thailändischer Zeit, als das letzte Rucken einer bis dahin andauernden Abwärtsbewegung im Dow Jones verklungen war und die Korrektur begann, verbeugte sich John spielerisch vor dem Publikum – der Time-&-Sales-Liste – und ging zur Tür seines Büros. Im Türrahmen klopfte er kurz an das Holz der Zarge und gab damit den Anwesenden das Zeichen, dass es Zeit war, von ihren Stühlen hochzukommen.

Philip schielte aus den Augenwinkeln zu Stan hinüber. Dieser war hundemüde und wirkte, als wäre er am liebsten sitzen geblieben, bis er ausgeschlafen das Büro verlassen konnte. Ein angestrengter Versuch, das vorhergehende Minus auszugleichen, hatte sich an den nächsten gereiht.

Die Erkenntnis, dass, bei diesen von Aktionismus geprägten Trades, seine, noch dazu schlecht platzierten, Stopps vom Markt ausgelöst werden würden, kam Stan meist schon vorher. Doch statt nach den optischen Fehlerquellen zu suchen, hatte er die Augen lieber, um Hilfe flehend, gen Himmel gerichtet und notgedrungen und demütig hingenommen, dass von dort keine Hilfe kam.

Nick klappte sein Buch zu, gab an Handelsprogramme und Rechner die Befehle, herunterzufahren, und ging, während diese ausgeführt wurden, hinüber zu Stan. Er klopfte diesem auf die Schulter. »Na, hat unser Zauberlehrling heute wieder eine Gewalt entfesselt, der er nicht mehr Einhalt gebieten konnte? Nicht vergessen: Zusammen repräsentieren der Markt und deine eigene Psyche den *obersten Gerichtshof.*« Den Markt und die Psyche als »obersten Gerichtshof« zu bezeichnen, war fantastisch – und zutreffend!

Aber Stan schüttelte nur mit einem Ächzen den Kopf. Mit geröteten Augen und von dem vielen Gedränge vor dem Rechner – Stan nannte es Trading, Nick nannte es *grübelndes Interpretieren* – verschwitzten Gesicht verabschiedete er sich von allen.

Während John die Stopps seiner offenen Positionen noch kurz einem prüfenden Blick unterzog, verließ Stan bereits das Büro, um mit Lilly um die Häuser zu ziehen. Die restlichen Trader wollten nicht nach Hause, denn heute war wieder einmal Pokerabend angesagt. Die Luft war an diesem Abend irgendwie anders. Die Nacht lag über dem Chao Phraya, dem »Fluss der Könige«, und alle schienen zu spüren, dass sie in ihren klimatisierten Appartements ohnehin keinen Schlaf finden würden.

Ein letzter Blick von John, kurz bevor die Tür zu den rückwärtigen Räumen hinter ihm zuklappte, ließ einen entspannten Abend erwarten. An die Stelle derer, die für heute das Orderbuch verließen, traten sofort neue Trader, die nicht erst warteten, bis die Ersteren den Platz geräumt hatten, sondern gleich die Plätze erstürmten. Normalerweise streiften um diese Uhrzeit auf der asiatischen Seite der Welt nur noch vereinzelte Trader über die Datenautobahn, und ein jeder, der noch bleiben wollte, würde kurz vor Mitternacht in den noch offenen Märkten sicherlich seinen Trade gefunden haben.

John wollte gerade die Tür schließen, da kam ihm eine Idee auf halbem Weg. Er kehrte kurzerhand noch einmal um, beratschlagte sich mit Nick und Philip und hinterließ auf Stans Schreibtisch eine Notiz:

Wir haben uns kurzfristig dazu entschlossen, für zwei Tage auf eine Segeltour zu gehen. Da Bootfahren nicht so ganz dein Ding ist, lasse ich meine Positionen offen. Du kennst dich mit Programmen und Zugängen aus. Sei so nett und zieh einfach die Stopps auf den großen Konten nach …!

Danke!
John

John grinste und verabschiedete sich – wie jeden Tag – aus dem Büro mit den stumm ausgesprochenen Worten: »Nichts ist im Börsenhandel *so* gewiss wie das eine: Es wird mit Sicherheit einen *neuen* Handelstag geben. Gewiss …!«

ERLÄUTERUNGEN

… Zeiteinheiten entstehen durch die Zusammenfassung der T-&-S-Liste

Im folgenden Beispiel wird kurz und knapp die Entstehung von Zeitfenstern erläutert: Die nachfolgende beispielhafte Time-&-Sales-Liste in 🗁 Bild 1 wird in einem Chart, 🗁 Bild 2, abgetragen. Begonnen wird mit der frühesten angeführten Uhrzeit. Es wird jeder neue Kurs aus der Time-&-Sales-Liste im Chart zusammen mit der entsprechenden Uhrzeit erfasst. Es entsteht der *Tickchart*. Diese Time-&-Sales-Liste könnte beispielsweise einer Aktie zugeordnet sein.

Kurs	Zeit
....	.....
108	10:00
104	09:53
105	09:45
110	09:30
120	09:20
115	09:16
112	09:11
110	09:10
109	09:09
105	09:09
103	09:07
99	09:06
96	09:05
96	09:04
97	09:03
98	09:03
99	09:03
102	09:02
101	09:01
100	09:01

🗁 Bild 1

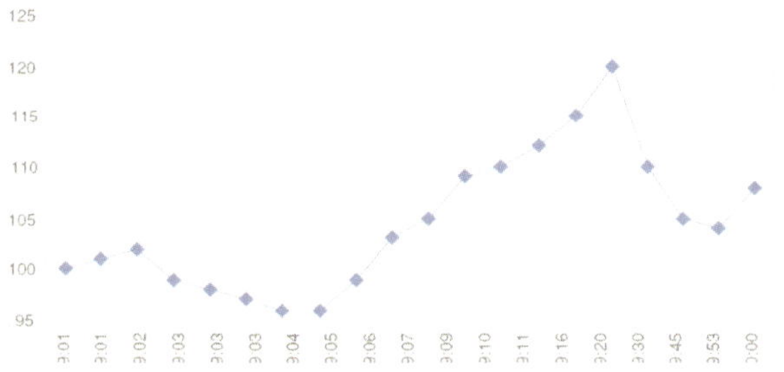

🗁 Bild 2

Da die Verwendung solcher Tickcharts schnell an ihre Grenzen stößt, werden diese Time-&-Sales-Listen beziehungsweise die Tickcharts subsumiert und in unterschiedlich großen Zeiteinheiten abgebildet sowie unterteilt. Das bedeutet etwa, dass alle fünf Minuten ein rein optischer Schnitt in der Time-&-Sales-Liste getätigt wird. Das ist gleichbedeutend mit einem 5-Minuten-Schnitt im Tickchart, da dieser die Time-&-Sales-Liste detailgetreu widerspiegelt, siehe 🗁 Bild 3a. Zur besseren Übersichtlichkeit wurden nur die ersten drei 5-Minuten-Abschnitte farbig hervorgehoben.

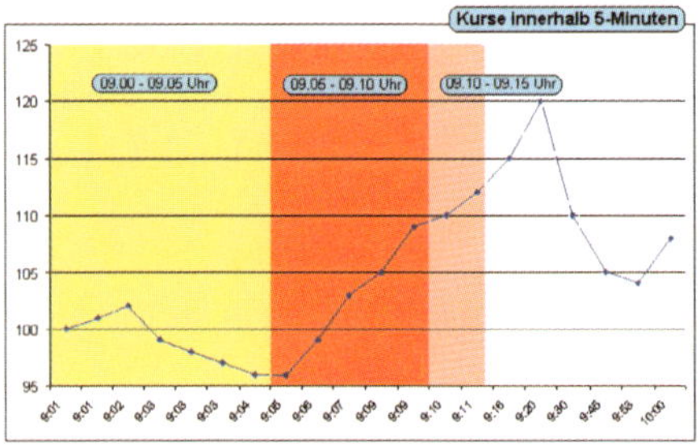

🗁 Bild 3a

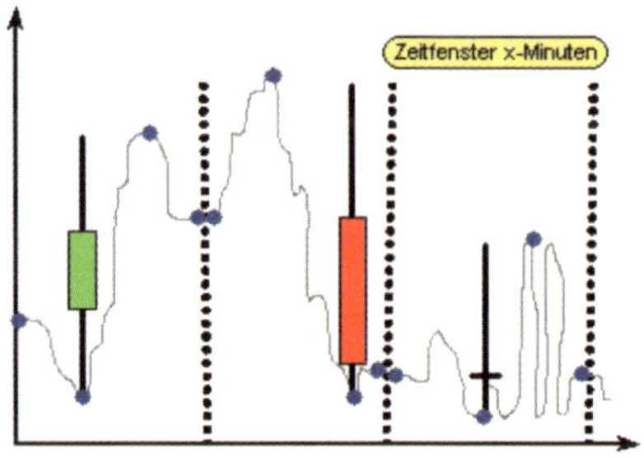

🗁 Bild 3b

Was ist wichtig? Obwohl die zeitlichen Abstände hier alle fünf Minuten stets identisch sind, kann die Anzahl der enthaltenen Kurse in jedem Abschnitt divergieren.

Werden nun *diese* Zeitfenster grafisch visualisiert, entstehen die bekannten Bars oder Candlestick-Körper mit ihren vier wichtigen Bestandteilen: Eröffnungskurs, Hoch-, Tief- und Schlusskurs (siehe blaue Markierung Bild 3b). Eröffnungskurs, Hoch-, Tief- und Schlusskurs des Tickcharts im ausgewählten Zeitraum bestimmen nun die drei möglichen Formen von Candlestick-Körpern: steigend (grüner Körper), fallend (roter Körper) und Doji (kein Körper).

Die genauen Details zu den drei Handelsausrichtungen sind nachzulesen in Michael Voigts Fachbuch »Das große Buch der Markttechnik« auf Seite 128 ff.

… Zeiteinheiten

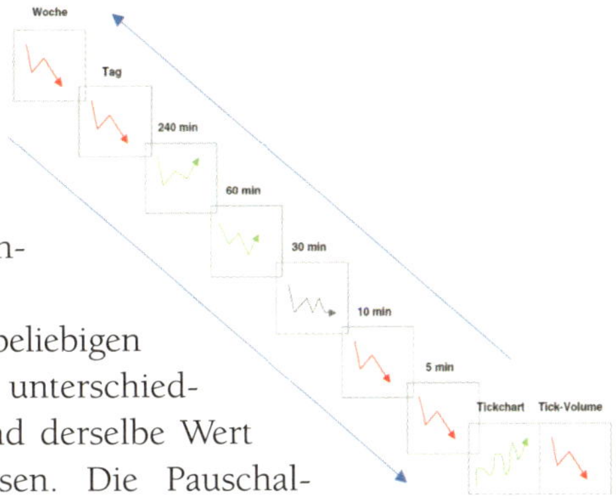

Marktteilnehmer können sich nicht nur hinsichtlich ihrer Ziele voneinander unterscheiden und somit die Gegenseite im Handel stellen, sondern gleichsam in Bezug auf die gehandelten Zeiteinheiten.

Durch die Betrachtung eines beliebigen Wertes (Future oder Aktie) auf unterschiedlichen Zeiteinheiten kann ein und derselbe Wert unterschiedliche Trends aufweisen. Die Pauschalaussage, ein Markt befinde sich in einem Aufwärts- oder Abwärtstrend, kann in den Märkten so nicht gelten. Es muss stets das zu der Aussage betrachtete Zeitfenster mit erwähnt werden. Für den Neuling auf dem Gebiet sei an dieser Stelle angemerkt, dass in den Zeiteinheiten auch die Antwort auf die häufig aufgeworfene Frage »Wer nimmt in einem fallenden Markt eine Long-Position ein und stellt somit die Gegenseite zum Short-Vertrag? Sehen die anderen denn nicht, dass der Markt nach unten stürzt …?« zu finden ist.

Die Liquidität eines Wertes rührt daher nicht nur von Ordergrößen und den unterschiedlichen Handelszielen der Marktteilnehmer her, sondern kommt in besonderem Maße ebenfalls durch den aktiven Handel in den unterschiedlichen Zeiteinheiten/-ebenen zustande.

Die genauen Details zu den drei Handelsausrichtungen sind nachzulesen in Michael Voigts Fachbuch »Das große Buch der Markttechnik« auf Seite 128 ff.

… Ausbruchshandel: Risiko im Markt – Risiko im Geld

Es wurde in den Buchbänden bereits mehrfach geäußert, wie wichtig es ist, vor jedem Trade seine Ziele zu definieren. Diese Ziele dürfen jedoch nicht halbherzig und ungenau abgesteckt werden. Im Gegensatz zu Institutionen, die durch das Trading in der Regel eine Rendite per annum erzielen wollen, besteht das Ziel eines privaten Traders oftmals darin, am Monatsende einen bestimmten Betrag zu erreichen. In beiden Fällen, also Rendite per annum und monatlicher Fixbetrag, ist es möglich, auf die zur Verfügung stehenden Handelstage bezogen, einen täglichen durchschnittlichen Zielbetrag zu ermitteln.

Nehmen wir an, ein privater Trader strebt das Ziel an, dass er mit einem täglichen Gewinn von 400 Euro sein anvisiertes Endziel (Monatsbetrag) für das Trading erreichen kann. Sobald eine konkrete Zielgröße vorhanden ist, kann er sich über den Weg zu diesem Ziel Gedanken machen. Und genau an dieser Stelle werden zahlreiche Fehler begangen. Wenn eine definierte Zielgröße beim Trading vorhanden ist, gibt es zwei Wege, um diese zu erreichen. Hierbei wird differenziert zwischen dem Handel mit dem *Risiko im Geld* und dem Handel mit dem *Risiko im Markt.*

Risiko im Geld bedeutet, dass der Trader, um das Ziel zu erreichen, eine sehr hohe Kontraktanzahl pro Trade nimmt, aber im Gegenzug dem Markt nur eine geringe Punktzahl abverlangt. Dafür würde der Trader einen Markt mit hoher Wertigkeit bevorzugen und sich genau an solchen Marktsituationen positionieren, in denen ein Bewegungsschub bzw. kurzfristiger Ausbruch besonders wahrscheinlich ist. Kurz: Der Trader ordert mithin eine hohe Kontraktanzahl, verlangt aber im Gegenzug dem Markt lediglich eine sehr geringe Punktzahl ab und erreicht schnell und zügig sein Ziel, hat indes bezogen auf sein Konto ein hohes Risiko.

Eine andere Möglichkeit, das anvisierte Tagesziel zu erreichen, besteht darin, statt *Risiko im Geld* mit *Risiko im Markt* zu handeln. Dies bedeutet, dass das Risiko vom Konto entfernt wird, der Trader wenige Kontrakte handelt und folglich *mehr* Punkte erzielen muss. Diese Punkte sind wiederum eher mit dem Handel eines Trends zu realisieren als mit dem Handel des Ausbruchs. Auf diese Weise verlangt der Trader seinem Konto ein nur geringes Risiko, beispielsweise einen Kontrakt, ab, muss jedoch dem Markt mehr Punkte, idealerweise über einen längeren Zeitraum, abverlangen.

Zu dem Ergebnis, welches Risiko ihm eher liegt – Risiko im Markt oder Risiko im Geld –, kann der Trader erst gelangen, wenn er eine klare Zieldefinition für sein Trading besitzt. Welcher von beiden der optimale Weg ist, bleibt natürlich abhängig von der Kontogröße, aber auch von der psychischen Handelsmentalität des einzelnen Traders. Sollte es um eine Rendite per annum gehen und dort eine konkrete Zielgröße, also eine definierte Rendite auf die zur Verfügung stehende Summe, feststehen, ist es ebenfalls denkbar, mit kleinerer Kontraktanzahl Trends auf Tagesbasis zu suchen oder aber mit großer Kontraktanzahl auf Tagesbasis Ausbrüche jeglicher Art zu handeln. Diesen Ausbrüchen würden indessen nur geringe Punktzahlen abverlangt werden. Das heißt, insgesamt ist man eine geringere Zeit positioniert und die Haltedauer eines einzelnen Trades ist sehr gering.

Es sei an dieser Stelle erwähnt, dass beide Wege zum Ziel führen und keine der Methoden besser oder schlechter ist, sondern immer nur anders.

Ebenso sei kurz konstatiert, dass es nichts Schlimmeres im Trading gibt, als dass ein Trader aufgrund fehlender Grundüberlegungen »mit Kanonen auf Spatzen schießt«. Was ist damit gemeint? Die Aussage bedeutet, dass der Trader die Chance hat, durch eine genaue Zieldefinition (Rendite pro Jahr auf Kontobetrag oder absoluter Betrag pro Monat etc.) nun sein Risiko *konkret* zu definieren, und es äußerst unüberlegt ist, mit überhöhtem Risiko (Kanonen) sein kleines Tagesziel (Spatzen) zu erreichen.

Die genauen Details zu den drei Handelsausrichtungen sind nachzulesen in Michael Voigts Fachbuch »Das große Buch der Markttechnik« auf Seite 215 ff.

Hinweise zu verwendeten Daten und Charts

Eine Vielzahl der in der Buchreihe DER HÄNDLER verwendeten Charts und Kurse sind dem Profi-Tool HTX der Firma ViTrade AG entnommen:

ViTrade ist exklusives Brokerage für den aktiven Anleger. Mit maßgeschneiderten Konditionen, schnellen, innovativen und flexiblen Plattformen und individuellen Tools. Dazu erstklassiger und persönlicher Service für den erfolgreichen Handel von Aktien (weltweit), CFDs, Futures, Derivaten, Devisen, Anleihen und Fonds. Alles aus einer Hand und zu fairen Preisen.

ViTrade HTX ist ein leistungsfähiges Trading-Tool mit Click-Trading und Multi-Exchange-Access, fairen und attraktiven Konditionen und umfassenden Sicherheitskomponenten. Integrierter Handel auf XETRA®, an allen regionalen deutschen Börsen, an der EUREX® und mit CFDs. Außerbörslicher Handel bei mehr als 20 ausgewählten Emittenten sowie Intraday- und Overnight-Short-Selling.
Ausgerüstet ist das HTX mit gängigen Chartanalyse-Tools, mit denen der Heavy Trader stets am Puls des Marktes agiert. Weitere Details zum HTX Trading-Tool finden Sie unter www.vitrade.de und www.htx.de.

ViTrade®

EXCLUSIVE BROKERAGE

ViTrade AG
Joachimstaler Straße 12
D-10719 Berlin

Kostenfreie Hotline:
Tel.: 0800 - 333 2001 aus dem Inland
Tel.: +49 30 - 233 666 33 aus dem Ausland
E-Mail: interessenten@vitrade.de

In der Branche gibt es einen Begriff, den des Quartalskunden. Damit ist jener Kunde gemeint, der nach Ablauf von drei Monaten sein Konto beerdigt.

Wäre doch klasse, wenn sich so mancher Leser bis zum Lesen des nächsten Bandes nicht nur vornimmt, noch dabei zu sein, sondern sich mit nachfolgenden Fragen beschäftigt!

Ich, Trader ______________________________,______________
stelle mir folgende Fragen:

Mit welchem Satz wäre ich gern direkt nach der Kontoeröffnung begrüßt worden?

Gibt es etwas, das ich in meinen Tradinganfängen unglaublich mochte, heute aber nicht mehr?

Was konnte ich früher bei den ersten Trades nicht ausstehen, finde es aber heute jedoch ganz wunderbar?

Kann mir ein Rückblick in meiner Traderhistorie dabei helfen, nach vorn zu schauen?

Die große markttechnisch orientierte Buchreihe, elegant geschrieben von Michael Voigt, im Gesamtüberblick …

Nahtlos fortsetzend und aufbauend auf *Das große Buch der Markttechnik*, hat Michael Voigt, loyal gegenüber objektiver Wahrnehmung und allgegenwärtiger Lesbarkeit der Charts, den darauf aufbauenden, achtteiligen Buchband DER HÄNDLER niedergeschrieben. Die Buchreihe hält dem Leser einen Spiegel vor, ohne ihm neue Regelwerke zu diktieren. In den Bänden gibt es keinen dominierenden Horizont, der ein allgemeingültiges Regelwerk betont, auf die üblichen Phrasen über Börsenpsychologie wird verzichtet. Vielmehr findet der Leser eine genaue Beschreibung seelischer und geistiger Vorgänge von Händlern vor allem aus pragmatischer Sicht, als erhabenes, bezeichnendes Moment. Eine Vielzahl praktischer Verweise auf Lösungen und tiefgründige Überlegungen erhebt die dem *Das große Buch der Markttechnik* folgende Buchreihe zum unverzichtbaren Kompendium für das große Spiel der Spiele.

Das große Buch der Markttechnik

ISBN-13: 978-3898-79125-0

Dieses 700-seitige Standardwerk beschreibt weniger ein neues Genre als vielmehr eine andere Art des Sehens. Das Genre an sich existiert bereits. Schon seit Jahren, Jahrzehnten. Unter verschiedenen Namen wie Kursentstehung, Zeiteinheiten, Orderlage und Trendaufbau wird seit Bestand der Börse die Entstehung von Bewegung und Korrekturen ausgeführt und als Markttechnik klassifiziert. Dem Autor geht es nicht nur um die genannten Aspekte, vielmehr beschreibt er darüber hinaus den Börsenhandel so, wie er ist: ein dynamisches Konzept mit dem Ziel, den eigenen Stil zu finden.

Wie groß muss **die Liebe zum Trading** sein,
um mit **anstrengenden Trades,**
psychischen **Strapazen,**
nächtelangen gedanklichen **Belagerungszuständen**
und dem Wunsch
nach mehr Geld **fertig zu werden?**

DER HÄNDLER BAND 1

ISBN: 978-3941-57700-8

»Ein ganz normaler Tradingtag und Menschliches, Allzumenschliches«

Behandelt ausführlich folgende Themen:
- steigendes Fachwissen und dennoch ein fallender Kontostand
- Börsenhandel und Perfektionismus

Was könnten Ursachen dafür sein, dass ein Trader, trotz Unmengen von gelesenen Büchern und besuchten Seminaren, innerhalb kürzester Zeit nicht nur sein Geld, sondern auch seine Familie und das schöne Haus verliert ...

Wann wird ein Trader verstehen, dass

der **Börsenhandel** eine Maschine ist,

die zwar einst von Helden hergestellt wurde,

indes **keinen** göttlichen,

übermütigen Helden

braucht, um weiterzulaufen**?**

DER HÄNDLER BAND 5

ISBN: 978-3941-57704-6

»Trading – eine andere Art der Zeitverwertung.«

Behandelt ausführlich folgende Themen:

- fachliche Unschärfe
- Bewegungshandel auf der Korrektur beginnd
- Handelspsychologie

Hauptsächlich sind die Schwierigkeiten des Korrekturhandels darauf zurückzuführen, dass der Markt in der Wendephase von Korrektur auf Bewegung, sozusagen etwas zögerhaft bedacht, der näheren »lupenhaften« Berührung oftmals, um nicht zu sagen immer abhold ist ...

Was bist du bereit,

für den **großen Traum**

Börsenhandel **zu geben –**

und **welcher Preis** ist zu **hoch,**

dass er **nicht** bezahlt werden darf**?**

DER HÄNDLER BAND 6

ISBN: 978-3941-57705-03

»P. S.: Was ist Lust, und was ist Pflicht?«

Behandelt ausführlich folgende Themen:
- Deckungsgleichheit von Absicht und Verhalten
- Wie viel ist zu viel?
- Wie viel Marktbewegung braucht ein Trader wirklich?
- Handelspsychologie

Von seinem persönlichen Zweck, weshalb man das Leben als Trader erstrebenswert hält, zu reden, beweist noch lange nicht, auch zu diesem Zweck fähig zu sein.